anglistik & englischunterricht
Wortschatzarbeit

Hans-Jürgen Diller · Stephan Kohl · Joachim Kornelius · Erwin Otto
Gerd Stratmann (Hg.)

anglistik & englischunterricht

Band 32

Wortschatzarbeit

HEIDELBERG 1987

CARL WINTER · UNIVERSITÄTSVERLAG

CIP-Titelaufnahme der Deutschen Bibliothek

Wortschatzarbeit / [Hrsg.: Hans-Jürgen Diller
...]. – Heidelberg: Winter, 1988
  (Anglistik & [und] Englischunterricht;
  Bd. 32)
  ISBN 3-533-03926-9
NE: Diller, Hans-Jürgen [Hrsg.]; GT

Herausgeber:
Prof. Dr. Hans-Jürgen Diller · Prof. Dr. Stephan Kohl
Dr. Joachim Kornelius · Dr. Erwin Otto · Prof. Dr. Gerd Stratmann

Redaktionsassistent: Manfred Buschmeier

ISBN 3-533-03926-9
ISSN 0344-8266

Anschrift der Redaktion:
Dr. Joachim Kornelius, Ruhr-Universität Bochum, Englisches Seminar
Universitätsstraße 150 · 4630 Bochum 1
Verlag: Carl Winter Universitätsverlag · gegr. 1822 GmbH · Heidelberg
Satz und Druck: Carl Winter Universitätsverlag · Abteilung Druckerei · Heidelberg
Alle Rechte vorbehalten. © 1987
Photomechanische Wiedergabe nur mit ausdrücklicher Genehmigung durch den Verlag
Printed in Germany · Imprimé en Allemagne

anglistik & englischunterricht erscheint in drei Bänden pro Jahrgang. Der Gesamtumfang beträgt ca. 540 Seiten
Preis des Einzelbandes DM 25,–, des Jahrgangs DM 50,–, Studentenpreis DM 39,– pro Jahrgang
In diesen Preisen sind 7 % Mehrwertsteuer enthalten
Porti werden zusätzlich in Rechnung gestellt
Preise und Lieferbarkeit älterer Jahrgänge auf Anfrage
Die genannten Preise gelten für 1987 und haben Gültigkeit bis auf Widerruf
Abbestellungen nur mit einmonatiger Kündigung bis zum Jahresschluß
Für unverlangte Einsendungen von Manuskripten wird nicht gehaftet
Mitarbeiter erhalten von ihren Beiträgen 30 Sonderdrucke und 2 Freiexemplare. Honorar wird nicht bezahlt
Der Verlag trägt die Kosten für die von der Druckerei nicht verschuldeten Korrekturen nur in beschränktem Maße
und behält sich vor, den Verfassern die Mehrkosten für Autorkorrekturen zu belasten

Inhalt

Albert-Reiner Glaap, Düsseldorf

Zum Stellenwert der Wortschatzarbeit in den Richtlinien

Welche Aufgaben haben Richtlinien bzw. Lehrpläne? Sollen sie Unterricht generieren oder kontrollieren? Vorschriften erlassen oder Empfehlungen geben? Lernende und Lehrende freisetzen oder binden? Da die Schule eine staatliche Institution ist, müssen zumindest für jedes Bundesland Abschluß-qualifikationen eindeutig definiert sowie Überprüfbarkeit und Vergleichbarkeit der Anforderungen garantiert werden. Da aber Unterricht andererseits, wo immer er erteilt wird, jeweils unter ganz besonderen Bedingungen stattfindet, werden in praxi Regelungen, wie sie Lehrpläne festlegen, immer nur mutatis mutandis Anwendungen finden. Der Versuch, deduktionistisch Richtlinien-paragraphen auf Unterrichtssituationen zu übertragen, müßte ebenso scheitern wie der Verzicht auf jede Steuerung von außen. Entweder würden Lehrer und Schüler zu bloßen Vollzugspersonen degradiert oder die Festlegung der Inhalte und des Anspruchsniveaus wäre der Willkür derer ausgesetzt, die in der jewei-ligen individuellen Situation das Sagen haben. Im Interesse der Gleichbehand-lung aller Lernenden sind schulform-, schulstufen- und jahrgangsstufenbezo-gene Eckdaten unabdingbar, die den Unterricht *aus*richten, ohne Lernende und Lehrende *ab*zurichten. Richtlinien müssen Inventare anbieten, aber auch Frei-räume garantieren, Wissenschaftsanspruch und Praxisbezogenheit gleicherma-ßen bedenken, die Einhaltung gesetzter Bedingungen fordern, gleichzeitig aber Innovation fördern.

Dies gilt für jeden Unterricht, also auch für den Englischunterricht und seine Teilbereiche. Welchen Stellenwert die Richtlinien bzw. Lehrpläne der Bundes-länder einem dieser Teilbereiche, der Wortschatzarbeit, zumessen, soll in den folgenden Ausführungen dargelegt werden. Dabei kann es nicht um eine minu-ziöse kritische Synopse der Richtlinien für den Englischunterricht in den ver-schiedenen Schulformen und Schulstufen aller Bundesländer gehen. Ganz abge-sehen davon, daß eine derartige Untersuchung[1] den hier verfügbaren Raum sprengen würde, eine möglichst umfassende kontrastive Analyse der Anforde-rungen und Regelungen in den diversen Richtlinien könnte zwar Lehrplankom-missionen und Dezernenten in den Kultusministerien helfen, kaum aber dem Lehrer in seiner täglichen Unterrichtspraxis. Denn der benötigt konkrete Hin-weise für seinen Unterricht überhaupt und insbesondere für die Wortschatz-arbeit. An seine Adresse ist dieser Aufsatz gerichtet, in dem – getrennt für die gymnasiale Oberstufe und für die Sekundarstufe I (in Hauptschule, Realschule und Gymnasium) – die folgenden Fragenkomplexe berührt werden:

- Wie wird Wortschatzarbeit als Bestandteil des Englischunterrichts definiert? Welche allgemeinen Ziele müssen erreicht werden? Wie läßt sich Lernprogression in diesem Sektor des Fremdsprachenunterrichts garantieren?

- Welche Anforderungen an die Wortschatzarbeit werden übereinstimmend in den Richtlinien der verschiedenen Bundesländer gestellt? Läßt sich ein *common ground*, ein Generalnenner ausmachen, der länderübergreifend als Maßstab für die Wortschatzarbeit in der Sekundarstufe II bzw. Sekundarstufe I gelten kann?

- Welche spezifischen Anforderungen werden in den Richtlinien des einen oder anderen Bundeslandes gestellt – Forderungen, die denjenigen, die nur mit den Lehrplänen eines einzelnen Landes vertraut sind, zusätzliche Orientierung geben könnten?

1. Welche Bedeutung hat Wortschatzarbeit im Englischunterricht?

Unter systematischer Wortschatzarbeit wird der planvolle Aufbau, die Erweiterung und die Kontrolle des Wortschatzes verstanden. Zum Aufbau gehören die Einführung und die Verwendung neuer Wörter; Erweiterung ist gleichbedeutend mit der Integration neuer Lexeme in den bereits verfügbaren Wortschatz; Kontrollen geben Aufschluß über Erfolg und Mißerfolg bei der Verwendung. Wortschatzarbeit darf niemals Selbstzweck sein; sie muß stets im Dienste der Verbesserung der fremdsprachlichen Kompetenz stehen, dem obersten Lernziel aller Schulformen und Schulstufen. Das oberste Lernziel verlangt die Entwicklung produktiver und rezeptiver Fertigkeiten. Diese wiederum setzen zum einen die Entwicklung eines aktiven *und* eines passiven Wortschatzes voraus. Während der aktive Wortschatz auf dem Wege des intentionalen Lernens und des intensiven Übens angeeignet werden muß, wird der passive größtenteils durch ungesteuerte Aufnahme und Gewöhnung erworben. Die Entwicklung produktiver und rezeptiver Fertigkeiten muß sich überdies auf gesprochenes wie geschriebenes Englisch erstrecken.

Der Umfang eines hinreichend großen und differenzierten verfügbaren Wortschatzes ist nicht absolut zu bestimmen. Welche lexikalischen Einheiten zu einem solchen Wortschatz unbedingt oder keinesfalls gehören, läßt sich ebenso wenig festlegen. Detaillierte Forderungen müssen sich von der Definition der Abschlußqualifikationen herleiten. Soll die Wortschatzarbeit in der gymnasialen Sekundarstufe II primär Zubringerdienste für Unterrichtsdiskurse leisten? Oder soll sich die Arbeit in den Jahrgangsstufen 12 und 13 mehr an potentiellen nachschulischen Anwendungsfeldern orientieren? Anders gefragt: Soll das in der gymnasialen Sekundarstufe II zu vermittelnde lexikalische Material in erster Linie ein Interpretationswortschatz sein, der für Rezeptionsgespräche über literarische Texte unabdingbar ist? Oder sollte ein Wortschatz verfügbar gemacht werden, der die Schüler darauf vorbereitet, im späteren Berufs- oder Privatleben englischsprachige Äußerungen zu verstehen und selbst zu formulieren? Je nach der Definition der Abschlußqualifikationen bestimmen sich also die Ziele der Wortschatzarbeit in der gymnasialen Oberstufe, und entsprechend lassen sich dann auch die Funktionen des Unterbaus, d.h. der Sekundarstufe I, definieren. Die *gymnasiale* Sekundarstufe I muß in erster Linie propädeutische Funktionen übernehmen, indem sie dem Lernenden hilft, Anschluß an die Arbeit der Sekundarstufe II zu gewinnen. Für Schüler hingegen, die nach höchstens sechsjähriger Teilnahme am Englischunterricht die Schule verlassen, stehen ganz andere Ziele im Vordergrund, die sich aus der Notwendigkeit herleiten, einen adäquaten lebenspraktischen Wortschatz zu erwerben.[2]

Die Aneignung neuer Wörter wird auf allen Lernstufen nur bei konsequenter und wiederholter Anwendung gelingen. Ohne sorgfältig geplante Lernprogression, die für jede einzelne Erwerbsphase einen bestimmten Lernzuwachs verlangt, kommt auch die Wortschatzarbeit nicht aus. Das bedeutet, daß das Gesamtvolumen des im Englischunterricht zu vermittelnden Wortschatzes portioniert und entsprechend ein Teilziel für jede Lernphase definiert werden muß. Allerdings ist hier kritisch anzumerken, daß die Verfasser von Richtlinien und Lehrplänen bei dem Bemühen, die notwendige Lernprogression zu sichern, allzu leicht die gewiß ebenso große Bedeutung sogenannter Lernplateaus übersehen, d.h. der Phasen des Unterrichts, in denen kein Lernanstieg, kein Wissenszuwachs gefordert wird, in denen der Lernende vielmehr die Gelegenheit erhält, Gelerntes zu wiederholen und anzuwenden, sich dabei selbst zu überprüfen bzw. zu bestätigen.[3]

In den Richtlinien der verschiedenen Bundesländer finden sich mehr oder minder spezifizierte Angaben zu Zielen, Inhalten und Umfang der Wortschatzarbeit. In aller Regel werden auch Verfahren zur Einführung, zur Übung und zur Kontrolle des Wortschatzes empfohlen. Ob derartige Empfehlungen einen nennenswerten unmittelbaren Einfluß auf die Alltagspraxis des Englischunterrichts haben, läßt sich kaum genau feststellen. Auf jeden Fall aber bestimmen die Richtlinien *indirekt* den Unterricht; denn Lehrwerke sind genehmigungspflichtig, Eckdaten für die Konzeption der Lehrbuchtexte betreffen auch Umfang und Inhalt der zugehörigen Wortlisten. Aus zahlreichen Gesprächen mit Englischlehrern läßt sich schließen, daß zwei- bzw. dreispaltige Vokabelverzeichnisse in Lehrwerken mit einsprachigen Paraphrasen und/oder muttersprachlichen Äquivalenten der neu einzuführenden Wörter häufig die einzigen Wegmarken für die Wortschatzarbeit sind. Als zusätzliche Hilfen werden Vokabelkarteien (im Anfangsunterricht) angelegt bzw. nach Sachgruppen geordnete sowie nach Kern- und Aufbauwortschatz gegliederte Wörterverzeichnisse (im fortgeschrittenen Stadium) benutzt.

Im folgenden soll nun dargelegt werden, welche Eckdaten für die Wortschatz-arbeit im Englischunterricht bei einer Synopse der Richtlinien verschiedener Bundesländer erkennbar sind.

2. Was verlangen die Richtlinien von der Wortschatzarbeit in der Sekundarstufe II?

2.1 Common Ground: *Übereinstimmende Forderungen in den Richtlinien der Bundesländer*

Die Richtlinien/Lehrpläne der verschiedenen Bundesländer betonen überein-stimmend, daß sich die Wortschatzarbeit auf den aktiven und passiven Wort-schatz, auf Sprechfertigkeit und schriftliche Ausdrucksfähigkeit beziehen müsse. Besondere Teilbereiche und die Schulung spezifischer Fertigkeiten wer-den genannt: zur Beschreibung des Aufbaus von Texten und zur Textinterpre-tation sowie für den Bereich der Textproduktion sei ein hinreichend großer, dif-ferenzierter und aktiv verfügbarer Wortschatz[4] erforderlich. Neben der Beherr-schung „eines spezialisiert sachbereichsbezogenen Aufbauwortschatzes" wird die Beherrschung „eines allgemeinen Grundwortschatzes an Struktur- und Inhaltswörtern"[5] verlangt. „Differenzierung des Wortschatzes" schließt in nahezu allen Richtlinien auch die Unterscheidung registerspezifischer und metasprachlicher Ausdrücke sowie dialektaler und sozialer Varietäten ein (etwa in den Richtlinien für Hessen, Nordrhein-Westfalen, das Saarland und Schles-wig-Holstein). Einige Lehrpläne differenzieren bei ihren Anforderungen zwi-schen Grund- und Leistungskurs. So heißt es für Nordrhein-Westfalen: „Im Leistungskurs wird der Sachwortschatz sich zunehmend auf mehr Themen-bereiche beziehen als im Grundkurs. In den einzelnen Themenbereichen wird der Wortschatz oft umfangreicher und differenzierter sein."[6] Für den Wort-schatzbereich grenzt sich der Leistungskurs ferner durch einen ausgedehnteren Fachwortschatz, durch selbständigeres Erfassen, durch sicherere Gesprächsfüh-rung und durch bessere Beherrschung der Lexis gegenüber dem Grundkurs ab.[7] Zum Umfang des in der gymnasialen Sekundarstufe II zu behandelnden Wort-schatzes machen nur einige Richtlinien konkrete Angaben. Für Niedersachsen wird eigens betont, daß „eine verbindliche Richtzahl für den zu lernenden Wortschatz nicht vorgegeben werden [kann], weil die Arbeit im Englischunter-richt der gymnasialen Oberstufe nicht lehrgangsgebunden ist."[8] In Schleswig-Holstein wird hingegen auf die Sicherung und Erweiterung des für die Klassen-stufen 9 und 10 geforderten Wortschatzes (3500 Wörter) abgehoben.[9] Rheinland-Pfalz verlangt die „produktive Verfügbarkeit eines *Grundwortschatzes* von etwa 2000 Wörtern" und einen „Zuwachs von mindestens 125 produktiven verfügbaren Einheiten pro Halbjahr".[10] Der rezeptive Wortschatz muß selbstverständlich schneller wachsen als der produktive, ohne daß dazu in den Richtlinien exakte Zahlen genannt werden.

Die Einführung und Einübung des Wortschatzes soll vor allem feldorientiert vor sich gehen, d.h. daß Einzelwörter als Bestandteile semantischer oder morphologischer Felder bzw. von Kollokationsfeldern behandelt werden. Dies bedingt kognitive Zugriffsweisen, die die Vermittlung der „Gesetze der Wortbildung als eine Möglichkeit, die Bedeutung von Wörtern zu erschließen"[11], voraussetzen. Neben dieser Erschließung aufgrund innersprachlicher Gesetzmäßigkeiten wird nahezu überall die Erschließung aus dem Kontext und in einigen Bundesländern (so. z.B. in Rheinland-Pfalz) „die Erschließung aus ähnlichen Formen in der Muttersprache und anderen Fremdsprachen"[12] empfohlen.

Die Überprüfung der erworbenen lexikalischen Einheiten erfolgt integrativ in den vorgeschriebenen Kursarbeiten, zusätzlich in Hausaufgaben und durch unterschiedliche Testverfahren, in einigen Bundesländern mehr als in anderen auch durch Zusammenfassungen, gelenkte Kommentare und durch das Übersetzen von Textabschnitten; letzteres geschieht beispielsweise im Saarland und in Rheinland-Pfalz.[13]

2.2 Special Fields: *Zusätzliche Empfehlungen in den Richtlinien einzelner Bundesländer*

Die überblickartig zusammengestellten Eckdaten für die Wortschatzarbeit in der gymnasialen Sekundarstufe II stecken den *common ground* ab, der mehr oder minder für alle Bundesländer verbindlich ist. Darüber hinaus gibt es einzelne Empfehlungen, die als „Inseln" in diesen oder jenen Richtlinien zu erkennen sind, deren Kenntnis aber überall zu weiteren Überlegungen im Hinblick auf die Wortschatzarbeit führen können. Zunächst sind da jene Empfehlungen, die sich auf die Frage beziehen, ob sich dem Englischunterricht in der Sekundarstufe II über die für Unterrichtsgespräche, Textanalyse und Sprachbetrachtung erforderliche Wortschatzarbeit hinaus weitere Aufgaben stellen. Die Vermittlung eines spezifisch fachsprachlichen Vokabulars wird nirgendwo gefordert. Wohl aber sind die Schüler im Unterricht der Sekundarstufe II mit „den Phänomenen Sprachebene [...] und Register (Sprache des Journalismus, Sprache der wissenschaftlichen Darstellung, Sprache der Werbung etc.) bekanntzumachen."[14] Angesichts der Tatsache, daß der prozentuale Anteil der Abiturienten, die Philologien – insbesondere Anglistik – studieren, stetig zurückgeht, stellt

sich in der Tat die Frage, ob die Ziele der Wortschatzarbeit im Gymnasium weiterhin nahezu ausschließlich unter wissenschaftspropädeutischen Gesichtspunkten bestimmt werden können. Gewiß kann es nicht die Aufgabe des Gymnasiums sein, möglichst umfangreiche berufssprachliche Register zu vermitteln.
Was aber, so muß man fragen, wird für die große Zahl von Abiturienten getan,
die nach Abschluß ihrer Schulzeit nicht bei der Analyse und Interpretation literarischer Texte, sondern etwa bei der informationsentnehmenden Lektüre von
Sachbüchern – beruflich oder privat – die erworbenen Englischkenntnisse einsetzen müssen?

Der Stilistik und der Idiomatik wird explizit nur in einigen Richtlinien für die
Sekundarstufe II ein angemessener Stellenwert eingeräumt, so beispielsweise in
Bremen, im Saarland, in Schleswig-Holstein. Übungen in der „sprachregister-
bezogenen Idiomatik"[15] und die Entwicklung von Lexis und Syntax in Richtung auf eine „deskriptive, textorientierte Stilistik"[16] werden in Bremen für die
neugestaltete gymnasiale Oberstufe verlangt. Gerade der Bereich der Idiomatik
ist im letzten Jahrzehnt stark vernachlässigt worden. Während früher idiomatische Wendungen unterhalb der Vokabellisten der Lehrwerke in eigenen, oftmals drucktechnisch besonders hervorgehobenen Kolumnen dem Lerner auf-
gezwungen wurden, führen *idioms* heutzutage nur noch ein Schattendasein.
Und während früher idiomatische Wendungen als isolierte starre Gebilde aus-
wendig gelernt wurden und sich dann bei kontextueller Verwendung allzu oft
als erhebliche Störfaktoren entpuppten, ist das Englisch vieler Abiturienten und
Studienanfänger heutzutage zu wenig idiomatisch. Es genügt nicht, daß in den
Lehrplänen für die Sekundarstufe II Idiomatik nur als Vokabel erwähnt wird.
Im Bereich der Sprachreflexion wie auch im Hinblick auf die Förderung der
Sprachkompetenz müssen ihre Notwendigkeit und ihre Ziele deutlicher als bis-
her artikuliert werden.

Zwei weitere Bereiche kommen in den Richtlinien zu kurz: die Einführung in
die Benutzung von Wörterbüchern und die Möglichkeit, bei der Wortschatzarbeit auf Kenntnisse in anderen Sprachen zurückzugreifen.

In einigen Bundesländern wird die Benutzung eines einsprachigen Wörterbuchs
empfohlen, in anderen gibt es Hinweise auf ein- und zweisprachige Wörterbücher, in wiederum anderen finden sich keinerlei Informationen. Offensichtlich wird die Benutzung des Wörterbuchs in der gymnasialen Oberstufe als
„handwerkliche" Fertigkeit selbstverständlich vorausgesetzt. Doch ist gerade
hier wenig Vorarbeit durch den Unterbau der Sekundarstufe I zu erwarten, in
der die selbständige Lektüre lehrwerkunabhängiger authentischer Texte und
damit das Nachschlagen unbekannter Wörter nur gelegentlich gefordert wird.

Geheimes Übersetzen mag bei der Wortschatzarbeit ebenso helfen wie assoziative Beziehungen zu einer anderen Zielsprache. Wie weit das gehen kann, zeigt

das Beispiel aus einer Unterrichtsstunde, in der das Wort "nevertheless" einsprachig erklärt werden sollte. Als englische Paraphrasierungsversuche des Lehrers ohne Erfolg blieben, meldete sich ein Schüler und sagte, dieses Wort sei doch das englische Gegenstück zu "nihilo minus". Rückgriffe auf Kenntnisse anderer Sprachen werden insbesondere in den niedersächsischen Rahmenrichtlinien empfohlen, wobei nicht verkannt wird, daß es „besonderer Anstrengung [bedarf], um die Schüler dazu zu bringen, solche Verwandtschaften im lexikalischen Bereich zu erkennen und zu nützen."[17] Auf die Erschließung von Wörtern „aus ähnlichen Formen in [...] anderen Fremdsprachen" weist (wie bereits erwähnt) auch der rheinland-pfälzische Lehrplan hin.[18]

3. Was fordern die Richtlinien von der Wortschatzarbeit in der Sekundarstufe I?

3.1 Different Areas: Schulformspezifische Forderungen in den Richtlinien

Die in Lehrplänen und Richtlinien für die Sekundarstufe II formulierten Ziele der Wortschatzarbeit lassen sich nur bei entsprechenden Voraussetzungen in der Sekundarstufe I erreichen. Insbesondere in der Jahrgangsstufe 11, in der die Weichen für eine oberstufengemäße Arbeit gestellt werden, sind häufig erhebliche Defizite im lexikalischen Bereich festzustellen. Die bisherige lehrwerkbezogene und gezielt auf Lernprogression abgestellte Wortschatzarbeit war bemüht, Umwege und Abwege tunlichst zu vermeiden. Es galt, bis zum Ende der Jahrgangsstufe 10 ein bestimmtes Lernquantum zu erreichen und dieses Ziel möglichst direkt und effektiv anzusteuern. Das für die Rezeption und Erschließung authentischer Texte notwendige metasprachliche Vokabular wurde so kaum bereitgestellt.

Ein weiteres Problem für die Wortschatzarbeit in der Sekundarstufe I ergibt sich aus den unterschiedlichen schulformspezifischen Bedingungen. Während die gymnasiale Sekundarstufe I auf Anschlüsse vorbereitet, geht es in den anderen Schulformen um die Hinführung auf Abschlüsse (nach Klasse 10). Dennoch muß wenn schon nicht Gleichheit, so doch Gleichwertigkeit der Abschlüsse erreicht werden, um möglichst nahtlose Übergänge von einer Schulform in die andere zu gewährleisten. Es gibt durchaus schulform- und länderübergreifende Eckdaten in den verschiedenen Richtlinien für die Sekundarstufe I. Die Ziele sind deutlich abgesteckt: der Wortschatz (er umfaßt Strukturwörter und Inhaltswörter!) soll planvoll und systematisch, themen- und situationsorientiert aufgebaut und erweitert werden. Diese Forderung bezieht sich auf die gesprochene und die geschriebene Sprache, auf den aktiven und den passiven Wortschatz. Die Lehrwerkbezogenheit der Wortschatzarbeit wird in den Richtlinien entweder selbstverständlich vorausgesetzt oder hier und dort auch explizit formuliert. So heißt es in den Hamburger Richtlinien für die Beobachtungsstufe:

„Umfang und Auswahl des Wortschatzes ergeben sich im wesentlichen aus dem jeweils eingeführten Lehrwerk."[19] Nicht nur die Erschließung, auch die Behaltenssicherung ist ein wesentliches Element der Wortschatzarbeit. Als wesentliche Behaltenshilfe gilt die schriftliche Fixierung der Wörter in feldorientierten Vokabelsammlungen. Einige Lehrpläne bieten dafür Beispielsammlungen als Orientierungshilfen an.[20]

Auffallende schulform*spezifische* Unterschiede sind nicht in den Zielsetzungen, wohl aber bei der Bestimmung des Umfangs des anzueignenden Wortschatzes festzustellen. Für das Gymnasium wird bis zum Ende der Jahrgangsstufe 10 ein aktiver Wortschatz von 2500, 3000 bzw. 3500 Wörtern gefordert. Im Englischunterricht der Realschule sollen im gleichen Zeitraum 2000 bis 2500 Wörter eingeführt werden und für die aktive Verwendung verfügbar sein. Für Schleswig-Holstein lautet die Zahl der nach sechs Jahren gelernten Wörter 3000.[21] Sehr differenzierte Forderungen werden im Lehrplanentwurf Englisch von Rheinland-Pfalz erhoben. Jeder Jahrgangsstufe ist dort eine bestimmte Anzahl von zu erlernenden „Elementen" zugeteilt. Am Ende der Klassenstufe 8 sollen die Schüler in Realschule und Gymnasium über einen Produktivwortschatz von 1200 Elementen verfügen.[22] Wie schwierig es ist, zahlenmäßig genaue Angaben zu machen, läßt sich schon daran ermessen, daß beispielsweise die Erhöhung des aktiven Wortschatzes nur um etwa 200 Elemente in Klasse 8 damit begründet wird, daß „die komplexeren Inhalte mit schwierigerem Wortschatz verbunden sind, der schwerer erlernbar ist und der deshalb häufiger umgewälzt werden muß".[23] Der für den Englischunterricht in der Hauptschule geforderte Wortschatz ist wesentlich geringer als der für Gymnasium und Realschule. Deutlich wird dies besonders am Beispiel Bremens[24], wo es explizit heißt: ca. 1500 Wörter für die Hauptschule bzw. ca. 2500 Wörter für die Realschule bzw. ca. 3000 Wörter für das Gymnasium als aktiver Wortschatz jeweils bis Ende der Klasse 10.

Es gibt hinreichend bekannte und überzeugende Gründe für eine schulformbezogene Abstufung des Umfangs bei den Forderungen an den zu vermittelnden Wortschatz (wie etwa die unterschiedlichen Lernvoraussetzungen, Unterrichtsziele und Stundentafeln). Andererseits spricht vieles dagegen, bei der Auswahl des Wortschatzes ausschließlich Frequenzkriterien anzulegen. Die Interdependenz zwischen sogenanntem aktiven und passiven Wortschatz ist immer noch zu wenig erforscht, als daß eine Quantifizierung zu vernünftigen Forderungen führen könnte. Zudem enthält jede verfügbare lexikalische Einheit Assoziationspotentiale für die selbständige Ableitung weiterer Wörter. Ein ohnehin umfangreicherer Wortschatz (im Gymnasium) wächst also noch zusätzlich schneller als ein geringerer Wortschatz (in Real- und Hauptschule). Schließlich fragt sich, ob die geforderte Gleichwertigkeit der Abschlüsse am Ende der Sekundarstufe I bei unterschiedlichen Forderungen überhaupt gewährleistet werden kann.[25] Gerade dieses Problem ist angesichts der Haupt- und Realschüler, die nach Klasse 10 zum Gymnasium wechseln, besonders ernst zu nehmen.

Schulformspezifische Akzente werden im übrigen auch bei den Empfehlungen für Erschließungsverfahren und für das *methodische* Vorgehen bei der Wortschatzarbeit insgesamt gesetzt: mehr imitative, habitualisierende Verfahren im Englischunterricht der Hauptschule; mehr auf Regelwissen abzielende kognitive Vorgehensweisen im Gymnasium.

3.2 Basic Essentials: *Forderungen der Richtlinien und Erwartungen an die Richtlinien*

Die wesentlichen Forderungen der Richtlinien der Bundesländer an die Wortschatzarbeit in der Sekundarstufe I stimmen – wie bereits dargelegt – weitgehend überein. Auswahlkriterien, Semantisierungshilfen, Einordnung in morphologische und semantische Felder, Entwicklung der Ausdrucksfähigkeit, Verfahren zur Kontrolle des Wortschatzes: hinsichtlich dieser Bereiche sind zwischen den verschiedenen Lehrplänen keine oder nur geringfügige Unterschiede zu entdecken. Mehr und mehr haben sich (vor allem in den letzten zehn bis fünfzehn Jahren) an der Unterrichtspraxis orientierte Konsensformeln herausgebildet, die inzwischen in allen Richtlinien festgeschrieben sind.

Die notwendige Ausrichtung aller Lernbereiche auf das oberste Ziel des Englischunterrichts, d.h. auf die Förderung der Kompetenz in der Fremdsprache, verbietet es, Wortschatzarbeit an und für sich, also jenseits aller anderen Lernbereiche durchzuführen. Der Wortschatz ist nicht die Sahne auf dem Kuchen, sondern die Hefe im Teig! Ziel der Wortschatzarbeit muß zunächst einmal die praktische Verwendbarkeit der Wörter in den Sachfeldern und Problemkreisen sein, die der Altersstufe entsprechen. Sie kann sich aber keineswegs auf die Bereitstellung eines Vokabulars für den Klassendiskurs beschränken; sie muß auch gewährleisten, daß der Schüler lernt, eigentätig seinen Wortschatz auf außerschulische Anwendungsfelder zu transferieren.

Beim Studium der vorliegenden Lehrpläne und Richtlinien stellt sich die Frage, ob deren Forderungen auf die Bedingungen der Lebenswelt hinreichend Rücksicht nehmen. Auf den Wortschatz bezogen kann eine solche Frage nicht damit beantwortet werden, daß eine möglichst große Zahl an lexikalischen Einheiten vermittelt werden sollte, um so alle denkbaren außerschulischen Anwendungsfelder zu bedienen. Wohl aber müssen Verfahren und Techniken zur Aktivierung des sogenannten potentiellen Wortschatzes, d.h. zur Erschließung bisher noch nicht erkannter Lexikonbestände, mehr als bisher gefordert und gefördert werden. Insgesamt kann der Englischunterricht außerschulische Kommunikation in der Fremdsprache nur dann erfolgreich vorbereiten, wenn er sich der besonderen Probleme bei der alltäglichen Verwendung der Fremdsprache hinreichend bewußt ist. Neben den Forderungen *der* Richtlinien gibt es auch aus unserer Alltagswelt herzuleitende Forderungen *an die* Richtlinien, die – im Hinblick auf den Englischunterricht in der Sekundarstufe I – bisher zu wenig berücksichtigt wurden. Auf vier besondere Problemzonen sei hier kurz hingewiesen:

– Durch die Massenmedien und bei Begegnungen mit englischsprachigen Besuchern unseres Landes werden wir alle zunehmend mit ganz verschiedenen Varietäten des Englischen konfrontiert. Zur Förderung des Hörverstehens muß deshalb *rechtzeitig* auf die wesentlichen Unterschiede zwischen britischem und amerikanischem Englisch hingewiesen werden. Von einigen Richtlinien wird dies auch explizit gefordert. Ob allerdings von Schülern der Klassenstufe 7 verlangt werden kann, daß sie „Englischsprecher (*educated speakers*) aus dem afroasiatischen und karibischen Raum im Rahmen der im Zielbereich Hörverstehen genannten Bedingungen" verstehen, ist stark zu bezweifeln.[26]

– Nur schwer läßt sich feststellen, ob und in welchem Umfang schulische Wortschatzarbeit den schriftsprachlichen ebenso wie den sprechsprachlichen Gebrauch des Englischen in außerschulischen Bereichen fördert. Schwierigkeiten, die Abiturienten beispielsweise bei der Abfassung englischer Briefe haben, erst recht die Tatsache, daß Studenten bei Examensarbeiten zu oft in (nicht selten textverzerrenden) Paraphrasierungen Zuflucht suchen, zeigen, daß der genaue Ausdruck, das für die jeweilige Diskursebene passende Wort vielen nicht ad hoc zur Verfügung stehen.

– Die in der Alltagswelt immer mehr um sich greifende Verwendung von Anglizismen findet im Englischunterricht – folgt man den Richtlinien – kaum Beachtung. In unserer deutschen Alltagssprache werden solche Anglizismen sozusagen als Wortmünzen ausgetauscht, ohne daß man sich ihrer Bedeutung immer völlig bewußt wäre. Bisweilen werden gar vermeintlich englische Wörter benutzt, die ein Brite entweder gar nicht verwendet oder als falsch bezeichnet. Happy-end (statt: *happy ending*) oder Talkmaster (statt: *host*) sind häufig zitierte Beispiele. Ob und wie der Transfer englischer Lehnwörter ins Deutsche bzw. die internationale Angleichung der Sprachen bei der Wortschatzarbeit im Englischunterricht berücksichtigt werden kann – dazu geben die Richtlinien keine Auskünfte.

– Nach wie vor wird auch der Fertigkeit des Dolmetschens im Englischunterricht zu wenig Bedeutung beigemessen. Zunehmend sehen wir uns im Alltagsleben mit der Notwendigkeit konfrontiert, zwischen fremden englischsprachigen Besuchern unseres Landes und orts- bzw. sachkundigen, aber

16

nur deutschsprachigen Mitbürgern – im Straßenverkehr, auf der Suche nach bestimmten Zielen, bei Einkäufen – sprachlich zu vermitteln. Angesichts des Primats der Einsprachigkeit wird offensichtlich die Bedeutung des Dolmetschens nur gering veranschlagt. Mehr als allgemeine passe-partout- und „sollte"-Formulierungen sind im Hinblick auf die Fertigkeit des Dolmetschens in den Richtlinien für die Sekundarstufe I nicht zu finden.

Die defizitären Aussagen zu den hier genannten, aber auch zu anderen bereits erwähnten Bereichen (vgl. Idiome im Alltagsenglisch, selbständige Benutzung von Nachschlagewerken) in den Lehrplänen der Bundesländer machen deutlich, daß Wortschatzarbeit im Englischunterricht immer noch zu sehr bei sich bleibt. Daß ein auf erfolgreichen *Unterrichts*diskurs zielender Fremdsprachenunterricht nur sehr eingeschränkt auf die angemessene Verwendung der Fremdsprache in der *Alltags*welt vorbereitet, weiß jeder. In unseren Tagen ist eine Orientierung an außerschulischen Notwendigkeiten noch wichtiger geworden. Denn – nochmals sei es gesagt – die Zahl derer, die nach der Schulzeit ihre Englischkenntnisse für das Studium einer der Fremdsprachenphilologien benötigen, nimmt stetig ab. Die Zahl derer aber, die solche Kenntnisse für berufs- und lebensweltliche Zwecke einsetzen müssen, erhöht sich ständig. Der an primär wissenschaftspropädeutischen Zielen orientierte Standpunkt, man könne und müsse quasi linear Englischkenntnisse von Klasse 5 an durch die Sekundarstufen I und II und über das Abitur hinaus bis ins Studium entwickeln, trägt der gegenwärtigen Entwicklung zu wenig Rechnung, die eine Ausbildung zur polyfunktionalen Verwendung der Fremdsprachen dringend erfordert. Eine solche Forderung läßt sich sicher nicht auf geraden und ausgetretenen Pfaden, Schritt für Schritt im Sinne einer durch und durch geplanten Lernprogression, einlösen; mühsame Umwege müssen in Kauf genommen werden. Wenn uns auch die Mathematik lehrt, daß die Gerade die kürzeste Verbindung zwischen zwei Punkten ist, das Leben zeigt uns, daß oft Umwege am schnellsten zum Ziel führen.

1 Vgl. Glaap, A.-R.: „Die nordrhein-westfälischen Richtlinien Englisch für die gymnasiale Oberstufe – ein Vergleich mit anderen Bundesländern". - In Kornelius, J., Otto, E. (Eds.): *Anglistik, Richtlinien & Englischunterricht*. Trier, 1983, S. 11–29.

2 Vgl. Glaap, A.-R.: „Kritische Synopse der nordrhein-westfälischen Richtlinien für den Englischunterricht in der Sekundarstufe I". *Neusprachliche Mitteilungen* 28, 1975, 202–212; ders.: „Englisch in der Realschule: Parzelle des Fremdsprachenunterrichts und eigene Domäne". *Die Realschule* 93, 1985, 248–251.

3 Vgl. Glaap, A.-R.: „Lernprogression und Lernplateaus im Englischunterricht der Realschule". *Die Realschule* 94, 1986, 132–134.

4 Vgl. Der niedersächsische Kultusminister: *Rahmenrichtlinien für das Gymnasium. Englisch. Gymnasiale Oberstufe* [= NS-Gy]. Hannover, 1982, S. 18.

5 Vgl. Der Senator für Bildung Bremen: *Kurse im Sekundarbereich II. Neugestaltete Oberstufe* [= BR-SII]; *NGO Englisch*. Bremen, o.J., S. 8.

6 Der Kultusminister des Landes Nordrhein-Westfalen (Ed.): *Richtlinien für die gymnasiale Oberstufe in Nordrhein-Westfalen. Englisch*. Köln, 1981, S. 95.

7 Vgl. ebd.

8 NS-Gy, S. 12.

9 Vgl. Kultusministerium Schleswig-Holstein: *Lehrplan Gymnasium. Englisch-Oberstufe* (revidierte Fassung) [= SH-Gy]. Kiel, 1982, S. 5.

10 Rheinland-Pfalz Kultusministerium: *Lehrplan Englisch. Grund- und Leistungsfach in der Oberstufe des Gymnasiums* [= RP-Gy]. Mainz, 1983, S. 14.

11 NS-Gy, S. 19.

12 RP-Gy, S. 18.

13 Vgl. RP-Gy, S. 29.

14 NS-Gy, S. 12.

15 BR-SII, S. 13.

16 BR-SII, S. 8.

17 NS-Gy, S. 19.

18 RP-Gy, S. 18.

19 Senator für Bildung Hamburg: *Lehrplan Englisch in der Beobachtungsstufe der Volksschule*. O.o., o.J., S. 4.

20 Der Kultusminister des Landes Schleswig-Holstein: *Lehrplan Orientierungsstufe. Englisch*. Kiel, 1976, S. 13–14.

21 Der Kultusminister des Landes Schleswig-Holstein: *Lehrplan Realschule. Englisch. Klasse 9–10*. Kiel, 1975, S. 9.

22 Kultusministerium Rheinland-Pfalz: *Lehrplanentwurf Englisch. Klasse 7 bis 9/10 – Hauptschule, Realschule, Gymnasium* [= RP-7 bis 9/10]. Mainz, 1979, S. 40.

23 Ebd.

24 Der Senator für Bildung der Hansestadt Bremen: *Sekundarstufe 1. Englisch – Hauptschule, Realschule, Gymnasium, Klasse 7–9/10*. Bremen, 1982, S. 27.

25 Vgl. Glaap, A.-R.: „Kritische Synopse", 208.

26 RP-7 bis 9/10, S. 32.

Heinz-Otto Hohmann, Marburg

Sprachkompetenz und lexikalische Lernarbeit

1. Fragen

Kann man eine fremde Sprache durch Unterricht ohne systematische lexikalische Lernarbeit erlernen? Warum ist der Erfolg des herkömmlichen Vokabellernens hinsichtlich einer Steigerung der aktiven Sprachbeherrschung vergleichsweise gering? Warum geht es in der Phase des erweiterten Spracherwerbs mit der Sprachkompetenz so häufig bergab? Warum ist der Englischunterricht auf der gymnasialen Oberstufe weithin durch sprachliche Stagnation gekennzeichnet? ...

Solche Fragen im Zusammenhang mit der sprachlichen Komponente des Englischunterrichts begegnen dem aufmerksamen Beobachter täglich, werden aber offenbar von vielen Unterrichtenden durch die eingespielte Routine auf den verschiedenen Lernstufen nicht mehr als drängende Probleme empfunden oder einfach als anscheinend unabänderliche Gegebenheiten hingenommen. In der gegenwärtigen Fachdidaktik, wie sie sich etwa in Fachzeitschriften manifestiert, spielen sie eher eine periphere Rolle. Hier gilt das Interesse zur Zeit in stärkerem Maße sozialintegrativen Aktivitäten und verschiedenartigen Formen produktiver bzw. kreativer Sprachanwendung, die bei entsprechender sprachlicher Vor- und Begleitarbeit eine wichtige Rolle im Lernprozeß spielen können, ohne einen solchen Unterbau aber zu einer unverbindlichen Spiel- und Basteldidaktik degenerieren, in der Leitziele wie die ohnehin bereits im muttersprachlichen Lebensbereich erworbene „soziale Handlungskompetenz" (auf Kosten der Sprachkompetenz!) und das „selbstinitiierte, selbstgesteuerte, selbstverwirklichende Lernen" zu Leerformeln werden. Die Vertreter dieser schwärmerischen didaktischen Richtung setzen sich gern "starry-eyed" über die Tatsache hinweg, daß es im Fremdsprachenunterricht zur Umsetzung solcher Arbeitsformen differenzierter Ausdrucksmittel bedarf, deren adäquate Auswahl, Aneignung und Festigung unter der sachkundigen Anleitung des Lehrers gezielt angegangen werden müssen, und lassen die Schüler statt dessen bei Schwierigkeiten unbedenklich in die Muttersprache ausweichen.

Bei der Auseinandersetzung mit den eingangs aufgeführten und für einen effektiven Fremdsprachenunterricht bedeutsamen Fragen spielen – vor allem im schulischen Bereich – auch zahlreiche außerfachliche Faktoren eine Rolle, die von entwicklungspsychologischen Aspekten bis zu unterrichtsorganisatorischen Rahmenbedingungen reichen. Da diese vom einzelnen Lehrer in der

Regel nicht beeinflußbar sind, soll das Thema „Sprachkompetenz und lexikalische Lernarbeit" im folgenden nur aus der fachinternen Perspektive beleuchtet und erörtert werden.

2. Antworten

2.1 Kann man eine fremde Sprache durch Unterricht ohne systematische lexikalische Lernarbeit erlernen?

Wenn man unter der Erlernung einer Fremdsprache den kontinuierlichen Aufbau einer Sprachkompetenz im Sinne eines zunehmend differenzierten, sachadäquaten und situationsgerechten sprachlichen Agierens und Reagierens innerhalb der verschiedenen Fertigkeitsbereiche versteht, muß die gestellte Frage naiv anmuten. Wie anders als durch systematische Lernarbeit soll sich der Lernende, der nur in den wenigen Unterrichtsstunden mit der Fremdsprache in Berührung kommt, einen großen Teil des nicht durch ständige immanente Wiederholung fixierbaren neuen Sprachmaterials aneignen? Dementsprechend gehört das Vokabellernen in der Regel auch meist zu den fremdsprachlichen Standardaufgaben in der Phase des elementaren Spracherwerbs. In der Phase des erweiterten Spracherwerbs dagegen, in der beim schulischen Fremdsprachenunterricht die sprachliche Arbeit mit dem Lehrbuch allmählich zugunsten von Textarbeit mit Lehrbuch oder Lektüre in den Hintergrund tritt, und in noch stärkerem Maße auf der gymnasialen Oberstufe scheinen viele Unterrichtende tatsächlich die Ansicht zu vertreten, daß man eine Fremdsprache ohne gezielte lexikalische Lernarbeit erlernen oder die eigentliche sprachliche Arbeit durch andere Aktivitäten ersetzen könne, von denen man sich einen gleichsam automatischen lexikalischen Lernzuwachs erhofft. Dabei bezieht der Fremdsprachenunterricht – wie Richtlinien und Kursstrukturpläne direkt oder indirekt bestätigen – seine primäre Existenzberechtigung auch in den auf die Anfangsstufe folgenden Phasen aus der vorrangigen Zielsetzung, die erworbenen sprachlichen Grundkenntnisse und -fertigkeiten als notwendige Voraussetzungen für darauf aufbauende Qualifikationen kontinuierlich auszubauen und zu vertiefen. Dieser sprachorientierte fachliche Auftrag wird heute im fortgeschrittenen schulischen Fremdsprachenunterricht vielfach stark vernachlässigt oder sogar ignoriert und führt zu dem häufig zu beobachtenden Widerspruch, daß auf der einen Seite über das unzureichende Ausdrucksvermögen der Schüler geklagt wird, auf der anderen Seite aber nicht die erforderlichen unterrichtlichen Maßnahmen zur Behebung dieses Mißstandes ergriffen werden – ein Kuriosum, denn es sollte eigentlich jedem Fremdsprachenlehrer einleuchten, daß man eine fremde Sprache *nicht* allein durch einige Stunden Klassenunterricht ohne systematische lexikalische Lernarbeit erlernen kann.

2.2 Warum ist der Erfolg des herkömmlichen Vokabellernens hinsichtlich einer Steigerung der aktiven Sprachbeherrschung vergleichsweise gering?

Auf keiner anderen Lernstufe ist der Lernfortschritt natürlicherweise so deutlich zu verfolgen wie auf der die sprachlichen Grundlagen vermittelnden Anfangsstufe. Über den Anteil des Vokabellernens an der erworbenen sprachlichen Kommunikationsfähigkeit, die im gymnasialen Englischunterricht meist im dritten Lernjahr einen vorläufigen Höhepunkt erreicht, lassen sich – je nach der Anlage des Wörterverzeichnisses und der angewandten Lerntechniken[1] – nur Vermutungen anstellen. Es gehört aber zu den übereinstimmenden Ergebnissen der Unterrichtsbeobachtung selbst auf dieser Lernstufe, daß ein erheblich geringerer Teil des gelernten Vokabulars als gemeinhin erwartet in den passiven Wortschatz des Schülers übergeht und nur ein Bruchteil des für die aktive Sprachbeherrschung angeeigneten Sprachmaterials tatsächlich zur Verfügung steht. Diese Diskrepanz zwischen Lernaufwand und Lernzuwachs gehört heute zu den Erscheinungen vor allem des schulischen Fremdsprachenunterrichts, die als unabänderlich betrachtet zu werden scheinen. Sie erklärt sich zum Teil aus dem Fehlen von lern- und behaltensfördernden authentischen Situationszusammenhängen, wie sie sich beim Sprachenlernen in fremdsprachiger Umgebung naturgemäß ergeben und wiederholen. Im Fremdsprachenunterricht lassen sich solche affektiven und assoziativen Defizite nicht allein durch Unterrichtsgespräch und Textarbeit auffangen. Sie müssen vielmehr vor allem durch kontextuelle Lernarbeit und systematisches Wiederholen kompensiert werden. In der Mißachtung eben dieser methodischen Grundvoraussetzungen, d.h. in der überwiegenden Präsentation des zu lernenden Sprachmaterials in der Form von kontextlosen Einzelwörtern und dem Mangel an Festigung durch gezielte Wiederholung, liegen die Hauptursachen für die geringe Effektivität des herkömmlichen Vokabellernens.

2.2.1 Präsentation des lexikalischen Lernstoffs in Einzelwortform

> English is a language rather
> of sentences than of words.
> Joseph Conrad

Die Betrachtung von Sprache als Einbettungsphänomen, die Notwendigkeit eines Arbeitens mit Sinnzusammenhängen bei der Wortschatzarbeit zur adäquaten Erfassung von Bedeutung und Anwendung, der Vorteil kontextueller Einbettung (zumindest auf Satzebene) für Memorierbarkeit und Abrufwahrscheinlichkeit durch die Möglichkeit sprachlicher und gedanklicher Assoziation – alles dies sind Grundlagen der lexikalischen Lernarbeit im modernen Fremdsprachenunterricht, die heute keiner Begründung mehr bedürfen. Gerade die

englische Sprache, deren Struktur stärker von Idiomatik als von überschau-
baren grammatischen Gesetzmäßigkeiten geprägt ist, stellt ein Paradebeispiel
für die Notwendigkeit kollokativer und kontextuell orientierter Wortschatzarbeit dar. Umso unverständlicher erscheint es daher, daß die meisten englischen Lehrwerke – darunter auch ganz neue – dem Lernenden altväterliche
Wörterverzeichnisse anbieten, die ausschließlich oder überwiegend aus der herkömmlichen einfallslosen Gegenüberstellung von englischen Wörtern oder
Ausdrücken und deren deutschen Entsprechungen bestehen. Manche Lehrwerke fügen Beispielsätze mit ausgedrucktem Lernwort bei, geben aber nicht
an, wie der Schüler damit arbeiten soll, so daß diese wohlgemeinte Kontextuali-
sierungsbemühung bei der eigentlichen häuslichen Lernarbeit nicht zum Tragen
kommt. Nur wenige Lehrwerke enthalten lernerfreundliche dreispaltige Vokabularien, die durch die konsequente Beigabe von schlüssig semantisierenden
Modellsätzen mit ausgespartem Lernwort (Lückensätzen) eine kontextuelle
lexikalische Lernarbeit mit zusätzlicher Verständnissicherung über das Deutsche ermöglichen, oder englisch-deutsche Vokabularien, bei denen das zu lernende Sprachmaterial in kurze Sinneinheiten eingebettet ist. Je mehr das Wörterverzeichnis des benutzten Lehrwerks auf eine kontextuelle Einbindung des
Einzelwortes zugunsten englisch-deutscher Vokabelgleichungen verzichtet,
umso mehr sollte auf alternative Formen der Wortschatzarbeit zurückgegriffen
werden, so etwa auf die Einprägung von kurzen dialogischen und narrativen
Textpassagen mit kommunikativ wichtigem Sprachgehalt oder auf ein zweisprachiges Arbeiten mit ganzen Satzeinheiten, die behandelten Texten entnommen werden.[1] Langjährige Beobachtungen an zahlreichen Schulen lassen aber
darauf schließen, daß das wenig ergiebige Lernen nach englisch-deutschen Ein-
zelwortauflistungen im Sinne der Standardaufgabe „Vokabeln abschreiben und
lernen" die lexikalische Lernarbeit nach wie vor weitgehend bestimmt.

2.2.2 Mangel an Festigung durch gezielte Wiederholung

Mehr noch als die Beibehaltung von vorsintflutlich konzipierten Vokabularien
in modernen Lehrwerken überrascht die Feststellung, daß fehlende Wiederholung nicht allgemein als Hauptursache für die geringe Langzeitwirkung des
Vokabellernens gesehen zu werden scheint. Vokabeln werden in der Regel einmal nach dem Wörterverzeichnis gelernt, dann aber nicht mehr systematisch
wiederholt. Da die Lehrbuchvokabularien meist so angelegt sind, daß einmal
aufgetretene Wörter oder Wendungen nicht mehr erneut aufgeführt werden,
wird ständig neues lexikalisches Sprachmaterial kurzfristig angeeignet, während
das zuvor Angeeignete infolge mangelnder Festigung durch gezielte Wiederholung allmählich vergessen wird. Dieser lexikalische Lernschwund kann auch
nicht durch die sogenannte immanente Wiederholung, d.h. durch die Wieder-

aufnahme von behandeltem Vokabular in späteren Texten und Übungen, aufgefangen werden, weil auf diese Weise nur ein Teil der gelernten Wörter und
Wendungen überwiegend für den passiven Wortschatz (rezeptive Disponibilität) reaktiviert werden kann. So ergibt sich die Situation, daß einerseits perfek-
tionistische Lehrsysteme auf der Basis umfangreicher fachdidaktischer Theorie
entwickelt werden, während andererseits der für die Spracherlernung essentielle
Bereich der Aneignung des neuen lexikalischen Materials weithin durch
Systemlosigkeit gekennzeichnet ist.

Von der Anlage der Lehrwerke her könnten Lernsituation und Lernerfolg –
sofern von den zu berücksichtigenden Richtlinien her möglich – didaktisch und
methodisch durch eine Reduzierung des zu vermittelnden und anzueignenden
Sprachmaterials sowie eine dadurch mögliche erhöhte Umwälzung und Festigung desselben vor allem in den ersten Lehrwerkbänden erheblich verbessert
werden. Es wäre auch hilfreich, in den Wörterverzeichnissen – wie leider nur in
wenigen Lehrwerken üblich – kommunikativ besonders wichtiges bzw. weniger wichtiges Lernvokabular durchgängig graphisch hervorzuheben, um systematische lexikalische Wiederholungsarbeit in Hinblick auf die produktive
Disponibilität zu erleichtern. Aber auch ohne solche vorerst wohl nicht zu
erwartenden Lernerleichterungen ist der Unterrichtende dem traditionellen
Vokabellernbetrieb mit hoher Vergessensquote und psychologischem Sisyphus-
effekt nicht hilflos ausgeliefert. Er muß sich nur der für Lernen mit Langzeitwirkung grundlegenden Tatsache bewußt werden, daß eine erste Wiederholung
des Gelernten möglichst bald nach der ersten Aneignung, also in der Regel in
der auf die Überprüfung des Gelernten folgenden Stunde, erfolgen muß und
daß weitere Kurzwiederholungen zur Festigung in größeren Abständen folgen
sollten (vgl. Ebbinghaussche Vergessenskurve). Solche wenig zeitaufwendigen
Wiederholungsdurchgänge werden infolge ihres Testcharakters („Was weiß ich
noch?") gern von den Schülern angenommen und können jederzeit im Verlauf
der Stunde – als Einstieg, zur Auflockerung nach anderen Arbeitsphasen, zum
Ausklang – angesetzt werden. Sie eignen sich bei entsprechender Anlage des
Lehrbuchvokabulars auch vorzüglich für Partnerarbeit, so daß der Unterrichtende nicht immer als Quizmaster zu fungieren braucht.

Sind solche regelmäßigen Wiederholungsabläufe aber nicht zu zeitaufwendig?
Da es lediglich um ein erneutes zügiges Durchspielen von bereits Gelerntem
geht, nehmen solche Reaktivierungseinschübe nur wenige Minuten in Anspruch. Außerdem ist der systematische Aufbau der Sprachkompetenz auf allen
Lernstufen die primäre Aufgabe des Fremdsprachenunterrichts, so daß die
Festigung von Gelerntem wichtiger ist als eine Scheinbewältigung des Lehr-
stoffs durch die festigungsarme Behandlung eines Maximums von Lernstoff mit
einem Minimum von effektivem Lernerfolg. Unterrichtende, die sich durch die
Stoffülle ihres Lehrwerks unter Druck gesetzt fühlen und daher glauben, sich

lexikalische Kurzwiederholungen der beschriebenen Art aus zeitlichen Gründen dennoch nicht leisten zu können („Durchnahme-Didaktik" nach dem Motto: „das Lehrbuch schaffen!"), sollten sich folgende Aspekte der Lehrbucharbeit vergegenwärtigen:

- Ein Lehrwerk stellt ein methodisch gebrauchsfertig aufbereitetes Angebot für einen Unterricht mit gleichen oder zumindest ähnlichen Rahmenbedingungen dar. Da die unmittelbaren Arbeitsvoraussetzungen für die einzelnen Lerngruppen innerhalb dieser Rahmenbedingungen aber sehr unterschiedlich sein können, muß mit dem Lehrbuchangebot flexibel verfahren werden, d.h. es ist nicht nur legitim, sondern sogar notwendig, je nach Sachlage Streichungen, Veränderungen oder Ergänzungen vorzunehmen. Bei der Streichung oder Kürzung von Texten und damit lexikalischem Sprachmaterial tun sich viele Unterrichtende besonders schwer. Sie befürchten, daß ihre Schüler in Schwierigkeiten geraten, wenn die aus ökonomischen Gründen in der Regel nur bei ihrem ersten Auftreten im Vokabular aufgeführten neuen Wörter in späteren Texten erneut auftreten, aber nicht mehr erklärt werden, und wagen daher nicht, sich von einem sklavischen Nachvollziehen der Lehrbuchvorgaben zu lösen. Dieser völlig grundlosen Befürchtung liegt die Fiktion zugrunde, daß die Schüler alle in den vorausgegangenen Lektionen aufgeführten und bestenfalls einmal gelernten Wörter lückenlos gespeichert hätten, was leider nicht der Fall ist. Jeder Schüler vergißt bei der herkömmlichen Vokabellernpraxis ohnehin einen großen Teil des neuen Sprachmaterials, so daß davon auszugehen ist, daß – bei fortschreitendem Unterricht in fortschreitendem Maße – in jedem behandelten Text individuell verschiedene Wörter und Wendungen auftreten, die bekannt sein müßten, aber vergessen worden sind. Da sie im allgemeinen nicht erneut im Wörterverzeichnis aufgeführt sind, müssen die Schüler so früh wie möglich dazu angeleitet und veranlaßt werden, von sich aus nach unverstandenen Wörtern zu fragen (Erziehung zum Fragen), über das in jedem modernen Lehrwerk enthaltene alphabetische Wortregister im gleichen Lehrbuchband früher aufgetretene und dort erklärte Wörter aufzufinden und für die Lernstufe geeignete Wörterbücher zu benutzen. So gesehen stellt die Streichung oder Kürzung von Lehrbuchtexten kein lexikalisches Problem dar und sollte bei bedrängender Stoffülle zugunsten einer intensiveren Festigung des verbleibenden Sprachmaterials in der beschriebenen Weise weitaus häufiger praktiziert werden, insbesondere bei ohnehin wenig ergiebigen Texten.

- Für den Unterrichtenden, der sich, bisweilen auch aufgrund von Fachkonferenzbeschlüssen, nicht in der Lage sehen sollte, eine pragmatische Beziehung dieser Art zum Lehrwerk zu entwickeln und dadurch Zeit zur Konsolidierung von Kenntnissen zu gewinnen, gibt es aber noch eine Kompromißlösung. Er kann das gesamte Lehrbuchpensum in der herkömmlichen Form „durchnehmen", dabei aber zumindest einen *Teil* des zu lernenden neuen Sprachmaterials durch Kurzwiederholungen dauerhaft festigen.

2.3 Warum geht es in der Phase des erweiterten Spracherwerbs mit der Sprachkompetenz so häufig bergab?

In der auf die Anfangsphase folgenden Phase des erweiterten Spracherwerbs, die bei einem neunjährigen Unterricht dem 4. bis 6. Lernjahr (Mittelstufe) entspricht, sollen vor allem die bis dahin erworbenen sprachlichen Kenntnisse ausgebaut und vertieft werden. Im Gegensatz zu diesen in den jeweiligen Richtlinien optimistisch postulierten Zielvorstellungen ist der schulische Englischunterricht in dieser Phase eher durch sprachliche Stagnation und Grundlagenschwund gekennzeichnet, die neben dem grammatischen besonders den lexikalischen Sektor betreffen. An dieser negativen Entwicklung sind auch fachinterne Ursachen beteiligt, die im folgenden bewußtgemacht werden sollen. Da der Englischunterricht hier teils von der Lehrbucharbeit, teils von der lehrbuchunabhängigen Textarbeit bestimmt ist, soll die Problematik der lexikalischen Lernarbeit an Lehrbuch und Lektüre gesondert beleuchtet werden.

2.3.1 Lehrbuch und lexikalische Lernarbeit in der Phase des erweiterten Spracherwerbs

Das Vokabellernen nach dem Wörterverzeichnis wird bei Fortsetzung der Lehrbucharbeit und bei gewissenhafter Unterrichtsführung in der Regel auf die herkömmliche Weise weitergeführt. Die infolge der Präsentation des lexikalischen Lernstoffs in Einzelwortform und des Mangels an Festigung durch gezielte Wiederholung bereits in der Anfangsphase festgestellte geringe Effektivität dieser Lernarbeit wird in der Phase des erweiterten Spracherwerbs durch folgende Umstände noch weiter reduziert:

–   Da der in den ersten Lehrwerkbänden vermittelte Grundwortschatz im weiteren Sinne im Lehrbuchvokabular der Folgebände im allgemeinen nicht erneut aufgeführt wird, werden durch Vergessen entstandene diesbezügliche Defizite, die oft beträchtlich sind, beim Vokabellernen nicht aufgearbeitet und führen so vielfach zu elementaren Kommunikationsbehinderungen.

–   Die im Zuge des intendierten Ausbaus der Sprachkompetenz für erforderlich gehaltene Berücksichtigung von immer neuen Themenbereichen mit differenzierter Lexik bringt es naturgemäß mit sich, daß sich weniger Möglichkeiten für ein Wiederaufgreifen des neuen Vokabulars in verschiedenen Texten ergeben, so daß eine Festigung von gelerntem Sprachmaterial durch immanente Wiederholung kaum noch erfolgen kann.

– Die Einbeziehung von authentischen Texten führt automatisch zu einer Aufnahme von auch ausgefallenen Wörtern und Wendungen in das Wörterverzeichnis, die nicht unbedingt lernenswert sind und daher bei einer undifferenzierten Lernarbeit mit dem Lehrbuchvokabular wenig zur Entwicklung der Sprachkompetenz beitragen.

2.3.2 Lektüre und lexikalische Lernarbeit in der Phase des erweiterten Spracherwerbs

In der Phase des erweiterten Spracherwerbs tritt die Lehrbucharbeit im schulischen Englischunterricht normalerweise zugunsten der Lektüre von Ganzschriften oder kürzeren Texten zu bestimmten Themenbereichen zunehmend in den Hintergrund. Diese an sich sinnvolle Schwerpunktverlagerung hat weithin eine solche Reduzierung der systematischen lexikalischen und grammatischen Lernarbeit zur Folge, daß man geradezu von einem Ende der sprachlichen Arbeit nach der Lehrbucharbeit sprechen kann[2]. Viele Unterrichtende scheinen anzunehmen, daß die Vorbereitung von Texten und die Auseinandersetzung mit der in ihnen behandelten Thematik im Unterrichtsgespräch ohne gezielte lexikalische Lernarbeit zu einem hinreichenden Ausbau der Sprachkompetenz führt. Diese Annahme wird verständlicherweise durch die Praxis nicht bestätigt. Mit einem von E. Fiedler vorgeschlagenen Test läßt sich zudem leicht nachweisen, daß es sich dabei um reines Wunschdenken handelt: „Man produziere einen Cloze Test, indem man aus einem intensiv erarbeiteten Text ca. zehn für den erweiterten Grund- oder den Aufbauwortschatz wichtige Vokabeln auswählt und lösche diese, so daß ein Lückentext entsteht. Im allgemeinen haben die meisten Schüler große Schwierigkeiten, aus dem bekannten Kontext heraus die neuen Vokabeln zu erschließen, ein Beweis dafür, daß diese noch nicht in ihren aktiven Wortschatz eingegangen sind."[3]

Andere Sprachlehrer erkennen sehr wohl die Notwendigkeit einer Fortsetzung der lexikalischen Lernarbeit auch in einem von Textarbeit bestimmten Unterricht dieser Lernstufe, schlagen aber nicht immer die richtigen Wege ein oder gehen sie nicht folgerichtig zu Ende. So ist beispielsweise die Aneignung des im Lektüreglossar enthaltenen Sprachmaterials zwar besser als gar nichts, trägt aber meist wenig zum Ausbau der Sprachkompetenz bei, weil hier vor allem ausgefallene und somit weniger lernenswerte Wörter und Wendungen aufgeführt werden. Auch die Lernarbeit mit alphabetischen Wortlisten auf der Basis von Frequenzuntersuchungen (Grundwortschatz) oder mit ähnlich konzipierten

Wortschatzkarteien ist keine befriedigende Lösung, besonders wenn es sich um die Einprägung von bislang unbekannter Lexik – nicht um Reaktivierung – handelt und das zu lernende Sprachmaterial in der Form von isolierten Wörtern und Wortverbindungen dargeboten wird. Da diese Wortschatzarbeit beziehungslos neben dem regulären Unterrichtsprogramm herläuft, die Lernmotivation gering ist und die für eine dauerhafte Aneignung sowie für eine adäquate Erfassung von Bedeutung und Anwendung so wichtigen sprachlichen und inhaltlichen Assoziationsmöglichkeiten (Kontext) fehlen, versandet diese lexikalische Lernarbeit in der Regel ohne eine dem Aufwand entsprechende Erhöhung der Sprachkompetenz bei irgendeinem Buchstaben.

Erfolgversprechender ist dagegen das von Textbeispielen ausgehende, unterrichtsbegleitende, pragmatisch dosierte *Arbeiten mit Feldern,* so etwa Wortfeldern, Kollokationsfeldern, morphologischen Feldern oder Sachfeldern.[4] Allerdings wird bei dieser Art von Wortschatzarbeit meist auf halbem Wege stehengeblieben. Die bloße Zusammenstellung von Feldern, d.h. die nach sprachlichen oder semantischen Kriterien erfolgende Bündelung von kommunikativ disparaten lexikalischen Lerneinheiten als solche, führt keineswegs automatisch zu gesichertem Sprachwissen und daraus resultierendem Sprachkönnen, sondern stellt lediglich eine notwendige Vorstufe dazu dar. Wenn das diesbezügliche Sprachmaterial in Sprachkompetenz umgesetzt werden soll, muß es – etwa durch die Erstellung von Satzbeispielen oder kleinen Sinnzusammenhängen – kontextualisiert, eingeprägt und durch Wiederholungen systematisch gefestigt werden. Das aber erfordert viel Zeit und wird daher meist unterlassen.

2.3.3 Lösungsvorschläge

Da die Textarbeit im Englischunterricht der Aufbaustufe eine zunehmend zentrale Rolle einnimmt und die zu lernenden Sprachmittel dem Schüler im Text in ihrer kommunikativ natürlichen, funktionalen Kombinatorik von Wörtern, Wortverbindungen und grammatischen Strukturen begegnen, ist eine Wortschatz- oder besser Sprachschatzarbeit in enger Verbindung mit den im Unterricht behandelten Texten besonders erfolgversprechend. Dieser Voraussetzung entsprechen beispielsweise die drei im folgenden kurz skizzierten Verfahrensweisen, die in langjähriger Unterrichtsarbeit erprobt und an anderer Stelle eingehend dargelegt worden sind.

2.3.3.1 Lexikalische Lernarbeit auf Satzebene

Dem behandelten Lehrbuch- oder Lektüretext werden (gegebenenfalls gekürzte) Sätze entnommen, die kommunikativ vielseitig verwendbare Wörter,

Wendungen und Konstruktionen enthalten. Sie werden mit ihren deutschen Entsprechungen in einem zweiseitig geführten Heft gesammelt, gelernt, durch Wiederholungen gefestigt und durch Transferübungen verfügbar gemacht.[5] Dieses an allen Texten leicht zu realisierende flexible Arbeitsverfahren stellt eine besonders ökonomische und effektive Form der lexikalischen Lernarbeit dar.

2.3.3.2 Die kombinierte Idiomatik-Wortschatz-Grammatik-Übung

Die Reduzierung des Englischunterrichts in der Phase des erweiterten Spracherwerbs auf in der Regel nur drei Wochenstunden (= ca. 2 Zeitstunden!) führt infolge der geringeren Berührung mit der Fremdsprache zu einer erhöhten Gefahr muttersprachlicher Interferenzen. Dieser Situation trägt besonders die kombinierte Idiomatik-Wortschatz-Grammatik-Übung Rechung, eine textbezogene zweisprachige Arbeitsform auf kontrastiver Basis. Sie geht von einem behandelten Textabschnitt aus, der lexikalisch und grammatisch lernens- oder reaktivierenswertes Sprachmaterial enthält. Auf die satzweise schriftliche Übertragung in flüssiges Deutsch folgt jeweils eine Gegenüberstellung des englischen Satzes und seiner deutschen Entsprechung (kontrastive Analyse), um die Besonderheiten der englischen Ausdrucksweise bewußtzumachen. Daran schließt sich eine möglichst originalgetreue schriftliche Rückübersetzung des gesamten Textabschnitts ins Englische mit Hilfe der deutschen Übertragung, aber ohne Einblicknahme in den Ausgangstext an. Eine Lernerfolgskontrolle in der Form eines Vergleichs des so rekonstruierten Textes mit der englischen Textvorlage bildet den Abschluß.[6] Da der englische Originaltext Ausgangstext, Gegenstand pragmatisch vergleichender Betrachtung und Zieltext ist, prägen sich die darin enthaltenen kontextuell verknüpften Sprachmittel nachhaltig ein.

2.3.3.3 Die textintegrierte Sprachschatzübung

Auch bei diesem Verfahren wird von einem behandelten Textabschnitt ausgegangen, der möglichst viel lernens- oder reaktivierenswertes Sprachmaterial enthält. Die zu lernenden Wörter und Wortverbindungen werden nach Angaben des Lehrers im Text markiert. Sodann wird der Text, normalerweise in häuslicher Arbeit, auf die linke Seite eines zweiseitig geführten sprachlichen Sammelheftes übertragen, wobei die markierten Wörter und Wendungen durch fortlaufende Ziffern ersetzt und mit den gleichen Ziffern auf der rechten Seite untereinander aufgeführt werden. Die Aneignung des zu lernenden Sprachmaterials erfolgt nun in der Weise, daß der Lückentext auf der linken Seite unter anfänglicher Zuhilfenahme der bezifferten Lerneinheiten auf der rechten Seite vervollständigt wird, bis er bei verdeckter rechter Seite flüssig in der vollständigen Form abgelesen werden kann. Der Sog des Kontextes ersetzt dabei die ansonsten bei lexikalischer Lernarbeit notwendige englische oder deutsche Bedeutungsangabe.[7]

2.3.3.4 Festigung durch Wiederholung

Durch die den drei genannten Arbeitstechniken gemeinsame kontextuelle Einbindung und die sich dadurch ergebenden Möglichkeiten der sprachlichen und gedanklichen Assoziierung wird der Behaltenseffekt – wie zeitlich gestufte Assoziationstests zeigen – gegenüber der Wortschatzarbeit mit isolierten Wörtern oder Wendungen beträchtlich erhöht. Dennoch ist auch bei diesen lernpsychologisch besonders günstigen Verfahrensweisen eine dauerhafte Aneignung des lexikalischen Materials und eine Umsetzung desselben in Sprachkompetenz nur dann möglich, wenn das Gelernte durch Wiederholungsdurchgänge systematisch gefestigt wird. Langjährige Beobachtungen des Sprachverhaltens von Schülern im Englischunterricht bestätigen, daß neben der Intensität der Einprägung vor allem die gezielte Festigung des lexikalischen Lernstoffs als wichtigste Voraussetzung für seine produktive Verfügbarkeit bei der mündlichen und schriftlichen Kommunikation zu betrachten ist und daß nach konsolidierter Aneignung des Sprachmaterials spontaner Transfer auch ohne ergänzende Transferübungen stattfindet.

2.4 Warum ist der Englischunterricht auf der gymnasialen Oberstufe weithin durch sprachliche Stagnation gekennzeichnet?

Zu dem übergreifenden Unterrichtsziel der Ausweitung der Sprachkompetenz innerhalb der verschiedenen Fertigkeitsbereiche treten auf der gymnasialen Oberstufe verstärkt weiterführende Zielsetzungen vor allem aus den Bereichen der Literaturbetrachtung, der Sprachbetrachtung, der Landeskunde, der Kulturtechniken und der kooperativen Arbeitsformen. Gesicherte, breit gefächerte und mit den zunehmend anspruchsvollen Unterrichtsgegenständen ständig wachsende Sprachkenntnisse sind die notwendige Voraussetzung für eine adäquate Bewältigung dieser vielfältigen Aufgaben. Obwohl der Zusammenhang zwischen sach- bzw. fertigkeitsbezogener Zielsetzung und diesbezüglicher sprachlicher Voraussetzung im allgemeinen klar gesehen wird, scheinen sich viele Unterrichtende heute nicht mehr der Tatsache bewußt zu sein, daß diese den Unterrichtserfolg auch auf der Oberstufe maßgeblich bestimmende sprachliche, besonders lexikalische, Weiterarbeit einen unverzichtbaren Bestandteil ihres fachlichen Auftrags darstellt. Der hinsichtlich der Auswahl und langfristigen Aneignung des Sprachmaterials viel Sachkenntnis erfordernde, unterrichtsbegleitende Ausbau der Sprachkompetenz wird vom Lehrer, dem dafür zuständigen Fachmann, viel zu häufig und zudem meist ohne hinreichende Hilfestellung für selbständige lexikalische Lernarbeit in die Eigenverantwortung der Schüler gelegt. Das Ergebnis dieses Delegierens, das meist damit summarisch begründet wird, daß die Schüler schließlich erwachsen genug seien, sich in diesem Bereich autodidaktisch zu betätigen, ist hinlänglich bekannt. Wenn man davon ausgeht, daß unter anderem infolge von unzureichender oder inadäquater Wortschatzarbeit bereits die Phase des erweiterten Spracherwerbs durch sprachliche Stagnation und Grundlagenschwund gekennzeichnet ist, wird die Tragweite des Ergebnisses der von N. Bolz 1981 durchgeführten „Untersuchung der Grammatik- und Vokabelkenntnisse von Oberstufenschülern zwischen 11/2 und 13/1 mittels objektiver Tests"[8] erst vollends deutlich: „Offensichtlich bewirken jedoch Lernziele, Lerninhalte, Methoden und Aufgabenformen der Lernzielkontrolle (nämlich die Textaufgabe) in der S II die *Erhaltung bereits vorhandener* Kenntnisse, wenn sie auch *neue* Kenntnisse in den getesteten Gebieten *nicht* vermitteln."[9] (Hervorhebung im Original) Die trotz relativ langer Unterrichtsdauer somit verständlicherweise häufig desolaten Sprachkenntnisse vieler Schüler und Lerngruppen sollten dementsprechend nicht mehr nur zu resigniertem Klagen, sondern endlich zu dezidierten und adäquaten unterrichtlichen Maßnahmen Anlaß geben, dies umso mehr, als der Englischunterricht letztlich seine primäre Existenzberechtigung aus der sprachlichen Komponente herleitet, ohne die die meisten seiner inhaltlichen und instrumentellen Lernziele auch durch den Deutschunterricht und andere Fächer abgedeckt werden können.

Die unter 2.3.3 dargestellten kontextuellen Verfahrensweisen eignen sich auf der Oberstufe insbesondere für die vom Lehrer gesteuerte unterrichtliche Wortschatzarbeit, daneben aber auch (bei entsprechender methodischer Einweisung) für die autodidaktische lexikalische Lernarbeit besonders motivierter Schüler. Bei dem Arbeiten mit Satzeinheiten und bei der kombinierten Idiomatik-Wortschatz-Grammatik-Übung ergeben sich über die bloße Reaktivierung und Aneignung des Sprachmaterials hinaus vielfältige Möglichkeiten zur vertiefenden kontrastiven Sprachbetrachtung. Die kontrastive Analyse von Texten ist vor allem deshalb von Bedeutung für die Spracherlernung, weil, wie D. Möhle es formuliert, „Normen des Sprachgebrauchs erst als solche bewußt werden, wenn man im kontrastiven Vergleich, z.B. mit anderen Sprachen, erfährt, daß Formulierungsweisen, die man für unausweichlich hielt, tatsächlich nur auf Konvention beruhen und daß der gleiche Tatbestand in anderen Sprachen in ganz anderer Weise ausgedrückt wird."[10]

Neben der systematischen Erarbeitung von sachbezogenem lexikalischem Lernstoff in Verbindung mit den behandelten Themen und Texten, vorzugsweise auf der Basis von ganzheitlich zu lernenden Mehrwortgefügen, spielt die Aneignung von metasprachlichen Ausdrucksmitteln als sprachliche Voraussetzung für die Textanalyse (Interpretationswortschatz) und für die Auseinander-setzung mit angesprochenen Problemen (Diskussionswortschatz) eine wichtige Rolle. Da das für die Textanalyse erforderliche Spezialvokabular außerhalb des schulischen Englischunterrichts kommunikativ weitgehend unbrauchbar ist, Redemittel zum Argumentieren und Diskutieren dagegen – über die Schule weit hinausgehend – eine wichtige Rolle in der authentischen englischsprachi-gen Kommunikation spielen, sollte die Erarbeitung eines Interpretationswort-schatzes auf das notwendige Minimum beschränkt und der Schwerpunkt der metasprachlich orientierten lexikalischen Lernarbeit auf die Vermittlung und Aneignung eines differenzierten Diskussionswortschatzes gelegt werden.[11]

Es ist zu hoffen, daß sich viele Fremdsprachenlehrer der Bedeutung einer syste-matischen und lernpsychologisch wie methodisch angemessenen Wortschatz-arbeit auf allen Lernstufen in Zukunft stärker bewußt werden und daraus die unterrichtlichen Konsequenzen ziehen. Die meisten Schüler stehen einer regel-mäßigen, unterrichtsbegleitenden Aneignung von Sprachmaterial, wie auch N. Bolz beobachten konnte, aufgeschlossen und kooperativ gegenüber. Das ist weniger verwunderlich, als es auf den ersten Blick erscheinen mag, denn es dürfte kaum eine tragfähigere Langzeitmotivation im Fremdsprachenunterricht geben als das vom Schüler selbst erfahrene kontinuierliche Wachsen seiner Sprachkompetenz durch systematische lexikalische Lernarbeit.

Anmerkungen

1 Vgl. Hohmann, H.-O.: "Lexikalische Lernarbeit mit dem Lehrbuch". *Der fremd-sprachliche Unterricht* 20, 1986, 171–180.

2 Vgl. ders.: „Ende des Sprachunterrichts nach der Lehrbucharbeit?" *Praxis des neu-sprachlichen Unterrichts* 27, 1980, 197–198.

3 Fiedler, E.: „Damit die Sprache nicht auf der Strecke bleibt. Vorschläge zur sprach-lichen Auswertung von Texten im Englischunterricht". *Westermanns Pädagogische Beiträge* 38, 1986, 28–31.

4 Vgl. Hohmann, H.-O.: „Methodik". – In Burgschmidt, E. et al. (Eds.): *Englisch als Zielsprache. Handbuch des Englischunterrichts unter besonderer Berücksichtigung der Weiterbildung.* München, 1975, S. 142–143.

5 Vgl. ders.: „Sprachliche Stagnation in der Phase des erweiterten Spracherwerbs und Möglichkeiten ihrer Überwindung". *Neusprachliche Mitteilungen aus Wissenschaft und Praxis* 38, 1985, 144–151.

6 Vgl. ders.: „Die kombinierte Idiomatik-Wortschatz-Grammatik-Übung für Fort-geschrittene". *Praxis des neusprachlichen Unterrichts* 30, 1983, 16–18.

7 Vgl. ders.: „Sprachschatzarbeit im neusprachlichen Unterricht der Oberstufe". *Praxis des neusprachlichen Unterrichts* 15, 1968, 236–242. – Die hier dargestellten Arbeitstechniken können auch ohne weiteres in der Phase des erweiterten Spracherwerbs angewandt werden.

8 Vgl. Bolz, N.: „Ist die Sekundarstufe II besser als ihr Ruf? Eine Untersuchung der Grammatik- und Vokabelkenntnisse von Oberstufenschülern zwischen 11/2 und 13/1 mittels objektiver Tests". *Die Neueren Sprachen* N. F. 30, 1981, 94–103.

9 Ebd., 99.

10 Möhle, D.: „Die Bedeutung von Gebrauchsnormen für die Förderung der fremdsprachlichen Ausdrucksfähigkeit fortgeschrittener Lerner des Französischen". *Die Neueren Sprachen* N. F. 33, 1984, 629.

11 Vgl. Hohmann, H.-O.: „Vermittlung und Einübung eines Diskussionswortschatzes im Englischunterricht der Oberstufe". *Praxis des neusprachlichen Unterrichts* 30, 1983, 125–133; ders.: *Englisch diskutieren. Englisch-deutscher Diskussionswortschatz mit Satzbeispielen.* München, [5]1986 (1981).

Helmut Meyer, Vechta

GEISTreich – auch in den Glossaren?
Fallstudien zu den Vokabularien der Schulausgaben zweier ‚Geistererzählungen‘
(O. Wilde: "The Canterville Ghost" und R. L. Stevenson: "The Bottle Imp")

1. *Glossare: Entstehungsgeschichte und Untersuchungsansatz*

Folgenlos war sie ja keineswegs: Die Klage über die „Unlust am Englischunterricht der Mittelstufe" hat, seit Lechler[1] sie vor nunmehr zwei Jahrzehnten formulierte, durchaus Konsequenzen gezeitigt. Die „Progressionszwänge der Lehrbucharbeit"[2], die Dominanz von Grammatik und Drills[3] werden heute schon vom vierten Lehrjahr an durch die flankierende Lektürearbeit kompensiert. Die freilich könnte über Ansätze zur selbständigen Textentschlüsselung[4], umfassendere eigene Leseerfahrungen der Schüler und deren zumindest teilweise Emanzipation von der Lehrerlenkung[5] noch intensivere Motivationsanstöße garantieren, gäbe es da nicht das hinderliche „lexikalische Gefälle zwischen Text und Schüler".[6] Und so wird ein moderner Englischlehrer eben nicht, wie Hartig das einst emphatisch empfahl, bei der Wahl der Erstlektüre entscheiden lassen, „was Geist und Seele am nachhaltigsten zu beeinflussen und zu erhöhen vermag"[7], sondern statt dessen nüchtern und penibel darauf achten, daß ‚sein‘ Text den von Doyé für diese Lernstufe vorgesehenen Mindestwortschatz von 1200 Vokabeln[8] nach Möglichkeit eher klar unter- als überschreitet. Mit anderen Worten: Er wird die Qualität der Bearbeitung und damit den unterrichtlichen ‚Gebrauchswert‘ eines Textes bewerten, denn an *inhaltlich* motivierenden Schullektüren mangelt es kaum, wie das *Lektüre-Kursbuch Englisch '80*[9] auf 534 Seiten eindrucksvoll beweist. Nicht die breite Angebotspalette, die Alltagstauglichkeit der Editionen und speziell ihrer Glossare läßt noch manche Wünsche offen – langgehegte Wünsche.

Bereits in einem Aufsatz aus dem Jahre 1933 bedauert Oeckel, auf dem Gebiet der neusprachlichen Schulausgaben sei „die Überschau und Sichtung keine reine Freude".[10] „Was wir in unseren Schulausgaben brauchen, sind fortlaufende Anmerkungen, die das unbedingt zum sprachlichen und sachlichen Verständnis Notwendige bieten [...], aber jeden überflüssigen Notizenkram vermeiden."[11] Dreißig Jahre später klagt Lang in einer Sammelrezension amerikanischer Kurzgeschichten in deutschen Schulausgaben: „Die sprachlichen Erläu-

terungen bilden ein [...] leidvolles Kapitel der Lesebogen."[12] Doch unbequeme
Probleme werden gern verdrängt. Besonders dann, wenn sie eher methodischer
Natur sind, zieht man die didaktische Analyse vor. So listet etwa Hüllen gleich
sechs klangvolle Gesichtspunkte auf, die die Lektüreauswahl im Englischen entscheiden sollen: „der diskussionswürdige Inhalt, die Wahrhaftigkeit der Fragestellung und die angemessene Modernität der Aussage; die schlichte Sachlich-
keit, die intuitive Anschaulichkeit und das persönliche Profil in der Sprache."[13]
Das profane Kriterium eines optimal angelegten Wörterverzeichnisses, durch
das sich alle diese Aspekte dem Lernenden doch erst erschließen, bleibt beschei-
den ausgeklammert. Und nachdem sich nunmehr auch erwiesen hat, daß die
Hoffnungen Digesers trogen, durch den in den siebziger Jahren entwickelten
Lektüretypus der *easy readers* könne „die den weiterführenden Unterricht seit
Jahrzehnten belastende Antinomie zwischen den unvermeidbaren Forderungen
nach sprachlicher und inhaltlicher Angemessenheit" endlich aufgelöst werden[14], beobachten wir vielerorts eher impressionistisch, fast wildwüchsig angelegte Glossare, deren Unzulänglichkeiten sich aus eben diesem fachdidaktischen
Theoriedefizit erklären, und die deutlich den in anderen Bereichen erarbeiteten
hohen Editionsstandard unterschreiten.

Loebners Wunsch, didaktische Ausgaben sollten auch „Sacherklärungen, Kon-
trast- und Vergleichsmaterial, vor allem aber zahlreiche, sorgfältig formulierte
Leit- bzw. Testfragen"[15] enthalten, wird inzwischen recht weitgehend erfüllt.
Allein die angemessenen Worterklärungen, die er eingangs seines Katalogs fordert[16], finden sich nur allzu selten, zumal die Lektüre-Rezensenten hier auch
nicht unbedingt zu insistieren scheinen, wie man spürt: „Auf die [...] Verläß-
lichkeit [...] der 'Vocabulary Notes' u.ä. in den vorliegenden Anthologien
kann hier aus Platzgründen nicht weiter eingegangen werden, da alle diese Fragen einer eigenen, ausführlicheren Analyse wert sind."[17] Voilà! Hinsichtlich der
Probleme, die sich im Umfeld der Worterklärungen in französischsprachigen
Lektüre-Ausgaben beobachten lassen, liegt nun seit vier Jahren eine zwar
knappe, aber instruktive Untersuchung vor.[18] Es ist, so scheint es, an der Zeit,
einen ersten Versuch auch aus anglistischer Sicht zu wagen.

Die Fallstudie, die hier vorgestellt wird, wählt einen exemplarischen, situativen
Ansatz, wie er sich aus der Praxis des Englischunterrichts ergibt. Denn dort
steht der Fachlehrer zwar zunächst noch literaturdidaktisch wohlberaten vor
der Frage der stofflichen Auswahl, doch obliegt ihm schließlich, wenn er sich
denn für einen bestimmten Text entschieden hat, die ungleich einsamere Wahl
zwischen oft mehreren bearbeiteten Ausgaben desselben literarischen Werkes,
die sich in Umfang, Wortschatz, Syntax und inhaltlichen Einzelheiten zum Teil
erheblich voneinander unterscheiden.[19] Und hier versagt bislang die Referenz-
literatur. Es muß aber möglich sein, aus der Analyse vergleichbarer Befunde in
den Editionen einen transferfähigen Raster zu entwickeln, der Entscheidungen

‚vor Ort' erleichtern kann, und darum soll es gehen. Die beiden ‚Geistererzäh-
lungen', deren Editions- und Glossierungsvarianten im Rahmen dieser Zielpro-
jektion untersucht werden sollen, zählen – und das dürfte sie als hinreichend
repräsentativ ausweisen – zu den wirklichen ‚Klassikern' unter den englischsprachigen Lektüre-Ausgaben: Robert Louis Stevensons "The Bottle Imp" und
Oscar Wildes "The Canterville Ghost".[20] Schon vor gut fünfzig Jahren erwies
sich BI als ein „großer buchhändlerischer Erfolg" auf dem Lehrbuchmarkt,
denn „fast jeder Schulverlag [hatte] seine Ausgabe von diesem trefflichen
Werk."[21] An diesem Befund hat sich kaum etwas geändert, denn Schroeder
bestätigt in seinem Aufsatz von 1979 uneingeschränkt, wenn auch im Tenor
skeptisch, die ungebrochene Popularität: „Es ist vor allem die Erzählung *The
Bottle Imp*, durch die deutsche Schüler mit dem Werk Stevensons in Berührung
kommen. Nicht weniger als vier Schulausgaben sind von dieser Erzählung im
Handel."[22] Inzwischen ist, wie die Einträge im *Lektüre-Kursbuch '80*[23] beweisen, die Zahl der Schuleditionen im Handel auf sogar fünf gestiegen. Und noch
reichhaltiger fällt das Angebot an Schulausgaben aus, wenn man sich Wildes CG
zuwendet. Finger erfaßt fünf Editionen[24], die Anhangbibliographie des Verf.
zählt deren sieben. Da auch eine Umfrage bei den Schulbuchverlagen erbracht
hat, daß sich das über den Markt ermittelte dominante jugendliche Leseinteresse
zunächst den *stories of adventure* zuwendet und von dort aus auf *detective stories*
übergeht[25], ist folglich zu bezweifeln, daß CG heutigen Schülern wirklich nur-
mehr eine „fade Gespensterparodie"[26] bedeuten soll, Lesestoff nur noch für
„Kenner und Kinder"[27], wie einige Kritiker meinen; und auch BI definiert man
wohl sachgerechter als eine „klassische Fabel"[28] und nicht als eine „außerhalb
der Schule kaum gelesene Erzählung"[29]. Tatsächlich eignen sich beide Erzählungen vorzüglich für die schulische Praxis und können lektionsmüde Schüler
frisch für den Englischunterricht motivieren. Allein diese Erfahrung erklärt hinlänglich, weshalb sie oft und gerne gewählt werden: „[...] innerhalb der [...]
gesetzten Grenzen entscheidet sich der Lehrer zumeist für das ihm Bekannte
und Genehme."[30] Die Vielzahl der konkurrierend verwendeten Schulausgaben
der zwei Texte erlaubt es, die mannigfaltigen Probleme der Worterklärungen
idealtypisch zu illustrieren – als Fallstudie und Rückmeldung für die Praxis.

2. Gezielt gestreut: Über die Leser der Glossare

Originaltexte sind unangepaßte Texte, „die nicht für den Einsatz im Englischunterricht, sondern für ein englischsprachiges Publikum bestimmt sind"[31],
denn eine muttersprachlich kompetente Leserschaft braucht keine Worterklärungen. Will man also Schüler einem „Komplexitätsschock" aussetzen, und
zwar genau dort, „wo die glatte Progression der grammatischen Lektionen
abgelöst wird durch die erste Begegnung mit einem literarischen Text"[32],

wünscht man bewußt den *écart* in Lexik, Stil und Syntax[33], so verzichte man getrost auf ein Glossar und greife entschlossen zu CG:dtv[34] – freilich dann wohl doch mit einer halbherzigen *reservatio mentalis*, denn die deutsche Übersetzung findet sich blickgerecht auf der jeweiligen Parallelseite, und die Schüler werden sie dort natürlich auch ohne zu zögern lesen. Letztendlich also weder ein Schock noch ein sprachlicher Zugewinn, denn der Originaltext, wenn er denn überhaupt vorgezogen würde, sperrt sich im Hinblick auf Unterrichtszwecke durch seinen überhöhten Steilheitsgrad. Es ist undenkbar, daß er im Klassenverband oder gar privat auch nur einigermaßen zügig und damit für Schüler motivierend durchgearbeitet werden könnte. Auch BI verlangt unter didaktisch-methodischen Aspekten – und hier ist Schroeder uneingeschränkt zuzustimmen[35] – eine zielgruppenbezogene, gekürzte, lexikalisch und grammatisch vereinfachte Fassung (*abridged and simplified*) und/oder ein Glossar mit Konzept wie es in BI:Reclam vorliegt. Hier bietet der Herausgeber seinen Lesern zwar auch den unveränderten Originaltext an, erklärt aber im Glossar alle Wörter, die über die Wertigkeitsstufe 2 des *Englischen Arbeitswörterbuches*[36] hinausgehen, und hat „im Zweifelsfall eher eine Vokabel mehr aufgenommen als dort vorgesehen."[37] Alle übrigen Ausgaben der Erzählung sind entweder hochgradig [BI:Oxford] oder doch erheblich [BI:Klett] vereinfacht bzw. (bei Klett zusätzlich) durch Wörterverzeichnisse [BI:Cornelsen und BI:Lensing] didaktisch aufbereitet worden. Im Falle von Wildes CG bieten die Verlage z.Zt. einen sehr vereinfachten Text ohne Vokabular [CG:Collins], zwei *easy* bzw. *progressive readers* mit Annotationen [CG:Klett und CG:Oxford] sowie drei unbearbeitete Versionen mit zusätzlichen Wörterverzeichnissen an [CG:Cornelsen, CG:Hueber und CG:Westermann]. Auf dieser Materialgrundlage soll im folgenden verglichen, argumentiert und gewertet werden.

Das verwirrende Angebot – und dies ist ein erster Befund – spiegelt getreulich die verwaschenen Vorstellungen, die die Herausgeber mit ihren Zielgruppen verbinden. Man s t r e u t   g e z i e l t. Eher arglos denn strategisch äußert sich ein Verlagslektor: „Die Lektüregruppen richten sich an einen diffusen Markt mit sehr vielen Anforderungen [...]."[38] Wen wundert es, wenn die Fachdidaktik angesichts dieser Lage die „Überproduktion der Verlage" und die „Undurchsichtigkeit des Lektüremarktes"[39] beklagt? Und doch wird man einräumen müssen, daß gerade sie aufgefordert ist, Orientierungsdaten zu setzen, Theoriedefizite aufzuarbeiten und Normen hinsichtlich der Sprache, der Form und nicht zuletzt der Ziele zu entwickeln, die Forschung und Praxis mit einem optimal angelegten Wörterverzeichnis verbinden. Zunächst gilt es umzudenken: Nur allzu bereitwillig wurde bislang über die grundlegenden Schwierigkeiten hinweggesehen, die sich Schülern bei der sinnfassenden Erstlektüre eines längeren fiktionalen Textes in der Fremdsprache entgegenstellen; zu schnell wurde auf die Wertungsebene abgehoben. „*Am Anfang* der Interpretation des fremdsprachlichen Textes steht die Klärung von Wortbedeutungen und Wendungen, die semantische Analyse [...]"[40], schreibt Sieker. Nein, nicht genug, *im Zentrum* sollte sie stehen, denn „Vokabelverstehen ist die wichtigste Voraussetzung des Inhaltsverständnisses"[41], und das selbständige Erlesen eines längeren Textes in der Fremdsprache muß endlich – vor und jenseits aller hermeneutischen Ambitionen – als eine motivierende, eigenständige Leistung im Range eines Lernziels eingestuft und anerkannt werden.[42]

Nun wird die Freude an der Lektüre im Schüler wohl am ehesten dadurch geweckt, daß er in einem neuen Inhalt, der ihn interessiert, bekannte Satzbaumuster und Wörter, mithin vertraute Strukturen wiederfindet, die für ihn eine positive Lernrückmeldung bedeuten.[43] Unbekannte Wörter, die sich nicht aus dem Zusammenhang erschließen lassen, dürfen diese „Leselust durch Lesefluß"[44] nicht über Gebühr hemmen. Sie müssen zügig, textsortenadäquat und sachgerecht erklärt werden. Dies ist die genuine Aufgabe eines Glossars, denn wollte man sie der unterrichtlichen Behandlung überlassen, so zöge sich die Phase der Semantisierung unweigerlich so lange hin, daß die Motivation zur Beschäftigung mit dem Text bereits dünn geworden wäre, ehe es überhaupt zu einer Auseinandersetzung mit Gehalt und Inhalt kommen könnte.[45] Ein Gleiches gilt für das „langwierige, wenig motivierende Nachschlagen im Wörterbuch."[46] Was aber darf unerläutert vorausgesetzt werden? Aus welchen *lexical items* besteht der „elementare Wortschatz", welches sind die „einfachen Kenntnisse des Satzbaus und der Grammatik"[47], die als Arbeitsgrundlage benötigt werden? Niemanden kann es angesichts des dargelegten Theoriedefizits überraschen, daß die praktischen Antworten, die sich aus der Anlage und Kommentierung ableiten lassen, kontrovers ausfallen.

3. Häufig rar: *Über die Inhalte der Glossare*

Ohne Zweifel läßt sich ein brauchbares Glossar nur erstellen, wenn man ein Häufigkeitswörterbuch hinzuzieht.[48] Nur dadurch stellt man die Entscheidung über das vorauszusetzende Basisvokabular, so urteilt auch Real, „auf eine vernünftige und überprüfbare Grundlage."[49] Dementsprechend werden in BI:Reclam alle Wörter einer Frequenzkontrolle unterzogen. Auch der lexikalische Rahmen der Klett-Ausgabe dieser Erzählung – wie übrigens auch der von CG:Klett – wird ähnlich präzise abgesteckt. Er legt für den *easy reader* die Stufe A und damit einen Ausgangswortschatz von 650 Wörtern fest, wobei die Zählungen im wesentlichen auf den Frequenzmessungen Wests basieren.[50] Alle übrigen Editionen aber – und das beeinträchtigt den derzeitigen Qualitätsstandard der Wörterverzeichnisse nicht unerheblich – gehen, soweit sie Originaltexte vereinfachen und/oder annotieren, zwar offenkundig ebenfalls von Frequenzmessungen aus, mißachten aber das selbstverständliche Axiom, die bei der Annotierung der Lexik praktizierten Auswahlverfahren offenzulegen und zu erläutern.[51] Wird ein Wort in das Glossar aufgenommen, so wahrscheinlich deshalb, weil es den Herausgebern im Sprachgebrauch häufig rar zu sein scheint. Nur die allerwenigsten Bearbeiter drucken wirklich aus, welche Wertigkeitsstufen sie voraussetzen – wohl aus Sorge, Präzisierungen dieser Art könnten den potentiellen Abnehmerkreis ihrer Produkte ungebührlich einschränken. Gerade der „Markt" sollte aber über ein kritisches Kaufverhalten darauf dringen, daß alle Auswahlverfahren offengelegt werden, wenn auch fehlende Angaben allein natürlich noch keine Rückschlüsse auf weitere Mängel des Kommentars nahelegen müssen,[52] und umgekehrt laufende Verweise auf ein Häufigkeitswörterbuch noch nicht garantieren, daß die Lexik damit wirklich sachgerecht annotiert wird. Die im *Lektüre-Kursbuch* verzeichneten Steilheitsgrade von bloßen 3–4% bei einem Basisvokabular von nur 600 Wörtern [CG: Oxford] darf man getrost als „märchenhaft" bezeichnen. Sie dokumentieren augenfällig, wie willkürlich die Herausgeber derzeit noch mit Text und Leserschaft umgehen dürfen und wie schwer es dem Praktiker deshalb fallen muß, die optimale Ausgabe eines favorisierten Textes auszuwählen, obschon er doch die Sprachkompetenz seiner Lerngruppe auf Grund der Lehrwerkprogression ziemlich sicher einzuschätzen weiß. Immerhin haben ärgerliche Reaktionen hier punktuell einiges bewirkt. So stockte ein Verlag die ursprünglich für ein Basisvokabular von 500 Wörtern konzipierte Erstfassung eines *easy reader* [CG:Klett], die 30–40 den Schülern sicherlich unbekannte, aber nicht erklärte Wörter enthielt, und die ein erboster Kritiker „sogleich aus dem Verkehr gezogen" sehen wollte[53], schließlich auf ein Basisvokabular von 650 Wörtern auf – nach Jahren freilich, aber immerhin.[54] Es wäre nun gewiß müßig, eigens zu erwähnen, daß eine Lektüre mit einem auf der gleichen Grundlage ermittelten Steilheitsgrad von gar 15% [BI:Cornelsen] natürlich einen anderen Extremfall darstellt und ihre Zielgruppe kraß verfehlt, stieße man nicht bei vielen anderen Schulausgaben auf ganz ähnliche Fehleinschätzungen. Geschönte Daten, realitätsfremde Ansprüche – all dies sind Unzulänglichkeiten, die bisweilen auf Sorglosigkeit, häufiger auf wirkliche Orientierungsmängel schließen lassen.[55] Zuviele Wünsche konkurrieren, nicht alle lassen sich gleichzeitig erfüllen. Einerseits sollen unsere Schüler frühzeitig technisch angeleitet werden, unbekannte Elemente beim Lesen kombinierend einzukreisen, zu assoziieren, gezielt zu raten und sich so die neue Lexik zu erschließen.[56] Andererseits muß auch die Lektüre dem Auf- und Ausbau des aktiven Wortschatzes dienen und deshalb planvoll ausgewertete und sorgsam semantisierte Vokabelangebote machen, die sich der Lernende kontextualisiert und systematisch einprägt, mithin nachschlagbare Lexik bieten als „eine der besten Möglichkeiten, [...] selbständige Arbeitsmethoden einzuüben."[57] Denn immerhin liegen seit langem breitangelegte empirische Untersuchungen aus der DDR vor, nach denen der im Rahmen einer Lektüre vermittelte Wortschatz zu mehr als einem Drittel in den produktiven Sprachbesitz der Schüler übergehen kann.[58] Und daß natürlich auch der passive Wortschatz systematischer Pflege und intentionalen Lernens bedarf, ist zumindest seit den Arbeiten Gutschows nicht mehr umstritten.[59] Mißt man die Monotonie der vielfach lektüreüblichen, illustrations- und geistlosen Wörterlisten an diesen Ansprüchen, so muß man wohl der Klage Weinrichs folgen: „Zumal in der Sprachdidaktik unseres Landes ist ein beträchtliches Defizit an literaturdidaktischer Phantasie zu verzeichnen."[60]

4. Englisch eingedeutscht: Über die Sprache der Glossare

Die Auswertung einer Umfrage Bludaus aus dem Jahre 1976, in der die Schulbuchverlage nach ihren Lektüre-Programmen und ihrer Markteinschätzung befragt wurden[61], ergab folgendes Bild: 58% der Glossare waren einsprachig abgefaßt, 14% zweisprachig deutsch-englisch und weitere 14% mischten deutsche und englische Erklärungen, waren e n g l i s c h e i n g e d e u t s c h t. Die restlichen 14% der Editionen verzichteten ganz auf Vokabelerklärungen. Vier der zwölf im Rahmen dieser Fallstudie analysierten Lektüren unterstützen ihre Leser mit einsprachig abgefaßten Glossaren [CG:Westermann, CG:Oxford, CG:Klett und BI:Klett]. Drei Editionen arbeiten mit streng zweisprachig deutsch-englischen Anmerkungen [CG:Cornelsen, BI:Cornelsen und BI:Reclam]. Zwei Ausgaben mischen englische mit deutschen Worterklärungen [CG:Hueber und BI:Lensing]. Die beiden britischen Schuleditionen verzichten ganz auf Annotationen [CG:Collins und BI:Oxford], desgleichen auch die zweisprachige deutsche Ausgabe [CG:dtv]. Vergleicht man die Zahlen Bludaus mit diesen Ziffern, so zeigen die Skalen ein sehr ähnliches Mischverhältnis. Binnenstrukturell entwickelt und verfestigt sich ein Trend von der einsprachig englischen zur gemischt englisch-deutschen Worterklärung. Und dieser Tendenzwandel bestätigt sich bei der Durchsicht der jüngeren und jüngsten Verlagsprospekte als genereller Fakt. Darüber wird man heute nicht mehr so klagen wie Schad das 1955 noch tat, als die von ihm damals besprochenen 50 englischen Lektüre-Ausgaben nur in zehn Fällen auf englisch annotiert waren[62], zumal wenig dafür spricht, daß die rückläufige Tendenz *ausschließlich* einsprachiger Worterklärungen auch auf Diskrepanzen zwischen den Lehrplananforderungen und der Schulwirklichkeit zurückschließen ließe.[63] Das einsprachige Unterrichtsprinzip steht außer Frage, aber wer glossiert, muß prinzipiell von Fall zu Fall, d.h. von Wort zu Wort entscheiden dürfen, ohne vermittlungssprachig vorab festgelegt zu sein. Die Frage der Annotierungssprache muß undogmatischer gelöst werden als bisher, und zwar ohne ein latent schlechtes Gewissen gegenüber der ‚reinen Lehre'. Ein Fallbeispiel: "That night all doubts about the objective existence of *phantasmata* [Hervorheb. vom Verf.] were removed forever" [CG:Cornelsen, S. 8]. Das Glossar dieser Ausgabe kommentiert:

„*phantasmata* [fæn'tæzmətə] griech. Form des Plurals zu *phantasma* [...] Gei-stererscheinung" [CG:Cornelsen, S. 36]. Ein zweites Vokabularium [CG:We-stermann, Appendix, S. 7] definiert: "*phantasmata* ['fæntæzmeitə] – creations of the imagination; apparitions, specters". Und eine dritte Worterklärung lautet schließlich: „*phantasmata* [fæn'tæzmətə]: (= Geistererscheinungen)" [CG: Hueber, S. 44]. Die Oxford-Edition kürzt die Passage heraus, die zweite britische Ausgabe formt um: "But that night changed things" [CG:Collins, S. 11]. Abschließend nun die vollständige deutsche Übersetzung in der zwei-sprachigen Ausgabe: „An jenem Abend waren alle Zweifel am tatsächlichen Vorhandensein von Übernatürlichem für immer beseitigt" [CG:dtv, S. 19]. Unter allen Verständnishilfen besorgt die scheinbar radikalste Lösung, nämlich die deutsche Komplett-Übertragung, ihr Geschäft am schlechtesten. Dort, wo mit *phantasmata* von einem ganz konkreten Spuk gesprochen wird, glaubt sie, metaphysisch werden zu müssen („Übernatürliches"), was weder dem kon-kreten Lexem noch generell dem ‚Geist' der Erzählung entspricht. Akademisch blutleer enttäuscht aber auch CG:Cornelsen das dringliche Informations-bedürfnis des gespannten jugendlichen Publikums, das in dieser Lesesituation ganz gewiß nicht wissen will (und muß), daß es sich bei *phantasmata* um eine griechische Pluralform handelt. *Ein* (er)klärendes Wort würde genügen. Die einsprachigen Umschreibungsversuche bei CG:Westermann ("creations of the imagination, apparitions, specters") helfen da schon eher weiter, verunsichern aber doch wieder durch eine erhebliche Deutungsbreite, die den Lesefluß *on second thoughts* stocken läßt, weil sie gleich alle Formen des Siebensinnigen abdeckt – von selbsterdachten Hirngespinsten über objektiv ungeklärte Erscheinungen bis hin zum handfesten, durch die amerikanische Graphie auch lokalisierten Kinogespenst der *ghost-busters*. Die für das flüssige Lesen wirklich notwendige Information liefert dagegen CG:Hueber mit nur einem deutschen Wort: *Geistererscheinungen*. Dabei wird das „Problem der Eindeutigkeit und Klarheit" nicht durch „*Beifügung* der deutschen Bedeutung"[64] gelöst. Vielmehr sichert das deutsche Wort den intellektuellen Zugriff hier ganz *allein*, nicht bloß subsidiär zur einsprachigen Erläuterung. Und das mit vollem Recht, denn in der Fremdsprache wird nun einmal „anders gelesen als in der Muttersprache"[65], und wenn die Regressionen den motivierenden Lesefluß nicht auf Dauer (zer)-stören sollen, dann müssen notwendige Informationen auch einmal schnell und punktuell durch eine knappe deutsche Übertragung vermittelt werden, „durch einen gezielten Rückgriff auf die Muttersprache."[66]

Und dennoch: die zweifelsfrei eleganteste, nämlich non-verbale Form der Worterläuterung gelingt in diesem Falle Irene von Treskow durch ihre grotesk-ironisierenden Illustrationen der Wildeschen *phantasmata* [CG:dtv]. Sie ver-bildlichen perfekt den für die Erzählung charakteristischen Schwebezustand zwischen Satire, Groteske und Rührmärchen, indem sie das blasierte Old

England und die naive Neue Welt in einer gemeinsamen Bildebene zusammenführen. Worte erübrigen sich da gänzlich – und welche verbale Erklärung könnte besser glücken?

[CG: dtv, S. 23]

[CG: dtv, S. 41]

[CG: dtv, S. 59]

[CG: dtv, S. 83]

Aber auch die kindlich-unschuldigen Gespensterbilder von Susan O'Carroll [CG:Collins][67] oder die zahlreichen, rein semantisierenden Zweckillustrationen des *easy reader* [CG:Klett][68] vermögen mehr als Worte und ersetzen auf dieser reduzierten Sprachebene durchaus ein eigenes *glossary*.[69]

Bilder gestatten es, den Handlungsfortgang auch dann noch sicher zu verfolgen, wenn potentielle textliche Schwierigkeiten verbal nicht aufgeschlüsselt werden.[70]

[CG: Klett, S. 12]   [CG: Klett, S. 13]

Die Frage der ein- und/oder zweisprachigen Worterklärungen läßt sich demnach nur sehr differenziert beantworten – eine undogmatische Position, die Runschke wohl zu früh vertrat, und die sich jetzt erst zäh durchsetzt: „Alle oder doch fast alle einsprachigen Ausgaben sind ein Beweis dafür, daß mit einsprachigen Erläuterungen nicht auszukommen ist."[71] Ein wirklich modernes, d.h. motivierend wie effizient angelegtes Glossar kann nur gestuft operieren. Nonverbale Formen der Erklärung sollten vorrangig genutzt werden,[72] als zweite Stufe folgt die einsprachige Worterklärung; wo diese zu semantischen Verunsicherungen führt, ist das muttersprachliche Äquivalent als Zusatzinformation vorzusehen;[73] bei ausgefallenen, gelehrten oder fachsprachlichen Lexemen ist als dritte Stufe die punktuelle deutsche Übersetzung angezeigt – vielleicht auch einmal im Komplett-Kontext, in jedem Falle aber vorrangig in der benutzerfreundlichen Form des laufenden Sprachkommentars (*running commentary*)[74] als Fußnote auf der entsprechenden Seite, am Rande oder auch als Klammerzusatz im laufenden Text, so daß der Lesefluß beschleunigt, nicht aber gehemmt wird.

5. Viel zuwenig: Über den Umfang der Glossare

Die *systematische* Arbeit mit dem Wörterbuch kann ohnehin erst am Ende der Sekundarstufe I beginnen. Aus kompletten Nachschlagewerken ausgekoppelte und speziellen Textausgaben zugeordnete Sonderwörterbücher widersprechen zudem der Aufgabe der fremdsprachigen Schullektüre. Als alphabetisierte Lesehilfen erfreuten sie sich einiger Beliebtheit, wurden in der Fachdidaktik aber aus lernpsychologischen Gründen schon früh strikt abgelehnt[75] und gelten inzwischen als antiquiert, da das „mühsame und langsame Fortschreiten", das sich mit *allen* konventionellen Formen der Wörterbucharbeit in der Sekundarstufe I zwangsläufig noch verbindet, „dem jugendlichen Leser den Genuß des Textes vergällt."[76] Das ist sicherlich auch aus heutiger Sicht richtig. Suchendes Blättern demotiviert. Der Weg vom Text zum Vokabelnachweis muß so wirksam wie möglich abgekürzt werden. Deshalb sollte man in dieser Lernphase auch die seit einigen Jahren aus den Kursmaterialien für die Sekundarstufe II übernommenen Fragen zur Textanalyse sowie alle Aufgaben zur *Verarbeitung* des Wort- und Strukturmaterials noch konsequent aus den Lektüren verbannen. Sie gehören in den Unterricht und bedürfen des kundigen Einsatzes und der Kontrolle durch den Fachlehrer. Im Falle von BI:Lensing füllen die 'Tests and Exercises' ein voluminöses Beilagenheft von 32 Druckseiten, während der Text selbst mit nur 33 Seiten nur unwesentlich länger gerät. Der „unlustige" Schüler Lechlers (und anderer), der neu motiviert werden soll (und will), erkennt die sattsam vertrauten Strukturen des Lehrbuches wieder, mutmaßt in den Kapiteln eher raffiniert getarnte Units und reagiert lustlos oder gar abweisend. Zudem läßt sich vielerorts beobachten, wie sich der Raum für die notwendigen Worterklärungen verknappt, während sich die Angebote in den Test- und Übungsteilen vervielfältigen.[77]

Löbliche Ausnahmen bestätigen diesen Trend, aber sie erfreuen dennoch. Das Vokabularium der gerade inkriminierten Lensing-Ausgabe fällt nämlich *auch* positiv auf, weil es durchaus großzügig angelegt ist, während das Vokabelangebot in den Glossaren der meisten anderen Schuleditionen eher auf eine kritischknappe Formel zu bringen ist: v i e l   z u w e n i g . Doch beginnen wir positiv: Ein Blick auf die ersten fünf Seiten von BI:Lensing zeigt, daß dort insgesamt 125 Vokabeln und Wendungen aufgeführt und erklärt werden. Ein so reichhaltiges Wörterverzeichnis motiviert die Leser und fesselt sie an den Text. Unzureichend kommentierte Ausgaben dagegen lockern oder lösen die Textbindung, weil sie die Schüler zu unzumutbar vielen Nachschlageoperationen im ungeliebten Wörterbuch zwingen. Sie überfordern den durchschnittlichen Lerner zeitlich wie psychisch und führen, wie die Erfahrung lehrt, zu dürftigen Arbeitsergebnissen.[78] Diesen 125 Worterklärungen des Vergleichsabschnitts bei Lensing stehen in BI:Cornelsen lediglich 78 gegenüber. Dafür aber bietet diese Ausgabe zweifellos anregende biographische und geographische Detailinformationen sowie eine Landkarte der 'Hawaiian Islands'. Doch wem nützt es, wenn zwar viel Wissenswertes über Captain Cook, Keawe the Great, Hamakua und Prester John berichtet, darüber aber die für das Textverständnis erheblich wichtigere verbale Sinnerschließung vernachlässigt wird? In BI:Reclam werden mit nur 46 Wörtern die Verständnishilfen endgültig unter ein noch akzeptables Mindestmaß gedrückt, zumal die Ausfälle hier nicht einmal über die Sacherklärungen kompensiert werden. Es versteht sich am Rande, daß sich dieser quantifizierende Vergleich nur bedingt auf den vorab überarbeiteten *easy reader* von Klett übertragen läßt, der aber im Rahmen des Vergleichsabschnitts immerhin noch 16 Wörter und Wendungen semantisiert, und das gilt natürlich erst recht für BI:Oxford, eine noch extremer gekürzte und deshalb ganz ohne Annotationen edierte britische Schulausgabe. Dennoch beweist die fallende Linie der Gewichtung, wie stark sich die Lektüren hinsichtlich des Umfangs der Worterklärungen unterscheiden.[79] Und ein Gleiches läßt sich bei fast allen mehrfach edierten Schulausgaben beobachten.

Ungeachtet der so erweiterten Angebotspalette werden sich die Haupterwartungen der Englischlehrer weiterhin vorrangig auf die Worterklärungen richten müssen, nicht auf die Sacherklärungen, die Materialien zur Textanalyse, die Hintergrundinformationen oder gar spezielle Aufgaben zur Verarbeitung des angebotenen Wort- und Strukturmaterials.[80] Wenn man durch belebende Impulse aus der Lektüre der Verarmung des Unterrichts entgegenwirken will, die die Auswahl des Lehrwerkwortschatzes nach Frequenzkriterien zwangsläufig nach sich zieht[81], so müssen die Wörterverzeichnisse der Lektüretexte künftighin unbedingt wieder umfangreicher angelegt werden. Nur auf einer ausreichend breiten Basis läßt sich im Sinne der neueren Lektürekritik auch ein „gründlicher Kommentar"[82] erstellen. Und Gründlichkeit wird durchaus nachgefragt: Ein idealer Kommentar dieses Typs findet sich in der inzwischen restlos vergriffenen Ausgabe CG:Westermann. Um so mehr freilich enttäuscht die Verlagsmitteilung, daß ausgerechnet dieser vorzüglich edierte Text *nicht* wieder aufgelegt werden soll.[83] Dabei sind die Qualitäten unübersehbar: 720 englisch-englische, bei schwer erklärbaren Wörtern englisch-deutsche Vokabelerläuterungen mit phonetischer Umschrift erleichtern das Textverständnis, bequem nachzuschlagen in einer Doppelbroschur, die sich vorbildlich handhaben läßt. Text und Anhang können so geklappt werden, daß sie nebeneinander liegen und so eine optisch wie intellektuell extrem kurze Rückkoppelung zwischen Problem und Klärung gewährleisten – als Informationsangebot fast so effizient wie die an sich ideale Kommentierung durch Bild und/oder Wort im Text selbst, die freilich bei Originaltexten zu kaum lösbaren Raumproblemen führt.

Die Mehrzahl aller Textausgaben für den Englischunterricht, so läßt sich wertend festhalten, bietet zu wenige Worterklärungen.[84] Der Umfang der Vokabularien müßte wesentlich verstärkt werden, denn die Mittelstufenschüler, die etwa *mariner, whaleboat* und *vessel* ohne Annotierungshilfen erlesen können, wie das in BI:Cornelsen oder BI:Reclam gleich auf der allerersten Seite erwartet wird, dürften (leider) auch weiterhin rühmliche Ausnahmen bleiben – eine Einschätzung, die wohl auch die Herausgeber von BI:Lensing teilen, wie ihr Glossar verrät.

6. Einfach kompliziert: Über die Güte der Glossare

Natürlich hängt nicht allein der Umfang der Worterklärungen in den Lektüreausgaben von den Sprachkenntnissen ab, die man von der Abnehmergruppe erwartet; auch die Art der Kommentierung müßte normalerweise auf das engste an die jeweils zu erwartende fremdsprachliche Kompetenz anknüpfen. Wieder trifft man auf die vertraute Aporie. Die Herausgeber hegen auch hier eher Vermutungen, die sich allenfalls begrenzt an der lexikalischen wie grammatischen Progression der unterschiedlichen Lehrwerke überprüfen lassen. Da sie zudem nicht wissen können, ob ihre Lektüre relativ früh oder erst spät im Gesamtlehrgang eingesetzt wird[85], und die Verlage eine zielgruppenspezifische Verengung ihres Produktmarktes auch nicht unbedingt forciert sehen möchten, erweisen sich die praktischen Problemlösungen als äußerst subjektiv oder gar willkürlich. Eigentlich alle Schuleditionen setzen war als Standard den „frequentesten Wortschatz"[86] voraus und erklären – freilich auch nur zum Teil – die darüber hinaus verwendeten Vokabeln und *idioms*. Dabei gehen sie aber bei ein und demselben englischen Text von völlig divergenten Plafonds aus, edieren also für sehr unterschiedliche Kompetenzstufen des Lehrgangs. Auch diese generellen Beobachtungen lassen sich im Vergleich der diversen Editionen von BI und CG anschaulich nachvollziehen. Unter den 550 Vokabelerklärungen in BI:Lensing befinden sich viele, die Thorndike[87] zu den allerhäufigsten zählt und der Gruppe AA zuordnet, die ungefähr der 1. Wertigkeitsstufe bei Haase entspricht.[88] Im räumlichen Rahmen des exemplarisch betrachteten Eingangskapitels entstammen nicht weniger als 30 Vokabeln der Gruppe AA. Nur fünf dieser *items* (*at length, all of a sudden, to raise, homing pigeon, to fool*) werden in dem ebenfalls integralen Text BI:Cornelsen erläutert, während die dritte ungekürzte Version [BI:Reclam] nicht einmal eines dieser Wörter erklärend aufgreift. Hier werden also, ohne daß das irgendwo deklariert würde, völlig unterschiedliche Leserkompetenzen vorausgesetzt. Das freilich geschieht allenthalben, und dabei bedarf es doch gerade auf dem unüberschaulichen Lektüremarkt dringlich klarer Angaben, an Hand derer sich der Fachlehrer orientieren kann, bevor er sich für eine bestimmte Edition entscheidet. Die derzeitige Situation ist einfach kompliziert.

Nun zu einem zweiten Problem aus diesem Komplex: Die Vokabel *homing pigeon* gehört eigentlich nur insoweit in die 1. Wertigkeitsstufe, als der *erste* Bestandteil des Kompositums gemeint ist (*home*); *pigeon* rangiert schon in der 2. Wertigkeit, und da Komposita wie *pigeon-hole* nur der 6. Wertigkeitsstufe zugeordnet werden (= *rather rare words*), läßt sich wohl auch *homing pigeon* kaum anders rubrizieren, zumal Haase das Wort nicht einmal aufführt. Kein Zweifel: es *muß* erläutert werden. Die BI-Ausgaben von Lensing und Cornelsen wählen dafür den Weg der direkten Übersetzung: *Brieftaube*. Damit umgehen sie Schwierigkeiten, die unmittelbar mit der Frequenzfrage zusammenhängen:

das Risiko nämlich, bei einsprachigen Definitionen und Umschreibungen mißverstanden zu werden, oder das nicht minder große Problem, Vokabeln über
einen Zweitkontext erläutern zu müssen, der seinerseits *keine* neuen Wörter
(noch) geringerer Frequenz verwenden darf.[89] Einige Beispiele aus CG-Editionen können hier für viele andere stehen. Augustus Dampier ist "Fellow of
King's College, Cambridge". Das wird bei Hueber so erkärt: "*fellow*: member
of governing body" [CG:Hueber, S. 41]. Nun hat *fellow* in der Grundbedeutung *Bursche, Kerl; Gefährte, Genosse, Kamerad* in Haases *Arbeitswörterbuch*
zwar die Wertigkeit 1 (= grundlegende Wörter), sicherlich jedoch nicht in der
hier angesprochenen Sonderbedeutung *Member of governing body in some
Universities*, die nicht eigens erwähnt wird. Die Definition stimmt zwar, bleibt
aber unvollständig und trifft nur auf den vorliegenden Kontext zu. Und das gilt
auch für die Erläuterungen bei Westermann, die überdies noch vier wenig
gebräuchliche Lexeme mit hohen Wertigkeitsstufen zwischen 3 und 5 verwenden:[90] "*fellow* – a member of a college entitled (3) to certain privileges (3); a
member of the board of trustees (5) of certain universities or colleges; a member
of a learned (4) society" [CG:Westermann, Appendix, S. 4]. Wirkliche Definitionen müssen aber „alle für das Verständnis nötigen Begriffe enthalten, und
der Leser muß die Beziehung zwischen den Begriffen herstellen und richtig
interpretieren."[91] Diesen Ansprüchen können solche einsprachigen Erläuterungen natürlich nicht genügen. Sie müssen es auch gar nicht, nur sollte man das
dann auch beherzigen, praktizieren und offen aussprechen. Es kann ja nicht
darum gehen, aus bloßem Perfektionismus eine Unbekannte X durch eine
Unbekannte Y zu ersetzen, wie ein Kritiker das umschreibt[92], sondern vielmehr
gilt es allein, ein angemessenes Textverständnis zu sichern und den Lesefluß zu
fördern. Warum also nicht einfach die knappe Übersetzung Uthe-Spenckers
übernehmen [CG:dtv, S. 7] und mit einem klärenden Zusatz versehen? Etwa
so: „*fellow* – [hier] Mitglied des King's College, Cambridge". Oder man sucht,
wenn denn mehr Vollständigkeit angestrebt wird, einen sprechenden Zweitkontext für „*fellow* = Kamerad". Etwa: "[see also]: His school-fellows don't
like him."[93] Das wäre akzeptabel.

Heikler bleibt der sehr großzügige Umgang, den viele Bearbeiter mit dem
schillernden Begriff *synonym* pflegen, wenn sie alert oder auch arglos ein Wort
durch ein anderes *ersetzen*.[94] Auch hierfür müssen einige Belege genügen:
BI:Lensing parallelisiert zunächst *mariner* und *seaman* (S. 34), dann *sailor* und
mariner (S. 37). Eingangs wird also ein extrem rares Wort der Wertigkeitsstufe 5
durch ein geläufiges der Wertigkeitsstufe 1 ersetzt, anschließend aber wird die
fast ebenso gebräuchliche Vokabel *sailor* (Wertigkeitsstufe 2) über das literarische Lexem *mariner* semantisiert, das dadurch implizit und gewiß ungewollt
den höchsten Stellenwert erhält. So kann es passieren, daß aufmerksame Schüler irgendwann auf der Kanalfähre nach England den klingenden Satz "I'm not

a good *mariner*" bilden und damit doch nur profan feststellen wollen, daß ihre Mägen nicht seefest sind ("I'm not a good *sailor*").

Überhaupt wäre es sehr wichtig, in den Glossaren durch Fettdruck oder Majuskeln die Wörter und Wendungen hervorzuheben, die in den aktiven Sprachgebrauch der Schüler aufgenommen werden könnten, zumal nicht einmal ein passiver Wortschatz „quasi zufällig" entstehen sollte.[95] Selbst wenn nicht alle derartigen Einträge auch systematisch als Vokabeln gelernt werden, fördert die graphische Markierung doch das noch immer unterschätzte Phänomen des *accidental learning,* dessen Auswirkungen man oft (und zumeist sehr gern) in Schülerarbeiten beobachtet – oft in Kontexten, die die Erinnerungsbrücke noch ahnen lassen. Definitionen dagegen, und das entwertet viele einsprachige Erläuterungsversuche, kann und sollte man nicht lernen oder gar reproduzieren lassen, denn für natürliche Sprechsituationen taugen sie nicht.[96]

Auch *idioms* fördern in ganz besonderer Weise die Verständigung und sollten deshalb, sofern sie im heutigen Sprachgebrauch geläufig (geblieben) sind, als potentieller Lernstoff drucktechnisch aus dem Kontext hervorgehoben werden. Ein Beispiel: In BI mieten sich Kokua und Keawe in Papetee gegenüber dem britischen Konsulat ein großes Haus "to make a great parade of money". Hier genügt es nicht, mit "to make a parade of = to make a great show of" [BI:Lensing, S. 45] nur unverbindlich eine Information abzuhaken oder es bei der Synonymisierung "parade = show" [BI:Cornelsen, S. 38] bewenden zu lassen, denn später situationsfremd oder stilwidrig eingebrachte *idioms,* mit denen man als Konsequenz bei den Lernenden rechnen muß, enthüllen in ganz besonderem Maße die „Diskrepanz von Anspruch und wirklicher Fähigkeit"[97]. In diesen Fällen muß der Kontext im Glossar einprägsam erweitert werden: "She made a parade of her new dress in class."

Überhaupt können sich gravierende Probleme ergeben, wenn nur die jeweils im Textzusammenhang vorliegenden Bedeutungen vermittelt werden und dabei zudem ausschließlich einsprachig formuliert wird.[98] So stehen zwar "sensible – reasonable" [CG:Hueber, S. 42] sicherlich zu Recht nebeneinander, zumal es sich bei *sensible* um ein Wort handelt, das als *false friend* einen besonders hohen ‚Preis'[99] hat, d.h. wichtig, aber schwer zu lernen ist. Die Gleichung "to tap – to knock" [CG:Hueber, S. 45] aber geht schon *nicht* mehr auf. Das, was den Butler veranlaßt, sich in der Speisekammer zu erschießen, ist "a green hand tapping at the window-pane" [CG:Hueber, S. 11], aber diese Hand klopft eben nicht derb an (*knock*), sondern „pocht" nur leise, wie das in CG:dtv, S. 25 in der Nuance richtiger übersetzt wird. Das wahre Grauen ist ein *sanfter* Horror – *to tap* heißt *to strike lightly*. Im ersten Fall gibt der Kommentar ein einfaches ‚Synonym' an, im zweiten eine auch nur bedingt zureichende Übersetzung. „Mit den Fingerspitzen trommeln" wäre wohl besser. Ein neuer Kontextrahmen jedoch vermag noch erheblich mehr und bietet die sicherlich optimale Lösung des Synonymen-Problems, nicht nur in diesem Beispiel. Denn er kann die fiktionale Aussage im Sinne des *situational teaching* nachvollziehbar in den Alltag verlagern:[100] "The teacher tapped her fingers on the desk impatiently."

Bedeutungsbeschränkungen müssen mitvermittelt werden, damit sie mitgelernt werden können.[101] Aber auch die gemeinsame Konkretisierung von ‚Unbestimmtheitsstellen'[102] – und da kann eine unzulängliche Annotation sogar anregen und helfen – schafft Redeanlässe, vertieft das Textverständnis und fördert den kreativen Umgang der Schüler mit dem Text. Denn was für ein Geist ist denn nun eigentlich ein *imp* – ein "small devil demon" [BI:Lensing, S. 35], ein „Kobold, Teufelchen" [BI:Cornelsen, S. 34 und BI:Reclam, S. 3], "a child of the devil" [*Advanced Learner's Dictionary*, s.v. *imp*] oder doch eher das, was der Illustrator der Klett-Ausgabe sich darunter vorstellt?

[BI:Klett, S. 15]

7. Stumm gelautet: Über die Umschrift der Glossare

Einige kritische Anmerkungen verdient auch die Lautschrift in den Wörterverzeichnissen. Von den untersuchten BI-Ausgaben transkribieren nur Lensing und Cornelsen alle oder jedenfalls die wesentlichen Vokabeln des Anhangs. Im Falle von CG finden sich sporadische Transkriptionen immerhin bei Cornelsen, Hueber und Westermann. Dennoch muß es erstaunen, daß sich die immer wieder gestellte Forderung, die unterrichtsübliche Lautschrift auch in den Anmerkungen der Lektüren zu verwenden[103], offensichtlich nur bedingt durchgesetzt hat. Da die Lektürearbeit in der Sekundarstufe I primär mit dem Lernziel *rezeptives Leseverstehen* betrieben wird und demzufolge allenfalls noch kurze Textpassagen vorentlastet werden, ist es bei dieser Arbeitsweise weder möglich noch methodisch sinnvoll, das lautliche und intonatorisch richtige Lesen zumindest punktuell zu kontrollieren.[104] Umso wichtiger wird es deshalb, den Worterklärungen in allen komplizierten oder auch nur irgendwie zweifelhaften Fällen auch die Transkription beizufügen. Stichprobenartig aus dem Glossar von BI:Klett herausgegriffene, dort nicht transkribierte Vokabeln wie *schooner* (S. 12), *architect* (S. 13), *lawyer* (S. 12) oder gar *calaboose* (S. 46), *to carouse* (S. 46), *boatswain* (S. 45) und *convict* (S. 45) bergen so viele Aussprachetücken, daß diese (und andere) Wörter im Kontext von durchschnittlichen Schülern schlicht überlesen werden – s t u m m g e l a u t e t. Oder aber – und das ist schlimmer und in Wiederholungsfällen wohl die Regel – es schleifen sich gemutmaßte, zumeist falsche Aussprachevarianten ein. Dabei muß ja nicht, wie Plett das fordert, „jeder Worterklärung [. . .] selbstverständlich die IPA-Transkription beigefügt werden"[105], was immerhin in BI:Lensing geschieht und sicher nützt. Denn trotz der im Englischen im allgemeinen großen Kluft zwischen Schrift- und Klangbild lassen sich viele Wörter gewiß problemlos aussprechen. Das erlaubt ein durchaus selektives Annotierungsverfahren, wie es in BI:Cornelsen praktiziert wird. Bei „*díamond* [ai] = Diamant" (S. 34), „*puzzle* [ʌ] = Geduldspiel" (S. 36), „*losing* [-z-] *bargain* = Verlustgeschäft" (S. 35) oder „*rélative* = Verwandter" (S. 35) genügt dort die Umschreibung einer Silbe, eines Kennlautes oder die Angabe eines Akzents.[106] Die gänzlich fehlende oder unzureichende phonetische Transkription in vielen Glossaren englischsprachiger Schulausgaben wird jedoch zu Recht bemängelt.[107] Ein didaktisch gezielter Einsatz der Lautschrift sollte nirgendwo ein Desiderat bleiben, sei es nach den IPA-Normen oder dem Windsor-Lewis-System, das inzwischen vielfach favorisiert wird.[108]

8. Glossare: Entwicklungsperspektiven und Untersuchungsergebnis

Fassen wir zusammen: Die Wortschatzerklärungen der meisten englischen Schulausgaben sind nach Umfang, Verständlichkeit und Lernbarkeit verbesserungsbedürftig.[109] Weder Mengen- noch Auswahlprobleme der erklärten Wörter wurden bislang methodisch hinreichend reflektiert. In besonderer Weise dokumentieren die sehr unterschiedlichen Editionen geläufiger ‚Klassiker‘, wie sehr es an einem gemeinsamen Standard mangelt. Die Herausgeber richten sich nur sehr bedingt nach den Vorgaben normierender *frequency counts* und gehen bei den fraglos zulässigen und z.T. notwendigen Ausnahmen nicht immer zweckvoll und begründet vor. Dabei stört nicht das vereinzelt stehengebliebene, unerklärte Wort, denn gerade das behalten die Schüler erfahrungsgemäß unerwartet gern und gut;[110] vielmehr verärgern lange „Vokabelfriedhöfe"[111], bei denen gedankenlos oder sparwütig darauf verzichtet wurde, glossierte Wörter auch auf sprach- und sachfeldorientierte situative Kontexte zu beziehen – verschüttete Lernpotentiale. Dabei eröffnet die nach der Lektionen-Routine frisch motivierende Lektürearbeit vielfältige Möglichkeiten, aus den Worterläuterungen in engster Verbindung mit konkreten Texten erste Stufen einer ausbaufähigen Vokabelkartei zu entwickeln, wie sie sich auch für die spätere Oberstufenarbeit empfiehlt.[112] So angelegt und genutzt, bieten die Glossare fremdsprachiger Schullektüren den Lernenden eine Fülle von Chancen, ohne Drill und in motivierenden Kontexten einen „Vorrat von üblichen Syntagmen" zu erwerben, der sie früh in die Lage versetzt, „gedankliche Schemata (oder Teile hiervon) der Fremdsprache unmittelbar, weil automatisiert, reproduzieren zu können."[113]

Leider liegt auch die drucktechnische und mediendidaktische Ausgestaltung vieler Lektüren, wie ein Kritiker schon mit Blick auf die auflagenstarken *Short Story*-Ausgaben monierte[114], noch immer im argen. Alle Erläuterungen müßten bereits im Text durch Fettdruck angekündigt und textkursiv – also synoptisch – dargeboten werden, nicht mehr seitenweise zugeordnet erst im Anhang. Ein lexikonartig angelegtes zweites Glossar zum Schluß könnte dann die fortgeschrittenen Leser zusätzlich, aber eben nur *begleitend,* in wörterbuchaffine Arbeitsmethoden einweisen.[115] Erst ein so verflochtenes und abgestimmtes System ermöglicht im Unterricht eine „gezielte Vokabelarbeit"[116] zu allen Lebensbereichen, die in der Lektüre angesprochen werden (im Beispiel unserer Fallstudie etwa zu den Stichwörtern ,Seefahrt', ,Kriminalität', ,Bauformen' usw.). Sehr wichtig sind auch gute Illustrationen, Photos, Karten, Pläne, Skizzen – alles, was Sprache veranschaulicht, Situationen visualisiert. Und nicht zuletzt wünscht man den Lektüren im Textteil wie in den Wörterverzeichnissen einen breiten Rand, ein einladendes Angebot an die Schüler, ihnen Wichtiges zu notieren, zu kommentieren, zu zeichnen.[117] Anschaulichkeit zählt zu den obersten Geboten der Glossierung, denn *erläutern* heißt *aufhellen, aufklären, Durchblicke schaffen.* Im Leseprozeß soll der Schüler nicht passiv Bedeutung aufnehmen, sondern als Partner in einem Dialog mit dem Text aktiv Bedeutung schaffen.[118] Er soll „Texte produktiv rezipieren."[119] Für diesen komplexen Prozeß müssen ihm die Worterläuterungen jede erdenkliche Hilfe anbieten, schnell, zuverlässig, auf einen Blick: "He [the reader] should not have to keep running to the dictionary or to footnotes to find out what the story is all about."[120] Zuverlässige empirische Untersuchungen haben ermittelt, daß Mehrdeutigkeit, Unklarheit und Verschlüsselung bei fremdsprachlichen Texten – anders als in der Muttersprache – das Schülerinteresse deutlich dämpfen.[121] Nun liegt zwar auch die spezifische Chance jedes fremdsprachlichen Textes darin, daß seine Lektüre durchaus Mühe abverlangt[122] und der Leser seine Aufmerksamkeit beständig zwischen Wörtern und Sachen teilen muß.[123] Aber es wäre vermessen zu glauben, schon Schüler wären in der Lage, „sich einem Text ohne Hilfsmittel auszuliefern"[124], wie Schrey sich das vorstellt. Gewiß, viele

Glossare helfen ihnen. Unsere Schüler benötigen (und verdienen) aber noch effizienter angelegte Worterklärungen – eine konkrete Herausforderung auch an jene Stimmen, die so gerne von einer „Gefährdung der Lesekultur oder Lesekunst"[125] oder einem „literaturdidaktischen Vakuum"[126] sprechen. Wer einen fremdsprachlichen Schultext systematisch glossiert, leistet (sich) Basisarbeit.

Anmerkungen

1 Lechler, H.-J.: „Die Unlust am Englischunterricht", 13–22.
2 Hermes, L.: „Texterschließung", 5.
3 Vgl. Lauer, H.: „Hinweise zur Behandlung", 49.
4 Gramsch, E.: „Zur Lektürebehandlung", 232.
5 Hermes, L.: „Texterschließung", 5.
6 Kugler, W.: „Headword Technique", 48.
7 Hartig, P.: „Über einige Auswahl- und Aufbauprinzipien", 46.
8 Vgl. Doyé, P.: *Systematische Wortschatzvermittlung*, S. 23 ff.
9 Finger, H.: *Lektüre-Kursbuch*, passim.
10 Oeckel, F.: „Bemerkungen", 310.
11 Ebd., 324.
12 Lang, H.-J.: „Amerikanische Kurzgeschichten", 96.
13 Hüllen, W.: „Gesichtspunkte der Lektüreauswahl", 232.
14 Digeser, A.: „Zeitgemäße Texte", 173.
15 Loebner, H.-D.: „Gedanken", 43.
16 Ebd.
17 Weise, W.-D.: „Anthologien britischer und amerikanischer Short Stories", 140.
18 Göller, A.: „Probleme der Worterklärungen", 208–213.
19 Högel, R.: „Literarische Originaltexte", S. 125.
20 Im folgenden werden diese Erzählungen als Kürzel zitiert: BI = "The Bottle Imp"; CG = "The Canterville Ghost".
21 Oeckel, F.: „Bemerkungen", 315.
22 Schroeder, H.: „Robert Louis Stevenson", 33.
23 Finger, H.: *Lektüre-Kursbuch*, S. 378–379. Die Bibliographie im Anhang dieses Aufsatzes vervollständigt und aktualisiert diese Angaben.
24 Ebd., S. 440–442.
25 Bludau, M.: „Die Rolle der Lektüre", 133.
26 Müller, R. M.: "Literature Simplified", 629.
27 Schroeder, H.: „Das Programm der 'Easy Readers'", 86.
28 Müller, R. M.: "Literature Simplified", 629.
29 Schroeder, H.: „Das Programm der 'Easy Readers'", 86.
30 Freese, P.: „Literarische Texte im Englischunterricht", 17.
31 Hermes, L.: *Texte im Englischunterricht*, S. 32.
32 Weinrich, H.: „Literatur im Fremdsprachenunterricht", 201.
33 Vgl. Liebe, E.: „Zur Arbeit mit fiktionalen Texten", 167–168.

34 Für diese und alle folgenden Editionsabkürzungen im lfd. Text vgl. den Kürzel-schlüssel in der Bibliographie („Untersuchte Texteditionen").
35 Schroeder, H.: „Robert Louis Stevenson", 34.
36 Haase, A.: *Englisches Arbeitswörterbuch*.
37 So die editorische Notiz zu BI:Reclam, 51.
38 Zitiert bei Pittner, P.: „Was ist ein schwieriger fremdsprachiger Text?", 435.
39 Mihm, E.: *Krise der neusprachlichen Didaktik*, S. 135.
40 Sieker, E.: „Zur Behandlung literarischer Texte", 61; Hervorhebung Vf.
41 Göller, A.: „Probleme der Worterklärungen", 209.
42 Vgl. hierzu auch Hermes, L.: *Texte im Englischunterricht*, S. 31.
43 Vgl. Gramsch, E.: „Zur Lektürebehandlung", 232.
44 Diese griffige Formel findet sich bei Kaymer, G.: „Auswahlkriterien", 575.
45 Vgl. Göller, A.: „Probleme der Worterklärungen", 210.
46 Ebd., 209.
47 Gramsch, E.: „Zur Lektürebehandlung", 232.
48 Vgl. Plett, H. F.: „...in usum Delphini?", 194.
49 Real, W.: „Zur Analyse und Bewertung", S. 128.
50 Im deutschsprachigen Raum geringfügig modifiziert als: West, M., Hoffmann, H. G.: *Englischer Mindestwortschatz*. Des weiteren zieht BI:Klett – wie auch die übrigen Hefte dieser internationalen Reihe – laut Impressum der Herausgeber noch folgende Frequenz-Wörterbücher zu Rate: *Pacemaker Core Vocabulary*, 1975; A. Salling: *English-Danish Basic Dictionary*, 1970; J. A. van Elk: *The Threshold Level for Modern Language Learning in Schools*, 1976.
51 Vgl. Real, W.: „Zur Analyse und Bewertung", S. 130.
52 Vgl. ebd., S. 130–131.
53 Müller, R. M.: "Literature Simplified", 629–630.
54 Die Neuausgabe ist auf das Jahr 1981 datiert.
55 Vgl. auch Schroeder, H.: „Das Programm der 'Easy Readers'", 86.
56 Vgl. Hermes, L.: „Extensives Lesen und Lektüren", 97.
57 Hermes, L.: „Texterschließung", 4.
58 Apelt, W.: „Zur Arbeit mit Lektüreheften", 349–350.
59 Gutschow, H.: „Pflege des passiven Wortschatzes", S. 65 u.ö.
60 Weinrich, H.: „Literatur im Fremdsprachenunterricht", 212.
61 Bludau, M.: „Die Rolle der Lektüre", 132.
62 Schad, G.: „Lektüreausgaben", 225. Vgl. auch die entsprechende Kategorisierung bei Herfurth, H.: „Neuphilologische Neuerscheinungen", 526–531.
63 Derartige Befürchtungen äußert u.a. Bludau, M.: „Die Rolle der Lektüre", 133.
64 Mihm, E.: *Krise der neusprachlichen Didaktik*, S. 165; Hervorhebung Vf.
65 Weinrich, H.: „Literatur im Fremdsprachenunterricht", 204.
66 Wolf, R.: „Literatur statt Lehrbuch", 202.
67 Abb. auf den Seiten 13, 24, 28 und 36.
68 Vgl. die einschlägigen Abb. auf den Seiten 12, 13, 17, 18, 20, 21, 22, 24, 25, 26, 27, 28, 30, 32, 33, 35 und 40.
69 Vgl. Hermes, L.: „Extensives Lesen und Lektüren", 95.
70 Vgl. Hermes, L.: *Texte im Englischunterricht*, S. 31.
71 Runschke, E.: „Aufbau der neusprachlichen Schulausgaben", 112.
72 Vgl. hierzu auch die Begründung bei Arthur, B.: "Reading Literature", 206.
73 Vgl. Plett, H. F.: „...in usum Delphini?", 194.

74 Zu den Vorteilen dieser Annotierungsform vgl. ebd.
75 Vgl. Runschke, E.: „Aufbau der neusprachlichen Schulausgaben", 85.
76 Oeckel, F.: „Bemerkungen", 320.
77 Vgl. Göller, A.: „Probleme der Worterklärungen", 208.
78 Vgl. ebd., 210.
79 Vgl. hierzu auch Göller, A.: „Probleme der Worterklärungen", 209.
80 Vgl. für den parallel gelagerten Französischunterricht ebd., 208.
81 Vgl. Wolf, R.: „Literatur statt Lehrbuch", 198.
82 Real, W.: „Analyse und Bewertung", S. 128.
83 Mitteilung des Westermann-Verlags an den Vf. vom 18.4.86 als Antwort auf eine entsprechende Rückfrage.
84 Ein Gleiches gilt für die Textausgaben im Rahmen des Französischunterrichts. Vgl. hierzu Göller, A.: „Probleme der Worterklärungen", 210.
85 Vgl. ebd., 211.
86 Ebd.
87 Thorndikes Messungen bilden, wie aus den einschlägigen Erläuterungen hervorgeht, die Einstufungsgrundlage der Lexik in BI:Lensing.
88 Vgl. die Darlegung der Wertigkeitsstufen bei Haase, A.: *Englisches Arbeitswörterbuch*, S. 10.
89 Vgl. Göller, A.: „Probleme der Worterklärungen", 211.
90 Vom Vf. durch Ziffern gekennzeichnet.
91 Göller, A.: „Probleme der Worterklärungen", 211.
92 Oeckel, F.: „Bemerkungen", 323.
93 Langenscheidt-Redaktion: *Grundwortschatz Englisch*, S. 86.
94 Vgl. hierzu auch Göller, A.: „Probleme der Worterklärungen", 211.
95 Gutschow, H.: „Die Pflege des passiven Wortschatzes", S. 66.
96 Vgl. hierzu auch Göller, A.: „Probleme der Worterklärungen", 212.
97 Gutschow, H.: „Die Pflege des passiven Wortschatzes", S. 75.
98 Vgl. Lang, H.-J.: „Amerikanische Kurzgeschichten", 97.
99 Zur Begrifflichkeit („Preis" = für den Lernprozeß aufzuwendende Arbeit) vgl. Doyé, P.: *Systematische Wortschatzvermittlung*, S. 26.
100 Vgl. hierzu Freese, P.: „Wider die bloße Berufsrelevanz", S. 115.
101 Zur Gesamtproblematik des Sprachzuwachses bei der Lektürearbeit vgl. auch Göller, A.: „Probleme der Worterklärungen", 212-213.
102 Lehberger, R.: „Der Einsatz von ‚Umwälzverfahren'", 98.
103 Oeckel, F.: „Bemerkungen", 325.
104 Vgl. Hermes, L.: *Texte im Englischunterricht*, S. 37.
105 Plett, H. F.: „… in usum Delphini?", 194.
106 Zur ökonomischen Gestaltung von Transkriptionen im Rahmen der Glossierung vgl. Real, W.: „Analyse und Bewertung", S. 129.
107 Vgl. Cladder, E., Real, W.: „Möglichkeiten der Lektürearbeit", 83.
108 So etwa bei Real, W.: „Analyse und Bewertung", S. 129.
109 Diese Feststellung deckt sich mit dem Befund, den Göller, A.: „Probleme der Worterklärungen", auf der Seite 213 für die französischsprachigen Schulausgaben ermittelt hat.
110 Zu diesem Phänomen vgl. Gramsch, E.: „‚Ladybird Books'", 13.
111 Werlich, E.: „Die Technik systematischer Wortschatzarbeit", 38.
112 Zu Idee und Anlage einer derartigen Kartei vgl. ebd. 23-38 und 158-174.

113 Götz, D.: „Textbezogenes Lernen", 480.
114 Real, W.: „Analyse und Bewertung", S. 122.
115 Zum Verhältnis textkursiver und lexikonartiger Glossierweisen vgl. auch Kaymer, G.: „Auswahlkriterien", 577. Auch bei Hermes, L.: *Texte im Englischunterricht*, heißt es auf der Seite 41, die Schüler der Sekundarstufe I sollten „im Hinblick auf spätere Verwendungsmöglichkeiten des Englischen unbedingt in den Umgang mit dem zweisprachigen Wörterbuch eingeführt werden [...]."
116 Lauer, H.: „Hinweise zur Behandlung", 50.
117 Vgl. hierzu die Anregungen bei Kemmner, E.: „Arbeit mit der Ganzschrift", 390.
118 Donnerstag, J.: „Zur Konzeption", 20.
119 Glaap, A.-R.: „Texte im Englischunterricht", S. 102.
120 Arthur, B.: "Reading Literature", 204.
121 Hühn, P.: „Eine Untersuchung zum Rezeptionsverhalten", S. 41.
122 Hunfeld, H.: „Zu einigen Bedingungen der Lektüre", S. 197.
123 Weinrich, H.: „Literatur im Fremdsprachenunterricht", 204.
124 Schrey, H.: *Grundzüge*, S. 144.
125 Wolf, R.: „Literatur statt Lehrbuch", 199.
126 Schröder, K.: „Zur Legitimation und Thematik", S. 72.

Bibliographie

1. Untersuchte Texteditionen

a) "The Bottle Imp":

Stevenson, R. L.: *The Bottle Imp*. Ed. R. Arndt. Dortmund: Lensing, [14]1985; Abkürzung im lfd. Text: BI:Lensing.

–: *The Bottle Imp*. Ed. D. Hamblock. Stuttgart: Reclam, 1983 (Fremdsprachentexte in Reclams Universal-Bibliothek 9157); Abkürzung im lfd. Text: BI:Reclam.

–: *The Bottle Imp*. Ed. D. H. Howe. Oxford: Oxford University Press, 1984 (Start with English Readers Grade 6); Abkürzung im lfd. Text: BI:Oxford.

–: *The Bottle Imp*. Ed. R. Janecke. Berlin, Bielefeld: Cornelsen, Velhagen & Klasing, o.J.; Abkürzung im lfd. Text: BI:Cornelsen.

–: *The Bottle Imp*. Eds. A. Salling, E. Hvid, R. Dewsnap. Kopenhagen: Grafisk Forlag, 1980 (Klett Easy Readers A); Abkürzung im lfd. Text: BI:Klett.

b) "The Canterville Ghost":

Wilde, O.: *The Canterville Ghost*. Ed. K. Blohm. Braunschweig: Westermann, 1969 (Our English Texts 15); Abkürzung im lfd. Text: CG:Westermann.

–: *The Canterville Ghost*. Ed. K. R. Cripwell. London, Glasgow: Collins, 1977 (Collins English Library Level 2); Abkürzung im lfd. Text: CG:Collins.

–: "The Canterville Ghost". – In *Five Tales*. Eds. D. Fullerton, J. Oxley. Hongkong: Oxford University Press, [10]1984 (Oxford Progressive English Readers Grade 2), S. 40–61; Abkürzung im lfd. Text: CG:Oxford.

–: *The Canterville Ghost*. Ed. I. Jacob. München: Hueber, [9]1984 (Huebers fremdsprachliche Texte Nr. 77); Abkürzung im lfd. Text: CG:Hueber.

–: *The Canterville Ghost.* Ed. F. Lange. Berlin, Bielefeld: Cornelsen, Velhagen & Klasing, o.J. (Sammlung von Kurzgeschichten 5097); Abkürzung im lfd. Text: CG:Cornelsen.

–: *The Canterville Ghost.* Eds. A. Salling, E. Hvid, R. Dewsnap. Kopenhagen: Grafisk Forlag, 1981 (Klett Easy Readers A); Abkürzung im lfd. Text: CG:Klett.

–: *The Canterville Ghost/Das Gespenst von Canterville.* Übers. A. Uthe-Spencker. München: Deutscher Taschenbuch Verlag, 1985 (dtv-zweisprachig, Edition Langewiesche-Brandt); Abkürzung im lfd. Text: CG:dtv.

2. Weiterführende Literatur

Apelt, W.: „Zur Arbeit mit Lektüreheften im Englischunterricht". *Fremdsprachenunterricht* 12, 1968, 348–354.

Arthur, B.: "Reading Literature and Learning a Second Language". *Language Learning* 18, 1968, 199–210.

Bludau, M.: „Die Rolle der Lektüre auf der Sekundarstufe I – Englisch".- *Neusprachliche Mitteilungen* 30, 1977, 129–136.

Brusch, W., Köhring, K. H.: „Von der Textentschlüsselung zur Textverarbeitung". *Der fremdsprachliche Unterricht* 10, iii, 1976, 2–13.

Brusch W. (Ed.): *Projects in Literature. Modelle und Materialien zur Textarbeit im Englischunterricht.* Heidelberg, 1977.

–: „Literaturdidaktik als Lesedidaktik". *Neusprachliche Mitteilungen* 34, 1981, 210–222.

Cladder, E., Real, W.: „Möglichkeiten der Lektürearbeit im Englischunterricht des 10. Hauptschuljahres: Richard Wrights *Black Boy* (Schulausgabe)". *Englisch* 11, 1976, 81–97.

Digeser, A.: „Zeitgemäße Texte vom dritten und vierten Lernjahr ab". *Neusprachliche Mitteilungen* 24, 1971, 168–174.

Dolch, M.: „Zur Genuität von Textausgaben". *Neusprachliche Mitteilungen* 28, 1975, 20–30.

Donnerstag, J.: „Zur Konzeption einer leserorientierten Literaturdidaktik". *Neusprachliche Mitteilungen* 36, 1983, 14–21.

Doyé, P.: *Systematische Wortschatzvermittlung im Englischunterricht.* Hannover, Dortmund, ⁶1982.

Edener, W.: „Fremdsprachendidaktik und Textadaption". *Neusprachliche Mitteilungen* 28, 1975, 30–31.

Finger, H. (Ed.): *Lektüre-Kursbuch '80. Kommentiertes Verzeichnis englischer Schullektüren.* Dortmund, 1981.

Freese, P.: „Zur Auswahl von Texten für den fremdsprachlichen Literaturunterricht". – In Freese, P., Hermes, L. (Eds.): *Der Roman im Englischunterricht der Sekundarstufe II. Theorie und Praxis.* Paderborn, 1977, S. 29–50.

–: „Wider die bloße Berufsrelevanz, oder warum man im Englischunterricht der Sekundarstufe I auch literarische Texte lesen sollte". – In Detering, K., Högel, R. (Eds.): *Englisch auf der Sekundarstufe I.* Hannover, 1978, S. 108–123.

–: „Literarische Texte im Englischunterricht der Sekundarstufe II". *Englisch Amerikanische Studien* 3, 1981, 6–31.

Glaap, A.-R.: „Texte im Englischunterricht". – In Hunfeld, H., Schröder, K. (Eds.): *Grundkurs Didaktik Englisch.* Königstein/Ts., 1979, S. 93–106.

Göller, A.: „Probleme der Worterklärungen in französischen Lektüre-Ausgaben". *französisch heute* 13, 1982, 208–213.

Götz, D.: „Textbezogenes Lernen: Aspekte des Fremdsprachenerwerbs fortgeschrittener Lernender". *Die Neueren Sprachen* 75, 1976, 471–484.

Gramsch, E.: „Zur Lektürebehandlung im Englischunterricht der Hauptschule an Beispielen". *Unterricht heute* 23, 1972, 232–240.

–: „'Ladybird Books' für deutsche Schüler". *Englisch* 15, 1980, 11–14.

Groene, H.: „Materialien und Hilfsmittel für die Behandlung amerikanischer Short Stories in der Sekundarstufe II". *Der fremdsprachliche Unterricht* 10, iii, 1976, 55–60.

–: „Interpretationssammlungen und Schulausgaben von Short Stories für den Englischunterricht der Sekundarstufe II". – In Freese, P., Groene, H., Hermes, L. (Eds.): *Die Short Story im Englischunterricht der Sekundarstufe II. Theorie und Praxis.* Paderborn, 1979, S. 92–117.

Gutschow, H.: „Die Pflege des passiven Wortschatzes". – In Detering, K., Högel, R. (Eds.): *Englisch auf der Sekundarstufe I.* Hannover, 1978, S. 64–77.

Haase, A.: *Englisches Arbeitswörterbuch. The Learner's Standard Vocabulary.* Frankfurt/M., Berlin, München, [7]1979.

Hambach, E.: „Der Roman im Lektüreangebot der Schulbuchverlage". – In Freese, P., Hermes, L. (Eds.): *Der Roman im Englischunterricht der Sekundarstufe II. Theorie und Praxis.* Paderborn, 1977, S. 90–111.

Hartig, P.: „Über einige Auswahl- und Aufbauprinzipien der neusprachlichen Lektüre". *Schule und Wissenschaft* 5, 1930, 41–49.

Heaton, J.: "Selection and Editing for Beginning Literature". *English Language Teaching* 23, 1968, 60–64.

Hellmich, H.: „Mehr Aufmerksamkeit dem selbständigen Lesen in der Fremdsprache". *Fremdsprachenunterricht* 9, 1965, 113–119, 509–514, 608–612.

Herfurth, H.: „Neuphilologische Neuerscheinungen: Englische Schullektüren". *Die Neueren Sprachen* 65, 1966, 138–146, 526–531.

Hermes, L.: „Extensives Lesen und Lektüren im Englischunterricht der Sekundarstufe I". *Englisch* 13, 1978, 93–99.

–: „Von der gelenkten zur selbständigen Texterschließung: Lektüren im Englischunterricht der Sekundarstufe I". *Der fremsprachliche Unterricht* 13, iii, 1979, 2–15.

–: *Texte im Englischunterricht der Sekundarstufe I. Auswahl und Einsatz.* Hannover, Dortmund, 1979.

–: „Zur Propädeutik der Short-Story-Lektüre im Englischunterricht der Sekundarstufe I". – In Freese, P., Groene, H., Hermes, L. (Eds.): *Die Short Story im Englischunterricht der Sekundarstufe II. Theorie und Praxis.* Paderborn, 1979, S. 153–177.

Högel, R.: „Literarische Originaltexte – Bearbeitete Textausgaben: Lektüreauswahl im Konflikt der Werte". – In Detering, K., Högel, R. (Eds.): *Englisch auf der Sekundarstufe I.* Hannover, 1978, S. 124–134.

Hübner, W.: „Stilles Lesen fremdsprachiger Texte als Grundlage für die Informationsverarbeitung". *Fremdsprachenunterricht* 20, 1976, S. 504–507.

Hühn, P.: „Eine Untersuchung zum Rezeptionsverhalten deutscher Schüler bei englischen literarischen Texten und mögliche Konsequenzen für die fremdsprachliche Literaturdidaktik". – In Weber, H. (Ed.): *Aufforderungen zum literaturdidaktischen Dialog. Wuppertaler Kolloquium zum englischen Literaturunterricht.* Paderborn, 1979, S. 30–54.

Hüllen, W.: „Gesichtspunkte der Lektüreauswahl im Englischen". *Die Neueren Sprachen* 58, 1959, 225–233.

Hunfeld, H.: „Der Roman im Englischunterricht. Fragen zu einem vernachlässigten Gebiet der Literaturdidaktik". – In Freese, P., Hermes, L. (Eds.) *Der Roman im Englischunterricht der Sekundarstufe II. Theorie und Praxis*. Paderborn, 1977, S. 51–71.

–: „Zu einigen Bedingungen der Lektüre im Englischunterricht: Anmerkungen zu einem überlieferten Lehrbuchtext". – In Hunfeld, H., Schröder, G. (Eds.): *Literatur im Englischunterricht*. Königstein/Ts., 1978, S. 193–204.

Kaymer, G.: „Auswahlkriterien für die englische Klassenlektüre, dargestellt am Beispiel der Lektüreauswahl (an Hauptschulen)". *Die Neueren Sprachen* 71, 1972, 570–577.

Kemmner, E.: „Arbeit mit der Ganzschrift im Französischunterricht. Arbeitsweisen und Textformen in der Aufbaustufe (Kl. 11)". *Praxis des neusprachlichen Unterrichts* 21, 1974, 388–407.

Kerrl, A.: „Zweisprachen-Texte im fremdsprachlichen Unterricht der Oberstufe". *Zeitschrift für französischen und englischen Unterricht* 31, 1932, 166–167.

Köhring, K.-H., Beilharz, R.: *Begriffswörterbuch Fremdsprachendidaktik und -methodik*. München, 1973, s.v. *Ganzschrift*.

Köhring, K.-H., Schwerdtfeger, I. Chr.: „Überlegungen zu einem pragmatischen Literaturunterricht". *Neusprachliche Mitteilungen* 29, 1975, 1–10.

Krogmann, M. C.: „Literaturbehandlung und Fremdsprachenunterricht". *Englisch Amerikanische Studien* 3, 1981, 61–62.

Kugler, W.: „Headword Technique. Ein Beitrag zur Wortschatz- und Textarbeit auf der Mittel- und Oberstufe." *Neusprachliche Mitteilungen* 33, 1980, 48–52.

Lang, H.-J.: „Amerikanische Kurzgeschichten in deutschen Schulausgaben". *Jahrbuch für Amerikastudien* 8, 1963, 92–97.

Langenscheidt-Redaktion: *Grundwortschatz Englisch*. Berlin, München, Wien, 1984.

Lauer, H.: „Hinweise zur Behandlung von Robert Louis Stevensons 'Treasure Island' (Easy Reader) in Klasse 9". *Der fremdsprachliche Unterricht* 17, 1983, 49–58.

Lechler, H.-J.: „Die Unlust am Englischunterricht der Mittelstufe". *Der fremdsprachliche Unterricht* 1, ii, 1967, 13–22.

Lehberger, R.: „Der Einsatz von 'Umwälzverfahren' bei der Lektürearbeit im Englischunterricht der Mittelstufe. Ein Unterrichtsbeispiel für eine neunte Klasse". *Englisch* 16, 1981, 97–100.

Liebe, E.: „Zur Arbeit mit fiktionalen Texten auf der Übergangsstufe". *Praxis des neusprachlichen Unterrichts* 20, 1973, 164–176.

Lisowski, W.: „Anfangslektüre im Englischunterricht einer 6. Realschulklasse". *Der fremdsprachliche Unterricht* 13, iii, 1979, 52–57.

Loebner, H.-D.: „Gedanken über eine zeitgemäße Textauswahl für den Englischunterricht der Sekundarstufe II". *Der fremdsprachliche Unterricht* 7, ii, 1973, 32–44.

Lüdemann, S.: „Englische Privatlektüre für deutsche Schüler". *Die Neueren Sprachen* 56, 1957, 510–522.

Majstrak, M.: „Die Technik der Darbietung von narrativen und sachkundlichen Texten im Englischunterricht". *Praxis des neusprachlichen Unterrichts* 18, 1971, 343–361.

Markow, J. A.: „Einiges über das schnelle Lesenlernen fremdsprachlicher Originaltexte. (Unter besonderer Berücksichtigung der englischen Sprache)". *Fremdsprachenunterricht* 3, 1959, 187–197.

Meyer, H.: „Original und Schulausgabe im fremdsprachlichen Unterricht: Textdidaktische Überlegungen zur editorischen Grenzwertfindung am Beispiel dreier Fassungen von Jerome K. Jeromes *Three Men in a Boat*". *Die Neueren Sprachen* 75, 1976, 524–537.

Mihm, E.: *Die Krise der neusprachlichen Didaktik. Eine systeminterne Ortsbestimmung.* Frankfurt/M., 1972.

Müller, R. M.: "Literature Simplified". *Die Neueren Sprachen* 67, 1968, 627–630.

Müller-Zannoth, I.: „Schullektüre in England: Eine Alternative zur Standardlektüre im fremdsprachlichen Literaturunterricht". *anglistik & englischunterricht.* 9. *Schullektüre.* Trier, 1979, S. 171–202.

Oeckel, F.: „Bemerkungen zur Gestaltung neusprachlicher Schulausgaben". *Neuphilologische Monatsschrift* 4, 1933, 310–326.

Pittner, P.: „Was ist ein schwieriger fremdsprachiger Text?". *Praxis des neusprachlichen Unterrichts* 20, 1973, 434–436.

Plett, H. F.: „...in usum Delphini? Gedanken zu einer textdidaktischen Axiomatik der fremdsprachlichen Schullektüre (Modellfall: Englisch)". *Die Neueren Sprachen* 71, 1972, 185–197.

Real, W.: „Zur Analyse und Bewertung von Short-Story – Schulausgaben für den Englischunterricht der Sekundarstufe II". – In Freese, P., Groene, H., Hermes, L. (Eds.): *Die Short Story im Englischunterricht der Sekundarstufe II. Theorie und Praxis.* Paderborn, 1979, S. 118–152.

Ross, I.: „Englische Lektüre im 3. bis 6. Lernjahr". *Praxis des neusprachlichen Unterrichts* 27, 1980, 16–22.

Runschke, E.: „Der methodische Aufbau der neusprachlichen Schulausgabe". *Neuphilologische Monatsschrift* 5, 1934, 75–87, 107–118.

Schad, G.: „Neuerschienene neusprachliche Lektüreausgaben". *Die Neueren Sprachen* 54, 1955, 224–231, 314–323.

Schneider, R.: „Sherlock Holmes im Englischunterricht auf der Sekundarstufe I. Erfahrungen mit vereinfachten Schulausgaben von 'The Hound of the Baskervilles', 'The Speckled Band' und 'Black Peter'" *Praxis des neusprachlichen Unterrichts* 24, 1977, 359–370.

Schommartz, W.: „Die Lektüre in der Realschule (Besprechungen und methodische Empfehlungen)". *Englisch* 3, 1968, 12–14, 49–51, 79–82, 107–112, *Englisch* 4, 1969, 11–15.

Schrey, H.: *Grundzüge einer Literaturdidaktik des Englischen.* Ratingen, Kastellaun, Düsseldorf, 1973.

–: „Englischsprachige Literatur auf der Sekundarstufe I". – In Detering, K., Högel, R. (Eds.): *Englisch auf der Sekundarstufe I.* Hannover, 1978, S. 97–107.

Schroeder, H.: „Robert Louis Stevenson im Spiegel der Schullektüre". *Die Neueren Sprachen* 78, 1979, 32–38.

–: „Das Programm der 'Easy Readers' im Klett-Verlag". *Englisch* 15, 1980, 85–88.

Schroeder, K.: „Zur Legitimation und Thematik von Literaturunterricht in den fremdsprachlichen Fächern". – In Schröder, K., Weller, F.-R. (Eds.): *Literatur im Fremdsprachenunterricht. Beiträge zur Theorie des Literaturunterrichts und zur Praxis der Literaturvermittlung im Fremdsprachenunterricht.* Frankfurt/M., Berlin, München, 1977, S. 62–74.

–: „Wortschatzunterricht, Wortschatzerwerb und Umgang mit Wörterbüchern. Eine Bibliographie für die Jahre 1973–1984". *Die Neueren Sprachen* 84, 1985, 652–669.

Schumacher, K.-E.: „Texterschließung – Textproduktion – Textgespräch. Eine Synopse für den Englischunterricht der Sekundarstufe II". *Der fremdsprachliche Unterricht* 16, 1982, 306–309.

Schwartz, H.: „Überlegungen zur Bestimmung von ‚Feinzielen' und zu methodischen Möglichkeiten im fremdsprachlichen Textunterricht der Sekundarstufe II. – Am Beispiel von Maupassant-Novellen". *Die Neueren Sprachen* 72, 1973, 538–554.

Sieker, E.: „Zur Behandlung literarischer Texte im Englischunterricht der Sekundarstufe II". *Praxis des neusprachlichen Unterrichts* 31, 1984, 58–65.

Stille, O.: „Zur Didaktik und Methode des sinnfassenden Lesens im Englischunterricht". *Neusprachliche Mitteilungen* 27, 1974, 82–90.

Teich, W.: „Schulausgaben". *Die lebenden Fremdsprachen* 1, 1949, 346–347.

Traub, W.: „Zur Auswahl und Behandlung unserer Schullektüre". *Praxis des neusprachlichen Unterrichts* 3, 1956, 9–12.

Wackwitz, G.: „Texte im Fremdsprachenunterricht". *Zielsprache Deutsch* 1, 1970, 21–33.

Weber, H.: „Sinn und Unsinn des Literaturstudiums in der Ausbildung von Fremdsprachenlehrern". – In Reisener, H. (Ed.): *Fremdsprachen in Unterricht und Studium. Hochschuldidaktische Konsequenzen und schulische Relevanz.* München, 1974, S. 69–88.

Weinrich, H.: „Literatur im Fremdsprachenunterricht – ja, aber mit Phantasie". *Die Neueren Sprachen* 82, 1983, 200–216.

Weise, W.-D.: „Anthologien britischer und amerikanischer Short Stories für deutsche Schulen – eine Bestandsaufnahme (Stand: Anfang 1977)". *Literatur in Wissenschaft und Unterricht* 10, 1977, 136–144.

Werlich, E.: „Die Technik systematischer Wortschatzarbeit im Fremdsprachenunterricht". *Praxis des neusprachlichen Unterrichts* 16, 1969, 23–38, 158–174.

West, M., Hoffmann, H. G.: *Englischer Mindestwortschatz.* München, London, ⁴1971.

Wolf, R.: „Literatur statt Lehrbuch. Überlegungen zum Französischunterricht in der S I". *französisch heute* 14, 1983, 197–204.

Wolf, V.: „Textarbeit und Dossierkonstruktion – Zum Problem der Progression im Französischunterricht der Sekundarstufe II". *Praxis des neusprachlichen Unterrichts* 22, 1975, 181–197.

AVANT-GARDE No. 0. Revue interdisciplinaire et internationale. Arts et littératures au XXe siècle. Interdisciplinary and International Review. Literature and Arts of the 20th Century. Amsterdam 1987. ca. 120 pp.

ca. Hfl. 30,—

Table des matières: Fernand Drijkoningen/Klaus Beekman: An Introductory Word. Marc Le Bot: Abstractions et Figurations. *Ou comment vivre avec les images.* Klaus Beekman: Essay und Essayismus und die Grenzen der modernen Literatur. Ben Rebel: Avant-Garde Architecture in the Netherlands: towards a New Tradition. Henri Béhar: Dada comme nouvelle combinatoire. Fernand Drijkoningen: Dada et Anarchisme. Peter Bürger: Surréalisme et Engagement. Bernd Witte: Literarischer Surrealismus im Europäischen Kontext: Aragon, Benjamin, Mandelstam. Jan van der Eng: The Imagery of the Avant-Garde: Zamyatins *The Cave.* a.o..

HOLMES, JAMES S.: Translated! Essays and Papers on Translation and Translation Studies. With an introduction by Raymond van den Broeck and a Amsterdam 1987. ca. 250 pp. (Approaches of Translation Studies)

ca. Hfl. 65,—

Contents: "The Poem Translated!" 1. Poem and Metapoem: Poetry from Dutch to English. 2. Forms of Verse Translation and the Translation of Verse Form. 3. The Cross-Temporal Factor in Verse Translation. 4. Rebuilding the Bridge at Bommel: Notes on the Limits of Translatability. 5. Matching and Making Maps: From a Translator's Notebook. "Studying Translation and Translation Studies". 6. The Name and Nature of Translation Studies. 7. Describing Literary Translations: Models and Methods. 8. Translation Theory, Translation Theories, Translation Studies, and the Translator. 9. The Future of Translation Theory: A Handful of Theses. 10. The State of Two Arts: Literary Translation and Translation Studies in the West Today.

ROLF H. BREMMER Jr.: *The Fyue Wyttes.* Edited from BL MS Harley 2398 with Introduction, Notes and Glossary. Amsterdam 1987/1988. ca. 225 pp. (Costerus NS) ISBN: 90-6203-899-9. ca. Hfl. 60,—

A critical edition of a hitherto unpublished devotional treatise on the Bodily Senses (=Jolliffe D 5; Hartung vol. 7: Raymo item 156). Ch. 1 gives a description of the MS, an analysis of its contents and establishes its date at ca. 1400-1425. Ch. 2 deals with, *inter alia*, author and audience, sources and style, doctrinal position (Wycliffite or orthodox), and surveys the topic of the Five Senses in medieval English literature. Ch. 3 presents a linguistic analysis of the text, divided into sections on phonology, morphology, syntax, vocabulary and dialect. The text itself is followed by textual notes, a commentary and a full glossary. A bibliography and index complete the edition of this unique treatise.

Rodopi

Keizersgracht 302-304
1016 EX AMSTERDAM-HOLLAND

Werner Beile, Wuppertal

Wortschatzübungen in englischen Lehrwerken der Sekundarstufe I

1. Vorbemerkung

In den sechziger und siebziger Jahren hat die fremdsprachendidaktische Fachdiskussion sich im Banne von Strukturalismus, Kontextualismus und Pragmatik vorwiegend auf das Lehren der Grammatik im allerweitesten Sinne konzentriert. Ausführungen etwa zur Wortschatzvermittlung, hier besonders zur einsprachigen Wortschatzerklärung, oder zur Wortschatzkontrolle hat es zwar immer gegeben, doch im Verhältnis zu Beiträgen zur Grammatikvermittlung nur in relativ geringer Zahl. Schröders Bibliographie zu Wortschatzunterricht und -erwerb von 1985 nennt keine einzige Monographie zur Wortschatzvermittlung seit Doyé (1971).[1] Demgegenüber steht eine Vielzahl von Publikationen jüngeren Datums zur kommunikativen Kompetenz und zur pragmatischen Dimension des Fremdsprachenunterrichts. Abhandlungen zur systematischen Wortschatzarbeit, wie zum Beispiel von Denninghaus (1976)[2], bildeten die Ausnahme. Erst in jüngster Zeit ist ein verstärktes Interesse an der Wortschatzproblematik in Fachzeitschriften, etwa durch entsprechende Sonderhefte, zu beobachten.[3]

Im Fremdsprachenunterricht, ob lehrer- oder lehrbuchgesteuert, hat die Wortschatzarbeit stets eine wichtige Rolle gespielt und unterliegt einem dynamischen Prozeß der ständigen Weiterentwicklung. In jedem kommunikationsrelevanten Dialog wird *über etwas* gesprochen, in jedem Lesetext wird *über etwas* berichtet; das Interessante für den Lernenden ist nicht, *wie* erzählt oder gesprochen wird, sondern *worüber*; nicht die grammatische Struktur der Sprache, sondern die Inhalte, die diese Struktur ordnet, sind für die Motivation ausschlaggebend.

2. Aspekte der Wortschatzarbeit

In einem so weiten und empirisch wenig erforschten Gebiet wie dem der Wortschatzarbeit im Fremdsprachenunterricht ist es zunächst notwendig, den allgemeinen Rahmen grob abzustecken, um so das Thema dieses Beitrags entsprechend eingrenzen zu können. Wortschatzarbeit wird sowohl unmittelbar und selbständig durch den Lehrer/die Lehrerin gesteuert als auch durch das Lehrwerk unmittelbar geleistet. Die wichtige Leistung des Lehrenden in der Wortschatzarbeit – etwa durch Semantisierung, durch Überprüfung, durch das Klassengespräch, durch Formen der systematischen Wortschatzarbeit mit Vokabelheft oder -kartei – soll hier nicht erörtert werden; dieser Beitrag setzt sich dagegen mit der Rolle des Lehrwerks in der Wortschatzvermittlung auseinander.

Das Lehrwerk leistet Wortschatzarbeit auf verschiedenen Ebenen. Grob gegliedert sind dies:

1. Auswahl des Wortschatzes
2. Semantisierung des Wortschatzes
3. Distribution des Wortschatzes
4. Geordnete Aufbereitung des Wortschatzes zwecks Lernens
5. Alphabetische Anordnung des Wortschatzes zwecks Nachschlagens
6. Bereitstellung von Wortschatzübungen.

Die Auswahl des Wortschatzes und die Reihenfolge seiner Einführung in der Sekundarstufe I werden zwar nicht ausschließlich, aber doch zu einem hohen Maße durch das Lehrwerk beeinflußt. Bei der Semantisierung des eingeführten Wortgutes muß das Lehrwerk den Lehrenden in seiner Unterrichtsarbeit stützen, indem es neue lexikalische *items* für die Bedeutungserschließung in geeigneten Sinnzusammenhängen und gegebenenfalls mit visuellen Verständnishilfen darbietet. Das Lehrwerk muß auch dafür Sorge tragen, daß bereits eingeführter Wortschatz in Übungen und Texten nach dem Prinzip der konzentrischen Kreise immer wieder in bekannten und in neuen Verbindungen und Zusammenhängen aufgegriffen und eingeübt wird. Für das häusliche „Vokabellernen" muß das Lehrwerk weiterhin einen *unit*-begleitenden Vokabelteil zumindest mit phonetischer Umschreibung und, sofern wortschatzmäßig möglich, mit Beispielsätzen oder Definitionen und eventuell mit deutschen Äquivalenten bereitstellen. Wünschenswert, aber sehr raumaufwendig und somit kostenerhöhend, ist ein kumulatives, alphabetisch geordnetes Wörterverzeichnis, das alle Vokabeln aus den vorhergehenden Bänden einschließt. Letztlich muß das Lehrwerk entsprechende Übungsmöglichkeiten zur Festigung, Vertiefung und Erweiterung des Wortschatzes sowie zur Wortbildung und zur Wörterbucharbeit anbieten.

Es ist in diesem Rahmen nicht möglich, allen hier angeführten Aspekten Rechnung zu tragen. Der folgende Beitrag wird sich auf den zuletzt genannten Punkt „Bereitstellung von Wortschatzübungen" beschränken und versuchen, durch kommentierte Beispiele Einblick in den Stand der Wortschatzübung in Lehrwerken für den EU zu geben und insbesondere die Vielfalt der Übungsziele und Übungsformen aufzuzeigen. Die Sichtweise ist die eines Lehrwerkautors, der bemüht ist, die Nahtstelle zwischen Theorie und Praxis zu finden und, wo es diese (noch) nicht gibt, zu schaffen. Die folgenden Übungsbeispiele sollen zur Veranschaulichung und zur Konkretisierung der Diskussion um die Entwicklung der Wortschatzarbeit beitragen.

Bestimmte Problembereiche, wie etwa der Wert und die Nützlichkeit von Häufigkeitslisten und den dabei zugrunde gelegten Textkorpora[4], die Begrenzung des Wortschatzes durch die Vorgaben in den verschiedenen Richtlinien, das Verhältnis von rezeptivem und produktivem Wortschatz, von Schriftsprache und gesprochener Sprache, werden in allen Phasen der Lehrwerkerstellung diskutiert und soweit wie möglich berücksichtigt, können aber in diesem Beitrag nicht weiter erörtert werden.

3. Zur Definition der Wortschatzübung

Was ist unter dem Begriff Wortschatzübung zu verstehen? Diese Bezeichnung scheint anzudeuten, daß in anderen Übungen Wortschatz nicht gelernt wird. Vorweg daher die Klarstellung, daß Wortschatz in jedem Text, in jeder Übung, in der ein Wort nach seinem ersten Vorkommen wieder aufgegriffen wird, zu einem bestimmten Maß mitgeübt wird. Der jeweilige Übungseffekt variiert je nach Aufgabenart beträchtlich: ob der Schüler zum Beispiel Wörter in einer Übung selbständig produzieren muß, ob er sie ‚nur' verstehen muß, um die Übung erfolgreich ausführen zu können, oder ob er sie für die Erarbeitung der Übung gar nicht inhaltlich verstehen muß. Weiterhin beeinflussen Kriterien wie etwa Streuung, Häufigkeit, Kontext, Bekanntheitsgrad und Motivation den Lerneffekt. Wortschatz wird im gesamten Lehrwerk für den Lernenden immer wieder umgewälzt und in anderen Verbindungen mit bekannter und neuer Thematik dargeboten, soweit dieses inhaltlich durchführbar ist.

Die Wortschatzübung wird für die Zwecke dieses Beitrags auf die Übung eingegrenzt, die unabhängig von ihrer Form die Darbietung, Festigung und Erweiterung des Wortschatzes als einziges bzw. gleichrangiges Hauptziel verfolgt, und nicht eben die Übung, die Wortschatzarbeit – wenn auch vielleicht höchst effektiv und kommunikativ – lediglich als (willkommenes) Nebenziel aufweist.

4. Phasen der Wortschatzvermittlung und Übungstypen

Die Wortschatzvermittlung ist ein Prozeß, ein Kontinuum, in dem man folgende Phasen unterscheiden kann:

4.1 Darbietung von neuen Vokabeln

Die Darbietung von neuem Wortschatz durch das Lehrbuch geschieht im bundesdeutschen Fremdsprachenunterricht gewöhnlich in geschlossenen Texteinheiten; es kommt selten vor, daß neue Vokabeln mittels Wortschatzübungen eingeführt werden. Die Semantisierung erfolgt durch den Lehrenden, eventuell unter Benutzung von Hilfen im Lehrbuch wie etwa Bilder oder Definitionen. Ein erstes informelles Üben geschieht durch die Texterarbeitung in der Klasse.

4.2 Einprägung und Integrierung von neuen Vokabeln

In dieser Phase werden neue Vokabeln wiederholt, abgerufen, aus ihrem Einführungskontext gelöst, um in neuen Verbindungen, bei unterschiedlichen Situationen bzw. mit anderen Themen gebraucht zu werden. Für dieses erste Üben von neuem Wortschatz empfehlen sich Einsatz- oder Zuordnungsübungen, da sie eine starke Kontrolle erlauben. Auch bildgesteuerte Übungen dienen zum Aufbau, Wiederholen und somit zur Ergänzung und Integrierung.

4.3 Umwälzung und Festigung von bereits bekanntem Wortmaterial

Fremdsprachlicher Wortschatz muß immer wieder reaktiviert werden, um nicht im Gedächtnisspeicher gelöscht zu werden, wobei die optimalen Zeitabstände für die Umwälzung noch nicht bekannt sind. Die Wiederholung geschieht zwar ständig in den Texten und Übungen des gesamten Fremdsprachenunterrichts, zur systematischen Umwälzung jedoch, ob kurzfristig, mittelfristig oder langfristig, können besondere Übungsformen eingesetzt werden. Spielerische Übungsformen wie Kreuzworträtsel und Puzzlespiele aller Art erlauben, gezielt und ökonomisch Vokabeln zu sammeln, zu üben und somit zu festigen. Auch Definitionsübungen lassen sich sowohl mit neu eingeführten (Phase 2) als auch mit vor längerer Zeit bzw. zu unterschiedlichen Zeitpunkten eingeführten Vokabeln einsetzen. Übungen zur Aussprache und Schreibweise, die verstreutes Vokabular aus verschiedenen *units* sammeln, um es systematisch zu üben, gehören ebenfalls zu dieser Phase.

4.4 Erweiterung des Wortschatzes

Unter Erweiterung des Wortschatzes wird nicht das bloße Addieren von neuem Wortschatz, sondern vielmehr das Aufbauen und Festigen von Assoziationsmustern sowie das Vermitteln von Einsichten in die semantische Struktur der Sprache verstanden. Hierzu bieten sich Übungen zu Wortfamilien oder zu Wortfeldern an, wobei ‚Wortfeld' im didaktischen Gebrauch und nicht im engen linguistischen Sinn verstanden wird, als eine Gruppe von Wörtern oder Kollokationen, die z.B. thematisch oder situativ verbunden sind, etwa Wortschatz zu "travelling", zu "industrial disputes", zu "health". Übungen zu Wortrelationen wie Antonyme, Komposita, Kollokationen vermitteln Einsichten in semantische Beziehungen der fremden Sprache, und kontrastive Übungen lenken die Aufmerksamkeit der Lernenden auf die unterschiedliche semantische

Struktur der eigenen und der fremden Sprache. Interlinguale Übungen können durch die muttersprachliche Angabe die Fähigkeit fördern, bei Nichtkenntnis des fremdsprachlichen Äquivalents eine angemessene Umschreibung zu finden, um so die Ausdrucksfähigkeit ohne Vokabelzuwachs zu erweitern. Schließlich können Übungen zur metaphorischen Sprache eine Ausweitung des Wortschatzes in dem Sinne erzielen, daß der Lernende neue Verbindungen sowie neue Bedeutungen von bereits bekannten Vokabeln erfährt.

4.5 Vermittlung von Strategien zum selbständigen Umgang mit dem fremdsprachlichen Wortgut

Zu dieser Phase gehören Übungen zur Wortbildung, die den Lernenden befähigen, viele Wörter, die streng genommen noch nicht „eingeführt" worden sind, trotzdem zu verstehen. Durch Übungen zur Wörterbucharbeit gewinnt der Lernende eine zunehmende Unabhängigkeit von Lehrbuch und Lehrendem und somit eine größere Selbständigkeit im Umgang mit der fremden Sprache. Der Lernende soll auch durch Übungen zur Umschreibung bei Äquivalenzlosigkeit erfahren, daß dieses Phänomen existiert, und durch Übung lernen, dieses Problem durch eine angemessene Umschreibung zu lösen.

4.6 Übungstypen in Übersicht

Daß die Grenzen zwischen diesen Phasen fließend sind, daß es viele Überschneidungen gibt, muß nicht weiter erläutert werden. Die hier abgedruckten Übungen sind Beispiele für immer wiederkehrende Übungstypen, die in den verschiedenen Phasen der Wortschatzvermittlung (ab Phase 2) eingesetzt werden können. Diese Übungstypen sind allerdings nur bedingt einer einzelnen Phase zuzuordnen, denn die genaue inhaltliche Füllung ist ebenfalls mitbestimmend für den Ort des didaktisch-methodischen Einsatzes. Im nachfolgenden Kapitel werden Übungsbeispiele zur Veranschaulichung der hier in Übersicht aufgelisteten Übungstypen gegeben. Die Reihenfolge der Übungstypen, die Vollständigkeit selbstverständlich nicht beanspruchen, spiegelt in etwa die Phasenfolge wider.

Übungstypen:
- Einsetzübung
- Zuordnungsübung
- Bildgesteuerte Übung

- Lernspiele: Kreuzworträtsel, Puzzlespiel, Quiz
- Übung zur Aussprache und Schreibweise
- Definitionsübung

- Übung zu Wortfamilie und Wortfeld
- Übung zu Wortrelationen: Antonym, Kompositum, Kollokation
- Kontrastive Übung
- Interlinguale Übung
- Übung zur metaphorischen Sprache

- Wortbildungsübung
- Wörterbuchübung
- Umschreibung bei Äquivalenzlosigkeit

5. Kommentierte Übungsbeispiele

Vorausschicken möchte ich einige Erläuterungen zu den ausgewählten Übungsbeispielen:

- Alle Übungen können nach Alter und Leistungsniveau der jeweiligen Adressatengruppe modifiziert werden; es geht hier nicht um die spezielle Übung, sondern um die grundsätzliche Art der Übung.

- Die Auswahl der Übungen wurde durch drucktechnische Überlegungen (Reproduzierbarkeit, Umfang, Layout, Farbe, etc.) beeinflußt. Die Illustrationen entfallen gelegentlich.

- Übungen sind sowohl den Schülerbüchern als auch den *Workbooks* entnommen.

- Das abgedruckte Übungsmaterial stellt lediglich einen Ausschnitt aus einem umfangreichen Angebot von Übungstypen und Übungsformen dar.

- Beim Durchlesen der Übungen ist zu bedenken, daß die Übungen im Lehrwerk nicht wie in diesem Beitrag isoliert angeboten, sondern stets in einem Bezugsrahmen von Themen, Situationen, Personen und Sprache erarbeitet werden, denn sie beziehen sich auf Texte und Inhalte, mit denen der Lernende bestens vertraut ist, die dem Leser aber in diesem Fall nicht unbedingt geläufig sind.

- Folgende Kürzel werden zur Quellenangabe der zitierten Übungen verwandt: LE-MC = *Learning English - Modern Course*; Gym und RS bezeichnen die jeweilige Gymnasial- bzw. Realschulfassung; WB = *Workbook*; GL = *Green Line*; RL = *Red Line*; OL = *Orange Line*. Z.B. LE-MC Gym 6, 54 = *Learning English - Modern Course*, Gymnasialausgabe, Band 6, Seite 54.

- Bei allen zitierten Werken ist der Autor dieses Beitrags Mitherausgeber und Mitautor.

5.1 Einsetzübung

Die klassische Einsetz- oder Lückenübung, wobei Lücken in Sätzen oder in einem kohärenten Text entweder aus dem Gedächtnis oder mit Hilfe von in gemischter Reihenfolge vorgegebenen Vokabeln auszufüllen sind, braucht sicherlich kein Beispiel. Die folgende Übung zeigt in einer Erweiterung, daß dieser Übungstyp sich nicht auf Einzelwörter beschränken muß, sondern auch feststehende Ausdrücke einüben kann.

5. What would you say?

So I heard   I don't know   Never mind   I forget   I'm afraid so
I don't mind   I think so   Let's hope so   Let's try   I'm afraid

§12
H3

a) *Put these expressions into the most suitable places.*
1. "Are you going down to the town this afternoon?"
"... yet. It depends on the weather."
2. "Would you like chips with the steak, or would you rather have toast?" "Oh, ... Whatever you like."
3. "Is Dad still out?" "... ."
4. "Isn't it a pity John and Clare can't come tonight!" "Well, ... Perhaps they'll be able to come next Saturday."
5. "I almost forgot to tell you — Mrs Johnson has had a baby boy. Born yesterday morning." ".... Old Mrs Black told me."
6. "Let's go shopping after lunch." "... we can't. The shops are closed on Wednesday afternoons, you know."

7. "What's the name of that new restaurant we went to with Tom and Margaret last week?" "Oh, ... In fact, I don't think I ever knew."
8. "It looks as if the weather's going to be nice for the weekend." ".... It's high time we had a bit of sunshine again."
9. "Who's taking the part of Henry VIII? Is it John Stride?" "Yes, ... Yes, I'm sure it is."
10. "I'm getting on well with the wallpapering, aren't I? If you help me, we might even finish it by the weekend." "O.K. then, ... I think we'll manage it."

b) *Now translate the expressions into German. Note where "so" corresponds to German "es" and where it doesn't.*

(LE-MC RS 5/6, S. 120)

Diese zweite Übung – auch eine Vervollständigungsübung – soll die Fähigkeit beim Lernenden fördern, sowohl über Bedeutung wie auch Adäquatheit des zur Verfügung stehenden Wortschatzes zu reflektieren.

2. Earth's changing face

Think of as many suitable words as possible to fill the blanks in this text. Decide in each case which word — or group of words — you feel fits the sentence and its meaning best. Work in groups of three or four. Then compare the results and decide which group has found the best solution in each case.
1. In the earliest days of his history, man was as ... as the other animals round about him. 2. ... he learned to use ... tools, and ... his ... made him the most successful animal ever to inhabit the Earth. 3. As the human population grew and farming ... more important, man began to ... his environment by ... unwanted plants and chasing away

unwanted animals. 4. Now, on a much larger scale, and with the help of modern ... the same things are being done, so that landscapes, even climates, completely change their character.
5. ... have known for some time, however, that all forms of life basically depend on each other, and that by ... certain insects or animals, by ... forests or ... the rivers and seas, we can disturb the balance of nature ... .
6. Quite apart from this, who wants to see the countryside and coastlines ruined? But as long as rises in population keep demanding larger ... of food and water, there is not much chance of stopping what is happening to our ... .

(LE-MC Gym 6, S. 54)

67

5.2 Zuordnungsübung

In diesen beiden Übungen muß der Lernende zwar den Wortschatz nicht selbständig produzieren; er muß jedoch die genaue Bedeutung verstehen, um die Aufgabe richtig lösen zu können. Der Lerneffekt liegt somit darin, daß der Lernende sich auf das Erfassen der genauen Bedeutung konzentrieren muß. Gleichzeitig wird in diesen beiden Beispielen Wortfeldarbeit gefördert.

2. How to get into the water

a) *You can fall, slip, dive, jump or climb into the water.*
Look at these children. How are they getting into the water?

ALAN   BOB   CHRISTINE   DAVID   HELEN   JEAN

1. Alan is falling into the water.
...

(LE-MC 2 WB, S. 32)

7. How did you feel?

Imagine that you were watching an exciting film at the cinema last week and suddenly there was a power failure.
How did you feel?
"I felt terrified, because it was so dark."
or: "I felt angry, because I couldn't see the end of the film."

Now imagine there was a power failure

—while you were at the dentist's.
—while you were in a lift.
—while you were on the fifth floor of a department store.
—while you were dancing to records at a disco.
—while you were baby-sitting in a strange house.
—while you were having an exam in your worst subject.
—while you were cooking a meal on your mother's birthday.
—while you were watching an exciting Western on TV.

How did you feel?

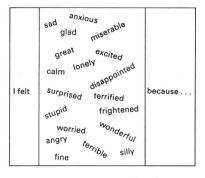

(LE-MC RS 4, S. 17)

5.3 Bildgesteuerte Übung

Die Gruppe der bildgesteuerten Übungen in ihren verschiedenen Formen, bei denen die zu produzierenden Wörter bildlich angedeutet werden, ist sehr umfangreich. Sie erstreckt sich vom einfachen Bild von Gegenständen, die benannt werden sollen, bis hin zur bildlichen Darstellung einer Situation, die dia-

68

logisch versprachlicht werden soll, oder zu einer vollständigen Bildgeschichte, die erzählt werden soll. In den letzten beiden Fällen ist das Abrufen von neu eingeführtem bzw. das Reaktivieren von bekanntem Wortschatz kein sekundäres Ziel neben der Kommunikations- bzw. Diskursfähigkeit; denn die Fähigkeit, geeignete Wörter situations- und intentionsgerecht abzurufen, ist integraler Teil der kommunikativen Kompetenz.

Diese Übung zeigt das Reaktivieren des Wortschatzes anhand von bildlich dargestellten Gegenständen, die dazu noch zu einem Wortfeld zusammengetragen und sinnvoll in einem Dialog verwendet werden.

b) Can you repair it for me?

"Can you repair this lamp for me?"
"What's wrong with it?"
"The plug's broken."
"I'll have a look at it. Can you get me a screwdriver?"

Make up dialogues to go with the other pictures.
Work in pairs.

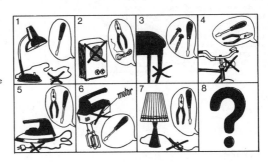

(LE-MC Scenes and Topics, S. 40)

5.4 Lernspiele: Kreuzworträtsel, Puzzlespiel, Quiz

Der motivierende Rätselcharakter dieser drei Lernspielarten kann für das Reaktivieren und Festigen des Wortschatzes nutzbringend eingesetzt werden, wenn auch oftmals Wörter dabei in Isolierung angeboten werden. Diese Spielarten gibt es in den vielfältigsten Formen, die im folgenden nur angedeutet werden können.

Das traditionelle *crossword puzzle* mit Definitionen und Beispielsätzen als *clues* kann zum Beispiel vorwiegend den neuen *unit*-Wortschatz üben oder Bekanntes mit Neuem in bekannten sowie neuen Verbindungen zusammenbringen; es kann Wortfeldarbeit leisten, indem es etwa Vokabeln zu einem Themengebiet übt (z.B. *eating and drinking, Britain and the sea, life in a city, likes and dislikes*), oder aus Wörtern einer Wortklasse besteht (etwa nur Adjektive oder nur *past participles*). Somit werden alte Assoziationen gefestigt und neue geschaffen.

4 A reading puzzle

Read the story, and write the missing words into the puzzle.

When Kevin woke up, he didn't feel ③. "Can't you turn the radio down a bit?" he said to Kate when he came into the kitchen. "I've got a ⑤, and I've got a terrible ⑧ in my stomach." Just then his mother came in. "What's the matter, Kevin? You feel hot. Let me take your ②." But Kevin didn't have a ②. His mother phoned the ⑩ to make an ⑨. The doctor told her to bring Kevin immediately to his ⑥. When they got there, the doctor ⑫ Kevin and listened to his ④. "What did he eat yesterday?" the doctor asked. "Oh, just the same as all of us," said Mrs Pearson. "No, wait, we bought a big box of oranges, and he ate two or three of those." "Two or three?" said the ⑪. "Well, eight or nine," said Kevin. He felt really ill now. "Are you going to send me to ①?" "Oh no," said the ⑪. "Back home and to bed for you, young man." And he wrote something on a piece of paper. "Here's a ⑧ for a bottle of ⑦. Get it from the ⑩ and take it three times a day. And for the next week no more oranges…" But when the doctor said 'oranges' Kevin ran outside.

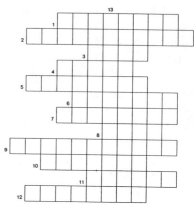

(LE-GL 2 WB, S. 19)

Eine weitere *Puzzle*art ist zum Beispiel das Buchstabensuchbild, wobei die Fähigkeit, bekannte Wörter innerhalb eines unbekannten Umfelds zu erkennen, geübt wird.

6 Find the verbs

There are fifty verbs in this puzzle. *How many can you find?*
(Be careful! Look out for lots of different forms, for example, *run*, or *ran*, or *running*.)

	a	b	c	d	e	f	g	h	i	j	k	l	m	n	o	p	q	r	s	t	u	v
1	A	S	A	I	D	S	U	F	F	E	R	I	N	G	S	T	O	P	P	E	D	B
2	C	W	D	E	F	A	R	R	I	V	E	W	G	I	I	H	H	K	I	J	K	F
3	D	A	N	C	E	W	A	S	N	B	L	E	B	V	N	O	R	E	P	A	I	R
4	M	M	C	A	L	L	N	E	D	O	O	N	U	E	G	U	E	E	C	A	M	E
5	D	F	H	U	P	I	K	N	E	W	Q	T	Y	I	N	G	A	P	U	T	T	E
6	R	L	I	G	A	V	E	T	R	K	S	M	I	L	E	H	D	S	T	U	I	Z
7	A	Y	D	H	W	E	P	V	L	I	N	V	I	T	E	T	W	X	Y	O	E	E
8	W	A	I	T	E	D	T	G	O	C	A	M	E	Z	D	A	C	F	B	P	D	E
9	D	G	N	H	R	I	T	O	O	K	B	R	O	U	G	H	T	A	T	E	J	K
10	L	M	G	N	E	S	A	T	K	O	H	O	L	D	W	O	R	K	I	N	G	P

(LE-GL 2 WB, S. 63)

70

Das folgende Beispiel, ein Quiz für das erste Lernjahr, versucht auf spielerische, aber auch ökonomische Art und Weise, zum Teil getrennt eingeführte Elemente zu kleinen Assoziationsgruppen zusammenzuführen, um das Behalten zu erleichtern.

3 A vocabulary quiz

Find the words.
Example: 1. What can you read? (5 things)   A newspaper, a letter, a ghost story,
                                                              a book about planes, my English textbook.

2. What can you listen to? (3 things)   7. What can you find in a school-bag?
3. How can you go from York to Leeds? (4 ways)   (5 things)
4. Find five toys or games.   8. What can you wear when it is cold?
5. What can you put in a fruit salad? (5 things)   (5 things)
6. What animals do you know? (4 animals)   9. What can you write? (3 things)
                                                10. Find five colours.
Who is the winner?

(LE-RL 1, S. 103)

5.5 Übung zur Aussprache und Schreibweise

Zu einem Wort gehören nicht nur die Bedeutung, sondern auch die Aussprache bzw. Schreibweise. Die folgenden drei Übungsbeispiele sollen den Lernenden auf die Diskrepanz zwischen dem gesprochenen und geschriebenen Wort im Englischen aufmerksam machen.

3 Rhyming words
Write down the rhyming words.

1. door ___four___ [ɔ:]   2. sun _____ [ʌ]   3. key _____ [i:]

4. shoe _____ [u:]   5. buy _____ [aɪ]   6. white _____ [aɪ]

7. great _____ [eɪ]   8. play _____ [eɪ]   9. chair _____ [eə]

(LE-RL 1 WB, S. 29)

6 Sound families

You write many words with an "e" but you say them in different ways. *Look at these "e"-words and find words with the same sound.*

example	letter	new	believe	were	near
[ɪ]	[e]	[ju:]	[i:]	[ɜ:]	[ɪə]

(LE-GL 2 WB, S. 55)

2. Homophones

homophone ['hɔməfəun] word pronounced like another but with a different meaning

Example: [wi:k] can be either *weak* or *week*.
Now write down as many words as possible which have the following pronunciations:

1. [rait]	3. [wʌn]	5. [θru:]	7. [seil]	9. [wɛə]	11. [kɔ:t]	13. [nəuz]
2. [mi:t]	4. [plein]	6. [fɛə]	8. [blu:]	10. [breik]	12. [weist]	14. [si:z]

(LE-MC Gym 5, S. 67)

5.6 Definitionsübung

Durch den Vokabelteil im Anhang der Schülerbücher sind die Lernenden mit Definitionen und Beispielsätzen gut vertraut. Definitionen können in Übungen genutzt werden, entweder um nach Vorgabe der Definition vom Schüler die Vokabel produzieren oder aber – umgekehrt – um nach Vorgabe des Wortes die entsprechende Definition vom Schüler erfragen zu lassen.

In der ersten Übung besteht die Vorgabe aus Teilen bekannter, zusammengesetzter Wörter; Wortbildung wird damit implizit geübt. Die zweite Übung überprüft das Verständnis von Wörtern einer Wortklasse in Quizform. In der dritten Übung werden im a)-Teil Begriffe eines Wortfeldes erfragt und im b)-Teil Definitionen verlangt.

3. Can you complete these sentences?

Here are some words to help you:

1. Bright light from the sun is called *Sunshine*
2. Heavy rain with thunder is a _____
3. A place where you play golf is a _____
4. Parents are not children, they are _____
5. Children can enjoy themselves at a _____
6. In summer women wear _____
7. When the sand is very hot people wear _____
8. When it rains people wear _____
9. When the sun shines many people put on _____
10. Saturday and Sunday make a _____
11. Pilots, farmers and people on holiday are interested in the _____
    _____
12. In the water people wear _____

(LE-MC Gym 3 WB, S. 63)

72

5. A verb quiz

Put the right verbs opposite the numbers. Almost all these verbs are new in this unit.

ban discuss employ grow hit hunt inhabit mend name note rewrite roar shorten test yell whistle	1. to shout very loudly 2. to make a noise like a lion 3. to make a noise like a bird 4. to give someone a job 5. to talk about something 6. to say what something is called 7. to notice 8. to say something must not be done 9. to become larger 10. to make shorter 11. to live in 12. to repair 13. to kill animals for sport 14. to manage to shoot 15. to check 16. to write again

1. _____ 9. _____

2. _____ 10. _____

3. _____ 11. _____

4. _____ 12. _____

5. _____ 13. _____

6. _____ 14. _____

7. _____ 15. _____

8. _____ 16. _____

(LE-MC RS 5/6 WB, S. 36)

8 Food and drink

a) *You know lots of words for things to eat and drink, so this quiz is very easy.*

1. Many people eat them for breakfast. They come in a box.
2. You get it from an animal and you can drink it.
3. Two pieces of bread and butter, and something else between them.
4. You can eat it and it's also a colour.
5. You usually have three of them a day – the first is breakfast.
6. It's red and you can put it on chips.
7. It comes in a lot of different colours. It's good to eat when the weather is hot.
8. People in Britain often eat them with fish.
9. People in Britain drink lots of this in the morning, in the afternoon and in the evening.
10. It comes in a packet, and you give it to budgies.

10–9 *Very good*
8–7 *Good*
6–5 *Not bad*
4–0 *Don't you like food?*

b) *Now you go on. Can you say what these things are?*
a strawberry; a bar of chocolate; fruit salad; an egg; a picnic.

(LE-OL 2, S. 115)

5.7 Übung zu Wortfamilie und Wortfeld

Wortfeldarbeit verfolgt viele Ziele; die Hauptziele sind einerseits der Aufbau von Assoziationsgruppen zwecks Unterstützung der Behaltensleistung und andererseits die Entwicklung eines differenzierten Wortschatzes beim Lernenden. Sowohl lexikalische Wortfelder (z.B. *shop, to go shopping, shopper, shopping-list*) wie auch semantische Wortfelder (z.B. *shop, boutique, stall, department store*) und kontextuelle Wortfelder (z.B. *shop, cash-point, salesperson, ladieswear, receipt*) lassen sich systematisch in den Lernprozeß integrieren. Mit der Erarbeitung von Wortfeldern kann bereits sehr früh begonnen werden, wie folgendes Beispiel aus den ersten Unterrichtswochen zeigt.

73

4 A puzzle

Look at the example and go on.

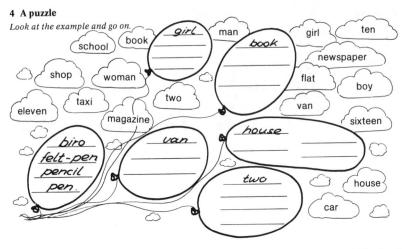

(LE-RL 1 WB, S. 17)

Auch *odd-man-out*-Übungen, mit einer Erläuterung durch den Schüler für die Nichtzugehörigkeit des verworfenen Wortes, lassen sich hier einfügen.

***14. Word families

One word isn't in the right family. Why not?

1. tea – milk – lemonade – biscuits

   You can drink tea, milk and lemonade, but you cannot drink biscuits

2. nose – feet – ears – hands

   I have got two

(LE-MC 1 WB, S. 85)

Im folgenden Beispiel sind sämtliche eingeführten Verben des Sprechens als Gedächtnisstütze und zur Assoziationsbildung zusammengetragen und als Semantisierungshilfe bildlich dargestellt. In der darauffolgenden, hier nicht abgedruckten Übung muß der Schüler diese kontextgerecht anwenden.

74

4. The 'say' family

Look carefully at these verbs:

(LE-MC Gym 3 WB, S. 56)

Wortfeldarbeit läuft immer Gefahr, sich ausschließlich mit ‚Inhaltswörtern' zu befassen. Doch können auch Übungen zu ‚kommunikativeren' Wortfeldern entwickelt werden, wie das nachfolgende Beispiel zur Meinungsäußerung im Anschluß an eine Geschichte beweist.

⟨8. Certain winner⟩

It was a warm Saturday afternoon in July. The parents of two hundred boys from Eastgate School were watching from the side of the school track. Sports day. A voice came over the loudspeaker: "Next on the programme is the longest race today
5 — three miles. Will the boys taking part get ready for the start now, please."
Ian Short went along with the other boys. The starter fired his pistol and the race began. Everyone knew who was going to win. It would be Philip Croft, that was certain. He was the
10 school's best athlete, and he had never lost a race yet over the longer distances. Ian, with a bit of luck, might finish second or third — if he could keep running strongly. They had a long way to go ... .

The end was not far now. Philip was in the lead, approaching the last bend. Ian, only about twenty yards behind, and well in 15 front of the others, looked like being second. And then, suddenly, it happened — a thing that nobody would have believed. Philip fell. Ian could hear the voices from the side ringing in his ears: "Go it, Ian, go it!" But then, just as he was overtaking Philip, just as Philip was getting on his feet again, 20 Ian found himself slowing down, almost stopping now, waiting — he hardly knew what he was doing. And in a moment Philip was up again, running on, and the finishing tape was in front of them. Ian began to go faster now, but his chance was lost. Ten more yards and the race was over. Philip 25 Croft was the winner.

1. Why did Ian wait when he saw Philip had fallen?
2. Would many people act like Ian in the same situation?
3. What would you have done if you had been Ian?

4. Do you think this is a true story? Give reasons.
5. Could something like this happen in the Olympic Games?
6. Was Philip right to go on and win the race?

(LE-MC RS 4, S. 79)

75

5.8 Übung zu Wortrelationen: Antonym, Kompositum, Kollokation

Die folgenden Übungen haben als Ziel die rasche Wiederholung von Vokabeln. Wenn diese auch nicht immer im Kontext eingebettet sind, stehen sie doch in einer Bedeutungsrelation zu anderen und müssen vom Lernenden semantisch richtig erfaßt werden.

7 Words and their meanings

a) *Do you know the opposites of these words?*

And these have more than one answer:

First some easy ones:		*These are more difficult:*		*one answer:*
rich –	to buy –	to pick up –	to shout –	old –
fat –	goodbye –	friend –	the best –	to start –
to like –	full –	to break –	to find –	right –
something –	to arrive –	to throw away –	never –	boring –

(LE-GL 2, S. 70)

6 Word pairs

a) *Find the pairs. Who can find them all first?*
Example: Sunday afternoon.

b) *Can you guess?*
Here are some more pairs.
English people often use them.

1. Sunday	a) story
2. birthday	b) stop
3. exercise	c) case
4. lemonade	d) afternoon
5. ghost	e) salad
6. chocolate	f) party
7. model	g) hero
8. pencil	h) bag
9. plastic	i) plane
10. fruit	j) book
11. bus	k) ice-cream
12. folk	l) bottle

1. as easy as	a) a bird
2. as white as	b) a hunter
3. as cold as	c) toast
4. as strong as	d) the hills
5. as hungry as	e) A B C
6. as free as	f) a mouse
7. as old as	g) ice
8. as warm as	h) a horse
9. as black as	i) snow
10. as quiet as	j) night

(LE-GL 2, S. 30)

2. How words are made: Compound nouns

mini-computers	test-tubes	lookers-on
stay-at-homes	grown-ups	good-for-nothings
car-owners	sea-farmers	mothers-in-law
passers-by	light-years	runners-up
life-styles	conveyor belts	

Often an English noun is joined with another noun / a verb / a preposition, etc. to form a compound.
Look at this list of compounds with plural meanings. You will recognize most of them. *Now check the meanings and use the correct compounds to complete these sentences.*

1. Homesteaders and pop stars have completely different ... .
2. ... are part of the basic equipment of a laboratory.
3. ... are lazy, useless people.
4. ... are used for continuous transport of materials in factories.
5. Before the days of Henry Ford, only the well-to-do could be ... .
6. People who come second in a competition or race are called the ... .
7. In an age of living in space, the ... would be those who remained on Earth.
8. ... take up less space than conventional electronic machines.
9. Today's children are tomorrow's ... .
10. Some married men complain about their ... .
11. In the future, ... will be responsible for cultivating underwater plants to be made into food.
12. Spectators can also be called ... .
13. Distances between solar systems are so great that they are measured in ... .
14. ... generally stop and stare when there has been an accident.

Now write down the singular forms of these compounds. Can you find a rule that would explain why the plural-'s' does not always appear at the end of the compound?

(LE-MC Gym 6, S. 49)

5.9 Kontrastive Übung

Die folgenden Übungen verweisen auf Unterschiede in der semantischen Struktur des Deutschen und des Englischen. Im ersten Beispiel geht es um die unterschiedliche Bedeutungsstruktur dt. *tragen* – engl. *wear/carry*; dt. *bringen* – engl. *bring/take*.

3. What a letter!

Peter Crawley got this letter from his German pen-friend Dieter. Dieter made quite a few mistakes, which he then corrected. *Can you read his letter?*

Dear Peter,   **bring ? wear ? take ? carry ?**

I am on my own for two weeks now. Yesterday I brought my parents to the station. I had to carry their luggage for them. They are spending two weeks in Hamburg with my grandparents. My sister is still here, but she doesn't count. All she thinks of is wearing new clothes and going to dances with her boy-friend. His name is Wilhelm, he wears glasses and talks like my German teacher. He even carries her handbag! Do you want me to send you that book on car-racing or shall I bring it when I come to England in August? Uncle Frank is taking me to the Nürburgring on Sunday. I'm going to take as many photos as I can.   See you soon,

Dieter

(LE-MC RS 4, S. 74)

Durch das fehlerhafte Deutsch des britischen Jungen im nachfolgenden Beispiel soll dem deutschen Schüler bewußt gemacht werden, daß man die Strukturen – auch die semantischen – der eigenen Sprache nicht unbedingt auf die Fremdsprache übertragen kann.

3. A letter from England

Gordon Brown, Wolfgang's pen-friend, has been learning German for two years, but he still makes a number of mistakes. Here is his latest letter:

Lieber Wolfgang,
    Wie du weißt, leben wir in einem Haus in Hammersmith. Jetzt muß ich dich erzählen, wie überrascht ich war, wenn mein Vater sagte, daß er hat ein Haus in Leatherhead gekauft. Ich bin sehr froh um das, weil Leatherhead ist ein netter Platz. Wir waren dort zusammen, wenn du mit uns letzte Zeit waret. Wir umziehen uns nächste Woche, aber ich habe oben unsere neue Addresse geschrieben. Also erinnere es, wenn du wieder schreibst.   Dein Gordon

a) Gordon confused "leben" with "wohnen" because "live" can be used for both in English:

live ⟨ wohnen / leben   *Can you explain his other mistakes?*

b) *Don't make the same mistake as Gordon when you complete the following sentences:*
Example: woman / wife —Most *women* love to go shopping. But not many men like to go shopping with their *wives*.

1. *sky / heaven* —Come to Billington Beach for your holidays! Never a cloud in the . . .! It's like . . . itself!
2. *price / prize* —Some professional athletes always want to win the first . . .—at any . . . .
3. *colour / paint* —Mr Jones bought four tins of . . ., but they were all the wrong . . . .
4. *next / nearest* —"I'm so hungry," Mrs Perkins said to her husband. "Ask the . . . person we meet where the . . . restaurant is, will you?"
5. *during / while* —"Did the TV break down . . . the news was on or . . . the film?" Mrs MacGregor asked her husband.
6. *to use / to need* —"Worried about your teeth? It's BRITADENT you . . . . . . it every day and you'll see!"
7. *to be ready / to have finished* —"We . . . washing the car yet, sir, but it'll . . . in five minutes."

(LE-MC RS 5/6, S. 104)

Unter der Rubrik ‚Kontrastive Übung' lassen sich auch Übungen zu lexikalischen und orthographischen Unterschieden im amerikanischen und britischen Wortschatz, zur Benutzung von englischen Wörtern im Deutschen sowie zu *cognates* und *false friends* einsetzen. Auch die Wortgrammatik läßt sich hier veranschaulichen und einüben, z.B. Nachrichten (Pl.) – *news* (Sg.); Polizei (Sg.) – *police* (Pl.); Ratschläge (Pl.) – *advice* (Sg.); Jeans (dt. Sg.) – *jeans* (engl. Pl.).

5.10 Interlinguale Übung

Zum festen Bestandteil einer systematischen Wortschatzarbeit gehört es auch, Techniken zu vermitteln, die den Schüler befähigen, unbekannte Begriffe ohne Zuhilfenahme des Wörterbuchs zu umschreiben. Denn es geht nicht um das Suchen nach Wort-für-Wort-Äquivalenten, sondern um das Übertragen von Inhalten.

Das erste Beispiel enthält Wörter, die dem Schüler noch nicht bekannt sind. Trotzdem sollte er in der Lage sein, diese in eigenen Worten wiederzugeben. Im zweiten Beispiel sind einige der wichtigen Vokabeln nur zum Teil bekannt. Auch hier wird vom Lernenden verlangt, Inhalte in dem zur Verfügung stehenden Wortschatz auszudrücken.

1. Definitions

If you don't know the name for something in English, you can often make yourself clear by using a definition.

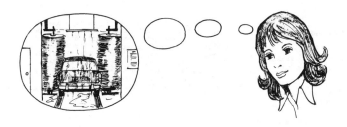

Example: 'Autowaschanlage' "It's a place where cars are washed automatically"
or "It's a place at which you can have your car washed"
or "It's a huge machine that washes your car".

Try to explain in English what the following are.

1. Autowerkstatt _____

2. Schrottplatz _____

3. Warndreieck _____

4. Verbandskasten _____

5. Abschleppwagen _____

6. Politesse _____

7. Wagenheber _____

(LE-MC RS 5/6 WB, S. 38)

§§ 76 **4. At the swimming-baths**
–81

●   ●
Badeordnung

1. **Badezeit, einschließlich Aus- und Anziehen 1½ Stunden.**
2. **Aus hygienischen Gründen ist das Schwimmen ohne Bademütze nicht gestattet.**
3. **Kinder unter acht Jahren haben nur in Begleitung Erwachsener Zutritt.**
4. **Die Badegäste sind gehalten, vor dem Baden die Fußbäder und Duschen zu benutzen.**
5. **Für Verlust oder Beschädigung von Kleidung oder mitgebrachten Gegenständen wird keine Haftung übernommen.**
6. **Ringe, Uhren, Geld und andere Wertsachen können an der Kasse abgegeben werden.**
7. **Eintritt: Erwachsene DM 3,50 Schüler und Studenten DM 2,00**
8. **Folgende Badeartikel können gegen Gebühr und DM 10,00 Pfand ausgeliehen werden: Bademütze DM 0,50 Badehose DM 1,50 Handtuch DM 1,00 Badeanzug DM 2,00**
9. **Schwimmunterricht wird zweimal wöchentlich, dienstags und donnerstags von 10—12 Uhr, erteilt. Weitere Auskünfte beim Bademeister oder an der Kasse.**
●   ●

Roger Peel, a 15-year-old English schoolboy, is spending three weeks of his summer holidays with Helmut, his 16-year-old German pen-friend, in Verden. One day they go to the local swimming-baths. At the entrance Roger sees a big notice. As he knows only a little German, he asks Helmut to explain it to him.

Roger: Look at that big notice. What does it say?
Helmut: It's the *Badeordnung.* It tells you ...
Roger: Number one says something about 1½ hours. What does it mean?
Helmut: It means that you mustn't ...
Roger: I know *Bademützen* are bathing caps, but what does it say about them?
Helmut: ...
Roger: Oh dear! I haven't got one. What can I do?
Helmut: That doesn't matter. Look at number eight. It says ...
Roger: Ten marks is a lot of money.
Helmut: Yes, but ...
Roger: In number three I can understand children under eight, but what does that bit about

Begleitung mean?
Helmut: ...
Roger: Number four is easy. It says you are stopped if you don't use the showers and the foot-baths.
Helmut: Oh no, it means ...
Roger: But I can't understand number five. What on earth is *keine Haftung?*
Helmut: ...
Roger: Oh! What shall I do with my watch and my wallet, then?
Helmut: Look at number six. It tells you ...
Roger: Oh, good. And number seven tells you how much it costs to go in. How much do *we* have to pay?
Helmut: ...
Roger: And number 9? Something about Tuesdays and Thursdays?
Helmut: ...
Roger: I see. Let's go in now.

(LE-MC RS 5/6, S. 30)

79

5.11 Übung zur metaphorischen Sprache

Die folgenden Übungen sollen den Schüler anleiten, Metaphorik in der Sprache zu erkennen, und vor allem ihn davon abhalten, Metaphorisches in einer Wort-für-Wort-Gleichung übersetzen zu wollen.

〈3. Some strange animals〉

Use your dictionary to find out what the following phrases mean, and explain them.

a) Who could be described as 1) a wolf in sheep's clothing, 2) a dark horse?

   1. _____

   2. _____

b) What is 1) the lion's share, 2) a dog-eared page?

   1. _____

   2. _____

c) What does a person do who 1) lets the cat out of the bag, 2) works like a horse?

   1. _____

   2. _____

d) What do the following proverbs mean? 1) A bird in hand is worth two in the bush; 2) let sleeping dogs lie?

   1. _____

   2. _____

(LE-MC RS 5/6 WB, S. 84)

⟨4. Many hands make light work⟩

a) *Look up the following expressions
with 'hand' in an English-English dictionary,
and rewrite the sentences, using
different expressions.*

1. They've paid all their bills and still have £50 in hand. *Although they have paid their bills, they still have £50 left.*

2. Tom listens to the news in French every day to keep his hand in. _____

_____

3. Will you give me a hand with this heavy case? _____

_____

4. That car has changed hands several times. _____

_____

5. Margaret's children are quite out of hand. _____

_____

_____

6. I wouldn't trust those two – they work hand-in-glove. _____

_____

(LE-MC RS 5/6 WB, S. 62f.)

81

5.12 Wortbildungsübung

Übungen zur Wortbildung sind naturgemäß fast immer kognitiver Art. Sie erweitern den produktiven Wortschatz des Schülers lediglich um die aufgeführten Beispiele, den rezeptiven Wortschatz aber um ein Vielfaches. Man muß auch nicht bei den bekannten Beispielen *win-winner, useful-useless, lucky-unlucky* bleiben, wie im folgenden demonstriert wird.

⟨6. How words are made: adjectives⟩

a) A very large number of English verbs can be turned into adjectives simply by adding "-able". The meaning is usually what you would expect: a *washable* pullover is a pullover you can (are *able* to) wash — an *unbreakable* cup is a cup you are *unable* to break.
Look at the two lists on the right, and decide which verb would make the right adjective to describe which thing or person. Make a sentence for each.
Example: That **book** you lent me was most **enjoyable**.

a holiday	(not) to beat
jeans (or other clothes)	(not) to drink
beer, coffee, etc.	(not) to accept
an opinion	to inhabit
an athlete	to wear
a country, an area	to enjoy

b) You already know a lot of adjectives formed from nouns + "-ful" and "-less". There are also a number that can be made out of nouns + "-proof", like "waterproof" (not affected by water) and "fireproof" (not affected by fire).
What adjectives made with "-proof" could be used to describe these things? Think of these nouns: water — bullet — shock — kiss — wind — flame — dishwasher.

Now explain what the descriptions mean:
Example: If you go out in the rain in *waterproof* boots, you won't get wet feet.

(LE-MC RS 5/6, S. 121)

⟨4. How words are made⟩

You already know a lot of phrasal and prepositional verbs (e.g. to get up, to look after, to go on). In modern English they are sometimes used as nouns: *to get away* ⟶ *the getaway*.

Read these sentences and try to explain their meaning in your own words.
Look up the words you don't know in your dictionary.

Example for 1—4: We had a *breakdown* on the way to London. ⟶ Our car *broke down* on the way to London.

Example for 5—8: That's a good idea, without a single *drawback.* ⟶ That's a good idea, without a single disadvantage.

1. If you drive along the motorway, don't forget to take the *turnoff* to Preston.
2. Passengers have to fasten their seat-belts before *take-off.*
3. When I go back home, it's always nice to have a *get-together* with all my old friends.
4. Tonight, television *closedown* will be at midnight.

5. I went to the doctor's for a *check-up* last week.
6. We always keep some candles in the house — we might need them if there was a *blackout.*
7. The Manchester United—Arsenal *kick-off* was at 7 o'clock.
8. I've warned you often enough. If you don't listen, it's your own *lookout.*

(LE-MC RS 5/6, S. 63)

[Übung bezieht sich auf eine im Schülerbuch abgedruckte Landkarte von Cornwall und Devon]

2. Place-names

The names of places sometimes tell something about the places themselves, for example, you expect Steps Bridge (just west of Exeter) to be at or near a bridge.

a) *Find place-names with the suffix -mouth, -moor, -castle, and say what these names suggest.*

b) *Look for three more place-names which give different information in the suffix, and say what they suggest.*

c) Some suffixes are old words which aren't used any longer, for example, *-leigh* (= field), *-combe* (= small, deep valley), *-cott* (= cottage). And *-ton* was originally 'town'.

Find examples.

(LE-MC RS 5/6 WB, S. 85f.)

5.13 Wörterbuchübung

Zur Wortschatzarbeit gehört die Einführung in den Umgang mit einsprachigen wie auch zweisprachigen Wörterbüchern. Hierzu bieten sich zahlreiche Übungsformen mit den unterschiedlichsten Zielen an. Durch Übungen wie in den folgenden Beispielen soll der Schüler für die mögliche Ambiguität eines Wortes und für die dadurch gegebene Notwendigkeit der genauen Wörterbucharbeit sensibilisiert werden. Er soll auch zur Kritikfähigkeit dem Wörterbuch gegenüber angeleitet werden.

4. How to use your dictionary

Here are some German words which have more than one translation.
Look them up in your dictionary and complete these sentences.

"verlegen"
1. The meeting has been . . . .
2. He became quite . . . when we talked about this.
3. I've . . . my pen. Have you seen it by any chance?
4. They . . . more than 100 books each year.

"Absatz"
1. The company has increased its . . . by 10 per cent since last year.
2. I never wear shoes with high . . . .
3. Climbing the stairs, he stopped at every . . . to catch his breath.
4. The third . . . contains a number of new words.

"wählen"
1. At 18 you are allowed to . . . .
2. Which of the candidates has been . . . president?
3. I can't decide which shirt to . . ., the red one or the blue one.
4. To call the police in an emergency, just . . . 999.

"Platz"
1. After half a mile you'll come to a large . . . .
2. There's only . . . for six people in the lift.
3. Excuse me, is this . . . taken?
4. Please put the book back in its . . . .
5. The referee sent him off the . . . .

(LE-MC Gym 6, S. 16)

83

In an English-German dictionary you will find many different translations for the verb 'to take'.
Here are some of them:

take [teik] (took; taken) *tr*
(weg-, ein-)**nehmen**; ergreifen,
packen; **bringen**; begleiten; in
Anspruch nehmen; erfordern;
kosten; sich zuziehen; ermitteln; auswählen; verstehen;
auffassen; halten (*for* für); *to*
– *into account* in Betracht ziehen; *to* – *advantage of* sich
zunutze machen; *to* – *care*
sich in Betracht nehmen; sorgen
(*of* für); *to* – *into consideration* in Betracht ziehen; *to* – *a*
drive ausfahren; *to* – *effect*
wirksam werden; gelingen; *to*
– *an examination* e-e Prüfung
ablegen; *to* – *a fancy to* einge-

nommen sein für; *to* – *in
hand* unternehmen; *to* – *to
heart* es sich zu Herzen nehmen; *to* – *a hint* einen Wink
verstehen; *to* – *hold of* ergreifen; sich bemächtigen; *to* –
the liberty sich erlauben; *to* –
notice of beachten; *to* – *part
in* teilnehmen; *to* – *pity* Mit-
leid haben (*on* mit); *to* – *the
place of* ersetzen; *to* – *place*
stattfinden; *to* – *a rest* sich
ausruhen; *to* – *time* sich Zeit
nehmen (*to* zu); *to* – *trouble*
sich bemühen; *to* – *the trouble*
sich die Mühe machen; *to* –
s.o.'s word glauben.

Try to find good translations for the following sentences:
1. Peter *took* the tea things to the kitchen. 2. Then he *took* his
camera and showed it to Robert. 3. Later the boys *took* a bus
and went to the harbour. 4. It *took* them about ten minutes to get
there. 5. They *took* several pictures of ships lying in the harbour.
6. Next day they went to a game of football which was to *take
place* near Peter's school. 7. Peter has always *taken* an active
part in games at school. 8. He even joined in the game today,
taking the place of a friend who was ill. 9. Peter always *takes* a
lot of *trouble* over his school-work, too. 10. Next week he has to
take several important *examinations*. 11. When they are over, he
is going to *take a rest* on his uncle's farm. 12. He has *taken a
fancy* to farm-work and thinks he may become a farmer.

(LE-MC RS 5/6, S. 19)

5.14 Umschreibung bei Äquivalenzlosigkeit

Dieser interlinguale Übungstyp zielt auf die Beschreibung und Erläuterung von
kulturspezifischen Merkmalen, Vorgängen oder Einrichtungen, für die dem
Lernenden keine äquivalenten Begriffe zur Verfügung stehen oder für die keine
Äquivalente existieren.

*** 7. What David didn't understand

During his visit to the Albert Schweitzer school, David Black
noticed many things that were quite different from his school in
England. So he asked his German friend Jens. What were Jens'
answers?

David: You know, there are some things I don't understand
about your school. For example, *Klassenarbeiten.* Are they the
same thing as the exams we have at the end of each term?
Jens: ...
David: We have reports three times a year, before the
Christmas, Easter and Summer holidays. Do you have your
Zeugnisse then, too? And what's a *Versetzungszeugnis?*
Jens: ...
David: I heard someone say, *Thomas hat einen blauen Brief
bekommen.* What's so special about a *blue letter?* How's it

different from a white letter?
Jens: ...
David: I know that the *Klassenbuch* is a little bit like our
class-register, in which our form master writes down who
is absent every day. But what is an *Eintrag ins
Klassenbuch?*
Jens: ...
David: And can you tell me what those two notices on the
notice-board mean? One says that next Thursday is a
Schulwandertag, and the other says that your class is going to
the *Schullandheim* in September.
Jens: ...
David: One last thing. Uli has just said that we've got *hitzefrei*
today. What on earth is that?
Jens: ...

(LE-MC RS 3, S. 77)

Bei Schröder/Finkenstaedt steht zur Wortschatzarbeit in der Fremdsprache:

Es geht bei der W. [Wortschatzarbeit] nicht nur um die Vermittlung von
Wortbedeutungen, sondern um ein allmähliches Eindringen in das Begriffs-
system der Fspr. [Fremdsprache], um ein Erfassen der Wortinhalte und
Konnotationen, des richtigen Wortgebrauchs und der Kollokationsmöglichkeiten.[5]

Lehrwerke für den Englischunterricht versuchen in der Tat dieser Leitlinie zu folgen, indem in möglichst motivierender Form verschiedene Verfahren zur Semantisierung angewandt, Wortfelder systematisch erfaßt und variationsreich ausgebaut und kontrastive Übungen, Wortbildungs- und Wörterbuchübungen zur Reflexion über die Sprache für den Lernenden angeboten werden. Verbesserungswürdig und ausbaufähig ist dabei sicherlich noch etliches, aber die Wortschatzarbeit im Lehrwerk steckt heute nicht mehr in den Anfängen.

Es bleibt am Schluß die etwas ketzerisch klingende, aber doch ernsthafte Frage des Lehrwerkverfassers, der, wie auch der Lehrende, die bereits jetzt vorhandene Stoffülle in der zur Verfügung stehenden Zeit zu meistern sucht: Falls das zunehmende Interesse an der Wortschatzarbeit zu Forderungen nach einer noch stärkeren Berücksichtigung im Unterricht führen sollte, was muß an ihrer Stelle weichen?

Anmerkungen

1 Schröder, K.: „Wortschatzunterricht, Wortschatzerwerb und Umgang mit Wörterbüchern. Eine Bibliographie für die Jahre 1973–1984", und Doyé, P.: *Systematische Wortschatzvermittlung im Englischunterricht.*
2 Denninghaus, F.: „Der kontrollierte Erwerb eines potentiellen Wortschatzes".
3 Vgl. die im Literaturverzeichnis aufgeführten Hefte von *Der fremdsprachliche Unterricht* (1986) und *Die Neueren Sprachen* (1985).
4 Z.B. West, M.: *A General Service List of English Words;* Haase, A.: *Englisches Arbeitswörterbuch;* Speight, St.: *Basic Conversation.*
5 Schröder, K., Finkenstaedt, Th. (Eds.): *Reallexikon der englischen Fachdidaktik,* S. 296.

Denninghaus, F.: „Der kontrollierte Erwerb eines potentiellen Wortschatzes". *Praxis des neusprachlichen Unterrichts* 23, i, 1976, 3–14.

Der fremdsprachliche Unterricht: Heft ‚Neue Formen der Wortschatzarbeit I‘, 6, iii, 1972.

–: Heft ‚Neue Formen der Wortschatzarbeit II‘, 8, i, 1974.

–: Heft ‚Wortschatz und Wörterbuch‘, 15, iii, 1981.

–: Heft ‚Wörter lernen. Wortschatz kontrollieren‘, 20, iii, 1986.

Die Neueren Sprachen: Heft ‚Wortschatz‘, 78, iv, 1979.

–: Heft ‚Wörterbücher und Wortschatzerwerb‘, 84, vi, 1985.

Doyé, P.: *Systematische Wortschatzvermittlung im Englischunterricht.* Hannover, Dortmund, ⁵1980 (1971).

Haase, A.: *Englisches Arbeitswörterbuch. The Learner's Standard Vocabulary.* Frankfurt/ M., ⁶1975 (1959).

Learning English – Modern Course. Bde. 1–6, Stuttgart, 1974–1979; *Scenes and Topics.* Stuttgart, 1978.

Learning English – Green Line/Red Line. Bde. 1–3, Stuttgart, 1984–1986; *Orange Line.* Bde. 1–2, Stuttgart, 1984–1985.

Schröder, K.: „Wortschatzunterricht, Wortschatzerwerb und Umgang mit Wörterbüchern. Eine Bibliographie für die Jahre 1973–1984". *Die Neueren Sprachen* 84, vi, 1985, 652–669.

Schröder, K., Finkenstaedt, Th. (Eds.): *Reallexikon der englischen Fachdidaktik.* Darmstadt, 1977.

Speight, St.: *Basic Conversation. Strategies, Situations, Dialogues.* Stuttgart, 1986.

West, M.: *A General Service List of English Words.* London, ¹²1971 (1953).

Jens Bahns, Kiel

Kollokationen in englischen Wörterbüchern*

0. Einleitung

Systematische Wortschatzarbeit im Fremdsprachenunterricht kann sich grundsätzlich an zwei Arten von Beziehungen zwischen Wörtern orientieren, nämlich an *paradigmatischen* und an *syntagmatischen* Beziehungen. Wortschatzarbeit auf der Basis von paradigmatischen lexikalischen Beziehungen hat Tradition und ist fest etabliert. Dies zeigen entsprechende Hilfsmittel wie Synonym- und Antonymwörterbücher sowie Wörterverzeichnisse nach Sachgruppen (in denen vor allem die Hyponymierelation genutzt wird); dies zeigt der Blick in die Vokabelverzeichnisse von Lehrbüchern, in denen für einsprachige Erklärungen u.a. die paradigmatischen Sinnrelationen der Synonymie, Antonymie und Hyponymie genutzt werden. Wortschatzarbeit auf der Basis von syntagmatischen Relationen zwischen Wörtern ist jedoch bisher recht selten. Erst kürzlich hat Hausmann („Wortschatzlernen", 1984) erneut darauf aufmerksam gemacht, daß das syntagmatische Wortschatzlernen im Fremdsprachenunterricht immer noch zu kurz kommt.

Syntagmatische Beziehungen im semantischen Bereich sind von verschiedenen linguistischen Schulen und Richtungen behandelt worden. Stichworte in diesem Zusammenhang sind die *Wesenhaften Bedeutungsbeziehungen* (Porzig, 1934), die *Lexikalischen Solidaritäten* (Coseriu, 1967), die *Selektionsrestriktionen* (Generative Transformationsgrammatik – Chomsky, 1965) sowie die *Kollokationen* (Britischer Kontextualismus – Firth, 1957). Auf die Konzeptionen von Porzig, Coseriu und Chomsky kann hier nicht näher eingegangen werden; der Begriff der Kollokation jedoch muß – soweit möglich – geklärt werden (Abschnitt 1). Anschließend wird die Bedeutung der Kollokationen für den Fremdsprachenunterricht dargestellt (Abschnitt 2). Im Zentrum des Beitrages (Abschnitt 3) wird untersucht, in welcher Weise Kollokationen in verschiedenen Wörterbüchern berücksichtigt sind. In der Schlußbemerkung (Abschnitt 4) werden Voraussetzungen für eine bessere Kollokationsschulung im Fremdsprachenunterricht genannt.

1. Begriffsklärung

In allen gängigen linguistischen Begriffswörterbüchern wird auf J. R. Firth als Urheber des Begriffs Kollokation hingewiesen. Eine intensivere Auseinandersetzung mit dessen Gedankengängen zu diesem Thema scheint jedoch hier nicht lohnend zu sein: Wenn wir Lyons Glauben schenken, so hat Firth seine theoretischen Überlegungen zur lexikalischen Bedeutung nicht besonders verständlich dargelegt. Lyons kommt nach Anführung einiger zentraler Stellen (wie "one of the meanings of 'night' is its collocability with 'dark' and of 'dark', of course, collocation with 'night'"[1]) zu folgender Einschätzung: "Exactly what Firth meant by collocability is never made clear."[2]

Ganz allgemein wird Kollokation definiert als „das übliche und erwartbare Zusammenvorkommen eines Wortes mit anderen Wörtern"[3], als die „assoziative Verbindung von Wörtern"[4], als "combination of particular lexical items".[5] Demnach wäre *dark night* als Kollokation zu betrachten, da hier zwei Wörter zusammen vorkommen und da eine (nachvollziehbare) assoziative Verbindung zwischen ihnen besteht. Ein weiteres Standardbeispiel, das sich in der Literatur zur Illustration des Kollokationsbegriffes findet, ist die Beziehung zwischen *cow* und *milk*. An diesem Beispiel wird deutlich, daß „Zusammenvorkommen" nicht gleichzusetzen ist mit Unmittelbar-Nebeneinander-Vorkommen; die Beispielsätze *They are milking the cows* und *Cows give milk* zeigen dies.[6] Mitchell ("Linguistic 'Goings on'", 1971) hat am Beispiel *job – apply* gezeigt, daß Kollokationen auch Satzgrenzen überschreitend sein können: *He didn't want the job. I don't think he even applied.*

Wenn wir von diesen relativ allgemein gehaltenen Begriffsbestimmungen sowie den genannten Beispielen ausgehend nach weiteren Kollokationen suchten, so würde uns sicherlich eine ganze Reihe möglicher Kandidaten einfallen. Assoziative Beziehungen bestehen zweifellos zwischen *bee* und *honey, bell* und *ring, fish* und *chips, loud* und *noise, dog* und *bark*; üblicherweise kommen miteinander vor *bitter* und *pill, cancel* und *an order, bow* und *arrow, kick* und *the bucket, dead* und *gone*. Handelt es sich bei allen diesen Kombinationen um Kollokationen?

Es gibt verschiedene Versuche, den großen Bereich üblicher syntagmatischer Wortverbindungen zu differenzieren. So unterscheidet z.B. Alexander ("Fixed Expressions", 1978) verschiedene Typen von *fixed expressions* (*proverbs, songs, clichés, rhymes, metaphors, gambits, idioms, collocations, formulae*), während die von Hausmann („Wortschatzlernen", 1984) vorgeschlagene Typologie zunächst die fixierten Wortverbindungen von den nicht-fixierten unterscheidet: Zu den fixierten Wortverbindungen zählt er zusammengesetzte Wörter (*blackboard*) und Redewendungen (Idiome, z.B. *drop a brick*); bei den nicht-fixierten Wortverbindungen unterscheidet er *Ko-Kreationen, Kollokationen* und *Konter-Kreationen*. Die Ko-Kreationen sind entsprechend den semantischen Regeln der Sprache kreativ zusammengestellte Wortkombinationen (*smooth skin*), die bei Bedarf frei gebildet werden. Bei den Konter-Kreationen handelt es sich um Wortverbindungen, die die semantischen Regeln der Sprache durchbrechen (*clever water*). Solche Kombinationen sind eigentlich nicht zu erwarten und werden nur zum Zwecke bestimmter stilistischer Effekte kreiert.

Wichtig für die folgende Diskussion ist vor allem die Abgrenzung der Kollokationen gegenüber den Idiomen einerseits sowie den freien Kombinationen (Hausmanns Ko-Kreationen) andererseits. In der Literatur wird im allgemeinen eine deutliche Unterscheidung zwischen Idiom und Kollokation gemacht.[7] Das entscheidende Kriterium für die Kategorisierung einer Wendung als Idiom ist die Frage, ob sich die Bedeutung der Gesamtheit in regelmäßiger Weise aus den Bedeutungen der Einzelteile erschließen läßt. Ist dies nicht Fall, d.h. geht die Gesamtbedeutung über die Bedeutung der Einzelteile hinaus[8], so handelt es sich um eine idiomatische Wendung (*to kill two birds with one stone, a busman's holiday, to bury the hatchet*). Während die Abgrenzung der Kollokationen zu den Idiomen mittels des semantischen Kriteriums vergleichsweise einfach ist, sind bei der Abgrenzung zu den freien Kombinationen graduelle Kriterien wie Häufigkeit und Üblichkeit sowie das subjektive Kriterium der Erwartbarkeit im Spiel. Die Problematik dieser Abgrenzung wird von Wilkins (*Linguistics in Language Teaching*, 1972) am Beispiel einiger mit *noise* kombinierter Adjektive deutlich gemacht. Aus der Menge der Adjektive *loud, rustling, rumbling, clanging, old, new, tall, fast, painted* werden drei mit an Sicherheit grenzender Wahrscheinlichkeit nicht mit *noise* zusammen auftreten, nämlich *tall, fast* und *painted*, da dies den semantischen Regeln des Englischen widerspräche. Eine Kombination von *noise* mit *old, new* sowie *rustling, rumbling, clanging* wäre zweifelsohne möglich und könnte bei Bedarf gebildet werden, dürfte jedoch nicht sehr häufig zu finden sein. Das einzige Adjektiv aus unserer Reihe, das wiederholt in Kombination mit *noise* anzutreffen sein wird, ist *loud*. Daher wäre nach Wilkins die Kombination *loud noise* als Kollokation anzusehen. Er betont aber, daß die Grenze zwischen *möglichen* Kombinationen (wie *rumbling noise*) und *häufigen* Kombinationen (wie *loud noise*) keineswegs eindeutig ist.

Auf eine wichtige Unterscheidung innerhalb der Kollokationen (grammatische vs. lexikalische Kollokationen) weist Benson ("Collocations", 1985) hin. Als grammatische Kollokationen definiert er solche häufig auftretenden Kombinationen, die aus einem dominierenden Teil (Verb, Substantiv oder Adjektiv) und einem beigeordneten Teil bestehen, der typischerweise eine Präposition ist (*abstain from, account for, aim at; admiration for, access to, advantage over; adjacent to, afraid of, amazed at*). Lexikalische Kollokationen enthalten dagegen kein untergeordnetes Element, sondern bestehen normalerweise aus zwei gleichberechtigten lexikalischen Komponenten. Benson nennt drei Haupttypen der lexikalischen Kollokationen: Adjektiv + Substantiv (*chronic alcoholic, pure chance, confirmed bachelor*), Substantiv + Verb (*bees sting, blizzards rage, blood flows*), Verb + Substantiv (*set a record, wind a watch, call an alert*). Wenn in den folgenden Abschnitten von Kollokationen die Rede ist, so sind damit diese drei Haupttypen der lexikalischen Kollokationen gemeint.

2. Fremdsprachliche Problematik von Kollokationen

In Publikationen zur Fremdsprachendidaktik ist verschiedentlich darauf hingewiesen worden, daß der Bereich der Kollokationen außerordentlich fehlerträchtig ist. Diese Problematik wird sowohl in allgemeinen Betrachtungen zum Fremdsprachenunterricht angesprochen als auch in Arbeiten, die sich speziell dem Thema der Kollokationen widmen. So weist Hüllen beispielsweise hin auf „die außerordentliche Bedeutung der Kollokation für den Englischunterricht wie auch die ebenso großen Schwierigkeiten ihrer Vermittlung".[9] Für Geiger, die die Bedeutung des Britischen Kontextualismus für den Fremdsprachenunterricht darstellt, besteht „ein großer Teil der Schwierigkeiten, die der Lerner einer Fremdsprache hat", darin, „daß er zwar einerseits lexikalische Einheiten für entsprechende Begriffe und Dinge kennt, jedoch andererseits oft nicht weiß, welche speziellen lexikalischen Kombinationen in der fremden Sprache üblich bzw. unüblich sind".[10] Autoren, die sich intensiv mit der Rolle der Kollokationen im Fremdsprachenunterricht auseinandergesetzt haben, äußern sich z.T. noch dezidierter. Carstensen behauptet, daß „jeder, der eine fremde Sprache unterrichtet oder gelernt hat", bestätigen wird, „daß im Gebiet der Kollokation eine häufige Fehlerquelle vorliegt";[11] Zimmermann hält die Kenntnis der Kollokationen einer Sprache für die Herausbildung der sprachlichen Kompetenz für unentbehrlich[12], und für Hausmann hängt „differenziertes Verstehen und vor allem sprachrichtiges Sprechen und Schreiben" ab von „der Kenntnis der Syntagmatik der Wörter".[13] Welche Auswirkungen Kollokationsfehler auf die Performanz des Lerners haben, beschreibt Korosadowicz-Struzyńska:

> Errors in the use of word collocations surely add to the foreign flavour in the learner's speech and writing and along with his faulty pronunciation they are the strongest markers of 'an accent'.[14]

Obwohl also die Bedeutung der Kollokationen für den richtigen Sprachgebrauch und die Wichtigkeit ihrer Vermittlung im Fremdsprachenunterricht erkannt sind, sind konkrete Vorschläge für die systematische Kollokationsschulung bisher recht spärlich.[15] Dieser Zustand wird besonders deutlich, wenn man zum Vergleich auf den Bereich der Idiomatik schaut: Hier gibt es eine kaum überschaubare Zahl von Sammlungen idiomatischer Wendungen[16], eine vergleichsweise umfangreiche Literatur[17] und spezielle Übungsbücher.[18] Die Situation für die Idiome ist vermutlich deshalb soviel besser, weil sie leichter zu definieren und damit leichter in ein Verzeichnis zu fassen sind als Kollokationen. Solche Idiomsammlungen bilden die Ausgangsbasis für die Erstellung von Übungsmaterialien. Wie steht es in dieser Beziehung mit den Kollokationen? Gibt es Kollokationsverzeichnisse oder spezielle Kollokationswörterbücher? In welcher Weise finden Kollokationen in ‚normalen' Wörterbüchern Berücksichtigung? Wer würde mit welchen Fragestellungen an (Kollokations-)Wörterbücher herangehen?

Wörterbücher werden sowohl vom *native speaker* wie vom Lerner benutzt. Beide könnten zur Beantwortung der gleichen Fragen in das gleiche Wörterbuch hineinschauen (etwa in das *Concise Oxford Dictionary of Current English* von Sykes), um die korrekte Schreibung von *occurrence* nachzuschlagen oder um sich über die Bedeutung von *parallelepiped* zu informieren). Ein *native speaker* würde jedoch vermutlich äußerst selten wegen einer Kollokation ein Wörterbuch konsultieren. Kein Deutscher käme wohl auf die Idee, sich im Wörterbuch zu vergewissern, daß man im Deutschen eine Diskussion *eröffnet* und nicht *öffnet* oder *aufmacht* – das weiß man als *native speaker* ganz einfach, obwohl man als Grund für die Ablehnung von **Diskussion öffnen* lediglich angeben könnte, daß ‚man es *so* eben nicht sagt‘. Hier aber liegt genau eines der Hauptprobleme für den Lerner – er weiß in vielen Fällen nicht, ob man in der Fremdsprache *so* sagt, oder eher *so*. Will ein Lerner des Englischen beispielsweise zum Ausdruck bringen, daß der Tee reichlich dünn ist, so hätte er die Wahl zwischen *thin tea, feeble tea, pale tea, weak tea, light-brown tea* und dergleichen. Welche dieser Kollokationen ist die ‚richtige‘ bzw. die normale oder übliche? Während die Orthographie oder die Bedeutung mehr oder weniger ausgefallener Wörter sowohl für den *native speaker* als auch für den Lerner problematisch sein können, hat nur der Lerner, nicht aber der *native speaker*, Probleme mit Kollokationen.

> It is the native speaker's experience of his own language that tells him that 'weak tea' is a normal collocation and that 'feeble tea' is not; [...]. Unfortunately for the foreign learner of English, there is no way in which he can be led to 'construct' the collocation 'weak tea', rather than 'feeble tea'. He can learn it only from experience, like the native speaker.[19]

Es dürfte einsehbar sein, daß Kollokationen vor allem in solchen Augenblicken zum Problem werden können, in denen die Fremdsprache produktiv verwendet wird. Wenn der Lerner fremdsprachige Äußerungen liest oder hört, so bereiten darin enthaltene Kollokationen normalerweise selten Verständnisschwierigkeiten. Sind jedoch die produktiven Fertigkeiten wie Sprechen und Schreiben gefordert, so besteht stets[20] die Gefahr, daß falsche oder unübliche Kollokationen produziert werden. Dies gilt im Grunde genommen für den Lerner auf jeder Niveaustufe: Für den Anfänger in den ersten Jahren des Fremdsprachenunterrichts ebenso wie für den fortgeschrittenen Schüler; für den Studenten der Anglistik ebenso wie für die ausgebildete Lehrkraft.[21]

Aus dem Anfangsunterricht dürfte das Beispiel stammen, das Heuer zitiert: „So z.B. findet das Elementarwort *bad* Verwendung in *bad boy, bad marks*, auch in *bad tempered*, nicht aber in Verbindung mit Wörtern wie *room* und *boat*."[22] Ein weiteres Beispiel für diese Stufe erwähnt Doyé: „*Every morning my mother makes the room*, schreibt ein (anderer) Schüler und begeht damit einen typischen Kollokationsfehler."[23] Beispiele für Kollokationsfehler, die meist aus dem Fortgeschrittenenunterricht stammen, werden gelegentlich in der Rubrik "Would you have marked it wrong?" der Zeitschrift *Praxis des neusprachlichen Unterrichts* diskutiert. In einem Fall geht es dort ebenfalls um die Kollokationsmöglichkeiten von *bad*: Die Schülerversion *That was only a bad consolation to him* mußte von der Lehrkraft korrigiert werden zu *poor consolation*, denn "*bad* does not usually collocate with *consolation*".[24] In einem anderen Fall geht es um die Frage, welche Verben mit dem Substantiv *conflict* kollokieren können, wenn die Idee ,einen Konflikt beenden' ausgedrückt werden soll: Hier zeigt sich, daß nicht nur der Schüler, sondern auch die Lehrkraft (als *non-native-speaker*) Probleme mit Kollokationen haben kann. Der Schüler hatte *finish* und *conflict* kombiniert, die Lehrkraft hatte das Verb zu *solve* korrigiert, der *native speaker* sieht sich gezwungen, auch dieses Verb als nicht akzeptabel zu erklären und *resolve (a conflict)* (oder *end* oder *bring to an end*) vorzuschlagen.[25] Weitere Beispiele für Kollokationsfehler aus dieser Rubrik sind **build a contrast*[26] und **handsome inferiority complex*.[27] Korosadowicz-Struzyńska weist auf das Beispiel der mit *speech* kollokierenden Verben hin (*give, make, deliver*, aber nicht **enunciate, *express, *pronounce*)[28], und Channell zitiert als Fehler **put up a campaign*.[29] In mehreren Arbeiten ist die Rede von Problemen, die auch weit fortgeschrittene Lerner des Englischen mit Kollokationen haben.[30] Auf dieser Stufe könnten Kollokationsfehler auftreten wie etwa **commit treachery* (analog gebildet zum üblichen *commit treason*) oder **do graduate studies* (statt *pursue graduate studies*, ebenfalls aufgrund eines Analogieschlusses zu *do graduate work*).[31]

Wie eben schon angedeutet, entstehen Kollokationsprobleme für die Lehrkraft vor allem bei der Korrektur von schriftlichen Schülerleistungen. Während Fehler im Bereich der Grammatik und Orthographie vergleichsweise leicht zu korrigieren sind (wobei im Zweifelsfalle eine ausreichende Anzahl von Korrekturhilfsmitteln zur Verfügung steht), sind Kollokationsfehler, die meist der Kategorie Ausdrucksfehler zugerechnet werden[32], oft schwer zu entdecken und noch schwerer zu korrigieren. Welche Lehrkraft kennt nicht die Situation, in der sie sich angesichts einer vom Schüler verwendeten Kollokation fragt, ,ob man das denn im Englischen so sagen kann'. Häufig wird die Lehrkraft einen Verbesserungsvorschlag parat haben, aber dennoch bleiben nicht geringe Zweifel, ob die Schülerversion als rundweg ,falsch' abzulehnen sei oder ob die fragliche Kollokation lediglich weniger üblich ist als die, die die Lehrkraft verwenden würde. Welche Hilfsmittel stehen nun dem Lerner allgemein bei der schriftlichen fremdsprachlichen Produktion oder speziell der Lehrkraft bei der Korrektur von Kollokationsfehlern zur Verfügung? In welchen Wörterbüchern sind Kollokationen überhaupt berücksichtigt und in welcher Weise bzw. welchem Ausmaß ist dies der Fall?

3. Die Berücksichtigung von Kollokationen in Wörterbüchern

3.1 In diesem Abschnitt wird an einigen ausgewählten Beispielen geprüft, ob bestimmte Kollokationen in verschiedenen Arten von Wörterbüchern berücksichtigt sind. In diesen Vergleichstest werden sieben Wörterbücher einbezogen, und zwar drei allgemeine Wörterbücher und vier Spezialwörterbücher.[33] Im einzelnen handelt es sich um die folgenden Titel:

- *Langenscheidts Handwörterbuch Englisch* von Messinger sowie Messinger/ Rüdenberg (als Vertreter der Kategorie zweisprachiges Wörterbuch);

- *Oxford Advanced Learner's Dictionary of Current English* von Hornby (als Vertreter der Kategorie einsprachiges Lernerwörterbuch);

- *How to Use Your Words* von Pollmann-Laverentz/Pollmann (als Vertreter der Kategorie Wortschatzverzeichnis nach Sachgruppen);

- *The Word Finder* von Rodale (Kollokationswörterbuch);

- *A Dictionary of English Style* von Reum (Kollokationswörterbuch);

- *Dictionary of English Words in Context* von Friederich/Canavan (Kollokationswörterbuch);

- *Oxford Dictionary of Current Idiomatic English* von Cowie/Mackin sowie Cowie/Mackin/McCaig (Kollokationswörterbuch).

Das *Langenscheidt Handwörterbuch* sowie das *OALDCE* brauchen hier nicht mehr vorgestellt zu werden; die übrigen Werke seien jedoch kurz charakterisiert.[34]

POLLMANN: *How to Use Your Words* ist ein Lernwörterbuch in Sachgruppen, dessen ca. 5.400 Stichwörter in eine dreistufige Ordnung eingefügt sind (6 Hauptgruppen, 38 Sachgebiete, 201 Sachbereiche); in einem Index wird für jedes Stichwort auf den entsprechenden Sachbereich verwiesen. Das Wörterbuch ist dreispaltig angelegt: links finden sich die Stichwörter, in der Mitte die deutschen Entsprechungen. Die Anwendungsbeispiele in der rechten Spalte „zeigen das Einzelwort in Verbindungen mit anderen Wörtern (*collocations*), in festen Wendungen (*fixed phrases*), in idiomatischen Ausdrücken (*idioms*), und auch eingebettet in einen Satz".[35]

Word Finder: Über den Zweck, den Rodale mit seinem Spezialwörterbuch verfolgt, gibt das Vorwort deutlich Auskunft: "The Word Finder has been created to improve a writer's style by adding to the bare-essential words of a sentence."[36] Das Wörterbuch verzeichnet alphabetisch Substantive, Verben und Adjektive und gibt für jedes Stichwort (mindestens) eine Liste von Wörtern, die mit ihm zusammen gebraucht werden können und die es spezifizieren. Zum Substantiv *house* beispielsweise werden zum einen Adjektive aufgelistet, die *house* näher bestimmen können, zum anderen Verben, zu denen *house* entweder Subjekt oder Objekt sein kann. Zu Verben und Adjektiven werden jeweils nur Adverbien angeführt; daher finden sich z.b. beim Adjektiv *smooth* nicht etwa Substantive, die *smooth* sein können, sondern die Adverbien, die mit *smooth* zusammen verwendet werden können (z.b. *amiably, obsequiously, superficially*). Desgleichen finden sich bei Verben nicht die Substantive, die in Subjekt- oder Objektfunktion mit dem Verb kollokieren, sondern lediglich die möglichen Adverbien. Bei *declare* sind dies beispielsweise nicht weniger als 44 Stück (z.b. *formally, enthusiastically, unanimously*). An diesen Beispielen wird deutlich, was gemeint ist, wenn im Vorwort die Rede ist von "augmentatives", die zu jedem Stichwort gegeben werden: *The Word Finder* will den Stil des (potentiellen) Schriftstellers verbessern und ‚erhöhen‘, indem er zur Differenzierung der Ausdrucksweise beiträgt.[37]

REUM: Das *Dictionary of English Style* „verfolgt in erster Linie das Ziel, den englischen Aufsatzunterricht in den deutschen höheren Schulen zu fördern".[38] Es ist also nicht, wie *The Word Finder*, für den *native speaker* konzipiert, sondern für den Fremdsprachenlerner; daher weist es eine ganze Reihe von Bedeutungsangaben und Übersetzungen auf. Zu den einzelnen Stichwörtern wird eine Vielzahl von Informationen gegeben; bei Substantiven z.B. Synonyme; Attribute; mit dem Stichwort im Sachzusammenhang stehende Begriffe; Verben, zu denen das Stichwort Subjekt oder Objekt sein kann; freiere oder festere Wendungen, in denen das Stichwort auftaucht; sowie Zusammensetzungen und abgeleitete Wörter.

FRIEDERICH: Im Vorwort wird deutlich gemacht, daß dieses Wörterbuch vor allem ein Hilfsmittel für Lehrende und Lernende bei der Bewältigung von Kollokationen sein will: „Wir wissen, daß der schwierigste Baustein zusammenhängender Texte nicht die Einzelwörter oder die Regeln der Grammatik sind, sondern die Redewendungen oder Kollokationen – die Verbindungen, die Wörter miteinander eingehen."[39] Die Stichwörter sind alphabetisch geordnet; die einzelnen Bedeutungen des Stichworts sind durch Ziffern (1), (2), (3) usw. unterschieden. Die Stichwortartikel bestehen im Grunde genommen ausschließlich aus Kollokationen und Beispielsätzen. Beispiele, die eine unveränderliche (idiomatische) Form haben, sind gesondert gekennzeichnet. Bezüglich der Einordnung der Kollokationen wird in der Regel so verfahren, daß Kombinationen aus Adjektiv + Substantiv unter dem Substantiv verzeichnet sind und Kombinationen von Adverb + Verb, Substantiv + Verb sowie Verb + Substantiv jeweils unter dem Verb.

Oxford Dictionary of Current Idiomatic English: Dieses Spezialwörterbuch besteht aus zwei Bänden (Vol. 1: *Verbs with Prepositions and Particles;* Vol. 2: *Phrase, Clause and Sentence Idioms*), die in einem Abstand von acht Jahren erschienen sind. Wenn Mackin mit Bezug auf den ersten Band behauptet, das *ODCIE* sei "essentially a dictionary of collocations"[40], so muß diese Feststellung hier etwas relativiert werden: Der erste Band enthält als Stichwörter zwar Kollokationen, aber dabei handelt es sich fast ausschließlich um grammatische Kollokationen. Auch die Einträge des zweiten Teils verzeichnen keine (lexikalischen) Kollokationen, sondern vielmehr idiomatische Wendungen. Der kollokationelle Aspekt kommt erst dort zum Tragen, wo für die als Stich„wörter" verzeichneten Wendungen (wie z.B. *deal with, keep on, put up* aus Bd. 1 oder *without further ado, ride a tiger, a prophet of doom* aus Bd. 2) Angaben dazu gemacht werden, mit welchen Substantiven (Subjekt, Objekt), Verben usw. die Wendungen *als ganze* kollokieren können. Einfache Kollokationen vom Typ Adjektiv + Substantiv oder Verb + Substantiv (Objekt) sind nur in solchen Fällen zu finden, wo sie idiomatischen Charakter besitzen, d.h. wo die Bedeutung über die einfache Summe der Einzelbedeutungen hinausgeht. So sind z.B. *a hard life* und *gain ground* verzeichnet; zu *a hard life* finden sich als mögliche Verbkollokatoren *lead, live, have;* zu *gain ground* als mögliche Subjektkollokatoren *army, force; idea, notion; change, development; revolution.*

3.2 Das Material für den Wörterbuch-Test ist aus den in Abschnitt 2 angeführten Kollokationen bzw. Kollokationsfehlern ausgewählt. Es soll geprüft werden, ob in den oben genannten Wörterbüchern die folgenden Kollokationen vertreten sind: *weak tea;* 2. *do a/the room;* 3. *poor consolation;* 4. *deliver a speech;* 5. *resolve a conflict.*

3.2.1 weak tea

LangHWb: Im Teil E-D findet sich unter *weak* 4 die Bedeutungsangabe ‚schwach, dünn' mit dem Zusatz (*Tee* etc.).

OALDCE: Unter *weak* 3 (of mixed liquids or solutions) finden sich nach den Bedeutungsangaben 'watery; having little of some substance in relation to the water, etc.' die Kollokationen *weak tea/beer* und *a weak solution.*

POLLMANN: Das Stichwort *tea* ist in zwei Sachbereichen genannt (24 *food and drink,* 25 *meals*), *weak* in einem (27 *health, illness*). Die Kollokation *weak tea* ist jedoch an den genannten Stellen nicht erwähnt.

Word Finder: Unter *tea* ist *weak* in der Adjektivliste nicht verzeichnet, aber es findet sich ein Verweis auf die Einträge *coffee, drink, beverage.* Unter *coffee* ist dann u.a. auch *weak* aufgelistet.

REUM: Unter *tea* sind die Kollokationen *strong tea, weak tea, hot tea, cold tea* u.a. verzeichnet.

FRIEDERICH: Das Stichwort *tea* fehlt hier; unter *weak* (5) sind verzeichnet *weak tea/coffee/wine/brandy* und *a weak infusion*.

ODCIE: Mit *tea* ist eine Reihe idiomatischer Wendungen verzeichnet (wie *another cup of tea, not for all the tea in China, a storm in a tea cup*). Die Kollokation *weak tea* ist nicht verzeichnet.

3.2.2 do a/the room

LangHWb: Im Teil E–D findet sich unter *do* 6 als Bedeutungsangabe ‚herrichten, in Ordnung bringen, (zurecht)machen, Speisen zubereiten‘; daneben ist die Kollokation *to do the room* ‚ein Zimmer aufräumen oder ‚machen'‘ angegeben.

OALDCE: Unter den Bedeutungsangaben für *do* finden sich: 2(f) 'put in order; arrange': *Please do the flowers.* 2(g) 'make tidy': *Go and do your hair.* 2(h) 'clean, sweep, brush, etc.': *Have you done your teeth?* Die Kollokation *do a/the room* fehlt zwar, könnte aber aufgrund von 2(f-h) erschlossen werden.

POLLMANN: In drei Sachbereichen (122 *hotel*, 135 *live*, 137 *room*) ist *room* verzeichnet, in zwei Sachbereichen *do* (25 *meals*, 186 *action*). Unter den insgesamt rund 20 angegebenen Kollokationen sucht man aber *do a/the room* vergeblich.

Word Finder: Unter *room* werden 28 Verben gegeben, aber *do* ist nicht darunter. Auch auf dem Umweg über Wörter, auf die verwiesen wird (u.a. *kitchen, chamber, hall, bedroom*), ist die Kollokation mit *do* nicht zu finden.

REUM: Unter *room* (2) ‚Zimmer‘ finden sich u.a. die Kollokationen *clean/tidy/do a room* sowie der weitere Beispielsatz *Has the maid done the room?*

FRIEDERICH: Unter *do* (5a clean, tidy) finden sich u.a. die Kollokationen *do a room/the stairs/the windows/the garden*.

ODCIE: Das Stichwort *room* taucht in einer Reihe von idiomatischen Wendungen auf (wie z.B. *no room to swing a cat, there is always room at the top*), aber die gesuchte Kollokation ist nicht verzeichnet. Dies gilt auch, wenn unter den Wendungen mit *do* nachgeschlagen wird.

3.2.3 poor consolation

LangHWb: Im Teil E–D ist unter *consolation* auch die Kollokation *poor consolation* mit der Bedeutungsangabe ‚schlechter od. schwacher Trost‘ aufgeführt. Ein weiteres Mal findet sich die fragliche Kollokation unter *poor* 4. *fig.*

OALDCE: Weder unter *consolation* noch unter *poor* ist die fragliche Kollokation zu finden.

POLLMANN: Das Stichwort *consolation* ist nicht verzeichnet; *poor* findet sich im Sachbereich 107 (*income*) in den Wendungen *be very poor, a poor man, the poor.*

Word Finder: Unter den mit *consolation* kollokierenden Adjektiven findet sich zwar *feeble*, nicht aber *poor.* Verwiesen wird auf *solace, comfort, relief, support;* unter den mit *comfort* kollokierenden Adjektiven ist dann auch *poor* verzeichnet.

REUM: Die gesuchte Kollokation ist nicht unter *consolation* zu finden, sondern unter *poor* (fig.): *a poor excuse/result/consolation.*

FRIEDERICH: Das Stichwort *consolation* gibt es nicht; die gesuchte Kollokation findet sich aber unter *poor* (2) 'bad': *that is a poor consolation.*

ODCIE: Im Zusammenhang mit *consolation* ist hier nur *a consolation prize* verzeichnet. Außerdem findet sich das der gesuchten Kollokation bedeutungsähnliche *cold comfort.*

3.2.4 deliver a speech

LangHWb: Im Teil D–E findet sich unter *halten* auch *eine Rede halten: deliver an address, deliver/make a speech.*

OALDCE: Hier ist die gesuchte Kollokation nicht verzeichnet; es finden sich lediglich *make a speech* (unter *speech*) und *deliver a sermon/course of lectures* (unter *deliver*).

POLLMANN: Im Sachbereich 59 (*language*) ist *speech* in der Kollokation *give* (or: *make*) *a speech* verzeichnet, im Sachbereich 89 (*sitting*) findet sich *make* (= *deliver*) *a speech.*

Word Finder: Neben einer großen Anzahl von Adjektiven finden sich ca. 30 Verben, zu denen *speech* Objekt sein kann, darunter auch *deliver.*

REUM: Hier finden sich unter *speech* die Kollokationen *to make/write/set up/ compose/utter/deliver a speech.*

FRIEDERICH: Unter *speech* (3) sind genannt: *make/deliver/improvise a* (Adj.) *speech.*

ODCIE: Das Stichwort *speech* findet sich in drei Einträgen: *free speech, make* etc., *a speech, (speech is silver but) silence is golden.* Im Artikel *make* etc. *a speech* werden nach der Bedeutungsangabe als Alternativen zu *make* die beiden Verben *deliver* und *give* angegeben.

3.2.5 resolve a conflict

LangHWb: Weder über den Teil E–D noch über den Teil D–E läßt sich die Kollokation ermitteln.

OALDCE: Unter *resolve 3* findet sich die Angabe 'put an end to (doubts, difficulties, etc.) by supplying an answer'; es werden jedoch keine Beispielsätze oder -kollokationen gegeben.

POLLMANN: Hier sind weder *conflict* noch *resolve* als Stichwörter vertreten.

Word Finder: Unter den 14 Verben, die *conflict* als Objekt haben können, ist lediglich *end*, nicht aber *resolve* verzeichnet.

REUM: Unter *resolve* werden als mögliche Kollokate *question, problem, difficulty, doubtful point* gegeben, nicht aber *conflict*.

FRIEDERICH: Das Stichwort *conflict* fehlt, aber unter *resolve* (2) findet sich eine lange Liste von Objekten: *a mystery/question/[...]/conflict/dispute/*etc.

ODCIE: Zu *conflict* findet sich nur *see both sides (of the conflict)*.

3.3 Das Ergebnis des ‚Tests' ist übersichtlich in Tab. 1 dargestellt[41] und läßt sich in folgenden Punkten zusammenfassen und bewerten:

1. Am vollständigsten werden Kollokationen offenbar vom *Dictionary of English Words in Context* erfaßt. Alle fünf gesuchten Kollokationen waren dort verzeichnet.

	LangHWb	*OALDCE*	POLLMANN	*The Word Finder*	REUM	FRIEDERICH	*ODCIE*
weak tea	+	+	−	(+)	+	+	−
do a/the room	+	(+)	−	−	+	+	−
poor consolation	+	−	−	(+)	+	+	−
deliver a speech	+	−	+	+	+	+	+
resolve a conflict	−	−	−	−	−	+	−

Tabelle 1

2. Ähnlich gut schnitten das *Dictionary of English Style* und das *Langenscheidt Handwörterbuch Englisch* ab. Hier überrascht m. e., welch gute Dienste ein zweisprachiges Wörterbuch der Art des *LangHWb* bei der Bewältigung von Kollokationen leisten kann.

3. Erstaunlich schlecht ist das Abschneiden des *Oxford Advanced Learner's Dictionary of Current English*. Hier scheint eine Verbesserung bei der Berücksichtigung der Kollokationen angezeigt, um dem Lerner die erforderliche Hilfestellung geben zu können (s. u.).

4. Daß das *Oxford Dictionary of Current Idiomatic English* so schlecht dasteht, darf angesichts der Erläuterungen in 3.1 nicht überraschen; die Erfassung von Kollokationen (wie sie hier verstanden werden) ist von der Konzeption her nicht vorgesehen.

5. *How to Use Your Words* muß als *Lern*wörterbuch zwangsläufig die Anzahl der Einträge beschränken; ebenso sind dem Umfang eines solchen Wörterbuchs natürliche Grenzen gesetzt. Dies dürfte erklären, warum eine Reihe von Stichwörtern sowie vier der gesuchten Kollokationen nicht berücksichtigt sind.

Überlegungen zu der Frage, in welcher Weise Kollokationen in Wörterbüchern bisher verzeichnet gewesen sind bzw. verzeichnet sein sollten, stellt auch Benson an. Seine Position soll hier abschließend zusammengefaßt und kommentiert werden:

a) Generell sollten Wörterbücher nur ‚echte' Kollokationen verzeichnen und keinerlei freie Konstruktionen aufnehmen. – Daß hier eine enorme Schwierigkeit bei der Abgrenzung besteht, sollte oben deutlich geworden sein.

b) Grammatische Kollokationen sollten unter dem dominierenden Bestandteil (also Verb, Substantiv, Adjektiv) aufgenommen werden; lexikalische Kollokationen sollten allesamt jeweils unter dem Substantiv aufgeführt werden. – Eine generelle Verfahrensweise wäre hier in der Tat wünschenswert, da sonst dem Benutzer oft ein mehrfaches Nachschlagen nicht erspart werden kann.[42]

c) Bezüglich der grammatischen Kollokationen stellt Benson fest, daß die führenden Lernerwörterbücher des Englischen (das *Dictionary of Contemporary English* von Procter und das *OALDCE*) diese in befriedigender Weise berücksichtigen. Die Behandlung bzw. Berücksichtigung lexikalischer Kollokationen sei dagegen bisher in solchen Wörterbüchern außerordentlich unbefriedigend. – Diese Feststellung kann aufgrund der Ergebnisse des hier durchgeführten Tests zumindest für das *OALDCE* bestätigt werden.[43]

4. Schlußbemerkung

In diesem Beitrag stand die Behandlung der Kollokationen in Wörterbüchern im Mittelpunkt; mit dem Problem der Behandlung von Kollokationen im Unterricht haben wir uns nicht beschäftigen können. In diesem Bereich gibt es einige erfreuliche Ansätze sowie konkrete Vorschläge für Übungen;[44] dennoch bleiben m.E. für die von vielen Seiten geforderte syntagmatisch orientierte Wortschatzarbeit die folgenden Desiderate:

- In allgemeinen (Lerner-)Wörterbüchern des Englischen müßten Kollokationen stärker berücksichtigt werden.

- Es gibt ein gutes *Lerner*wörterbuch der Kollokationen (*Dictionary of English Words in Context*) – nötig wäre darüber hinaus ein entsprechendes *Lern*wörterbuch.[45]

- Es müßte unbedingt vielfältiges Übungsmaterial zu den Kollokationen erstellt werden. Hier zeigt sich nämlich derzeit eine etwas paradoxe Situation: Obwohl Idiome vom Lerner nur gelegentlich und mit Vorsicht verwendet werden sollten[46], ist Übungsmaterial für das Idiomtraining vorhanden; Kollokationen dagegen müssen zwangsläufig häufig verwendet und aktiv beherrscht werden – Übungsmaterial, das die Verwendung von Kollokationen trainiert, ist bisher jedoch noch Mangelware.

Anmerkungen

* Für kritische Hinweise und Verbesserungsvorschläge danke ich Ocke Bohn, Hartmut Burmeister, Birga Müller, Ulli Sibilis und Detlef van den Bergh.
1 Firth, J. R.: *Papers,* S. 197.
2 Lyons, J.: *Semantics,* S. 612.
3 *Handbuch der Linguistik,* S. 215.
4 Welte, W.: *Moderne Linguistik,* S. 248. Auch Welte ist offenbar der Meinung, daß Firth nicht sonderlich klar ist: „Der erstmals von J. R. Firth verwendete Terminus meint *in etwa* die assoziative Verbindung von Wörtern [...]" und „Kollokationen können also *grob* als (immer wiederkehrende) Kopplungen bzw. Patterns von Wortassoziationen [...] angesehen werden." (Hervorhebungen vom Vf.)
5 Lyons, J.: *New Horizons,* S. 318.
6 Firth, J. R.: "Synopsis", S. 12.
7 Es gibt allerdings auch eine Interpretation des Begriffs Kollokation, bei der er als Oberbegriff für jegliche Art der üblichen Verbindung von Wörtern gesehen wird, so daß dann die Idiome eine Unterart von Kollokationen sind. Vgl. z.B. Wilkins, D. A.: *Linguistics,* S. 129 und Robins, R. H.: *General Linguistics,* S. 70.

8 Zu diesem Kriterium zur Bestimmung von Idiomen vgl. z.B. Bolinger, D.: *Aspects,* S. 100; Wilkins, D. A.: *Linguistics,* S. 129; Benson, M.: "Collocations", S. 66.

9 Hüllen, W.: *Linguistik,* S. 172.

10 Geiger, A.: *Kontextualismus,* S. 89.

11 Carstensen, B.: „Wortschatzarbeit", S. 194.

12 Zimmermann, M.: „Begriff der Kollokation", 67/68.

13 Hausmann, F. J.: „Wortschatzlernen", 406.

14 Korosadowicz-Strużyńska, M.: "Word Collocations", 115.

15 Zu nennen wären hier vor allem Rudzka et al. sowie Brown, McKay, Channell und, mit Einschränkungen, Thomas und Götz.

16 Die folgende Aufzählung neuerer Titel erhebt keinen Anspruch auf Vollständigkeit: Seidl/McMordie, London/Summers, Wood/Hill, Quinault, Kirkpatrick/Schwarz, Cowie/Mackin/McCaig.

17 Es sei hier pauschal auf die beiden Themenhefte zur Idiomatik der Zeitschriften *Die Neueren Sprachen* (Jg. 78, Heft 6, Dezember 1979) und *Sprache und Literatur in Wissenschaft und Unterricht* (16. Jahrgang, Heft 56, 1985) hingewiesen, über die weitere Literatur leicht zu erschließen ist.

18 Z.B. Seidl, Hieke/Lattey, Peaty.

19 Mackin, R.: "On Collocations", S. 150.

20 Vgl. Korosadowicz-Strużyńska, M.: "Word Collocations", 114, die behauptet, daß Kollokationen praktisch in jeder Äußerung bzw. jedem Satz vorkommen.

21 Die Verwendung von *Lehrkraft* ist eine m.E. glückliche Lösung des Problems, daß stets sowohl Lehrer wie Lehrerinnen gemeint sind. Da jedoch ähnlich neutrale Begriffe für Anfänger(in), Schüler(in), Lerner(in), Student(in) nicht vorhanden bzw. mir nicht bekannt sind, sehe ich mich gezwungen, die (angeblich) männlichen Formen zu verwenden, obwohl natürlich jeweils Männlein und Weiblein gemeint sind.

22 Heuer, H.: *Lerntheorie,* S. 96.

23 Doyé, P.: *Wortschatzvermittlung,* S. 90.

24 Speight, St.: "Would you...? (Schlüssel)", 1977, 57.

25 Vgl. Speight, St.: "Would you...? (Schlüssel)", 1978, 170.

26 Vgl. Speight, St.: "Would you...?", 1983, 233.

27 Vgl. Speight, St.: "Would you...?", 1980, 385.

28 Vgl. Korosadowicz-Strużyńska, M.: "Word Collocations", 113.

29 Vgl. Channell, J.: "Semantic Theory", 115.

30 So. z.B. bei Götz, Thomas, Alexander und, für das Französische, bei Möhle.

31 Vgl. Benson, M.: "Collocations", S. 64.

32 Vgl. Hurst, H., Nissen, R., Schulz, U.: *Oberstufenarbeiten,* S. 56.

33 Über die verschiedenen Arten von Spezialwörterbüchern informiert Hausmann, „Lexikographie". Er stellt eine Reihe von syntagmatischen Spezialwörterbüchern vor, darunter auch eine Anzahl von Kollokationswörterbüchern. Für das Englische nennt er Rodale, Reum, Friederich/Canavan sowie Cowie/Mackin und Cowie/Mackin/McCaig.

34 Die im folgenden verwendeten Kennzeichnungen beziehen sich teilweise auf die Autoren (REUM, FRIEDERICH, POLLMANN), teilweise auf die Titel (*LangHWb, OALDCE, ODCIE, Word Finder*). Das ist zwar inkonsequent, aber – so hoffe ich – leserfreundlicher als die Kreation neuer Titelabkürzungen wie etwa *DEWC, DES* oder gar *HUYW.*

35 Pollmann-Laverentz, C., Pollmann, F.: *How to Use...,* S. 2.

36 Rodale, J. I.: *Word Finder*, S. VII.
37 Wie dies in der Praxis funktionieren und zu welcher Art von Ergebnis die Arbeit mit diesem Wörterbuch führen kann, wird im Vorwort (S. VIII/IX) am Beispiel des Satzes *His cheerful character charmed me very much* demonstriert. Nach intensiver Arbeit mit dem *Word Finder* könnte daraus so etwas Schönes werden wie *His piquant charm was of a perplexingly elusive character, haunting, subtle; yet its very intensity was irresistible.* Wie gesagt, der Adressat ist der "aspiring writer", nicht der Fremdsprachenlehrer oder -lerner.
38 Reum, A.: *English Style*, S. III.
39 Friederich, W.: *English Words*, S. III.
40 Mackin, R.: "On Collocations", S. 149.
41 Die in der Tabelle verwendeten Zeichen +, −, (+) bedeuten ‚ist verzeichnet‘, ‚ist nicht verzeichnet‘, ‚ist nicht verzeichnet, kann aber erschlossen werden‘. Daß die Ergebnisse des Tests in keiner Weise als repräsentativ gelten können, ist selbstverständlich. Dennoch wird sich die aufgezeigte Tendenz bei Berücksichtigung weiterer Kollokationen sicher nicht ins Gegenteil verkehren.
42 Bensons Argumentation für die Aufnahme beim jeweiligen Substantiv ist recht einleuchtend: Die Frage, mit der der Benutzer ans Wörterbuch herangeht, sei normalerweise etwa "which verb collocates with *plea*? Or: What does one do to a *plea*? The answer, of course, is *enter* (*make*) *a plea*." (Benson, M.: "Collocations", S. 65)
43 Es muß hier allerdings eingeräumt werden, daß sich die ‚Wörterbuch-Macher‘ in diesem Punkt in einem Dilemma befinden, auf das Cowie hinweist: In einem "general dictionary" (wie dem *OALDCE*) könne Platz für eine ausführlichere Darstellung der Kollokationen nur geschaffen werden auf Kosten der grammatischen Informationen, die auch gegeben werden müßten. Eine solche Lösung sei jedoch mit Recht als inakzeptabel anzusehen. (Vgl. Cowie, A. P.: "The Place...", S. 131.)
44 Vgl. die in Anmerkung 15 genannten Titel.
45 Auf die Unterscheidung zwischen *Lerner*wörterbuch und *Lern*wörterbuch hat jüngst auch Zöfgen hingewiesen; er charakterisiert die „häufig anzutreffende Gleichsetzung von *Lern*- und *Lerner*wörterbuch als unzulässige Vermischung von Adressat und Funktion" („Was ist ein Lernwörterbuch?", S. 70).
46 Vgl. Gutschow, H.: *Methodik*, S. 97. Um Mißverständnissen vorzubeugen, sei darauf hingewiesen, daß die Verwendung von Idiomen etwas anderes ist als die Verwendung von idiomatischem Englisch. Idiomatisches Englisch ist u. a. auch durch Sicherheit im Bereich der Kollokationen gekennzeichnet.

Literaturverzeichnis

Alexander, R.: "Fixed Expressions in English: a Linguistic, Psycholinguistic, Sociolinguistic and Didactic Study (Part 1)". *anglistik & englischunterricht. 6. Linguistik in der Anwendung.* Trier, 1978, S. 171–188.

–: "Phraseological and Pragmatic Deficits in Advanced Learners of English: Problems of Vocabulary Learning?". *Die Neueren Sprachen* 84, 1985, 613–621.

Benson, M.: "Collocations and Idioms". – In Ilson, R. (Ed.): *Dictionaries, Lexicography and Language Learning*. Oxford, New York, Toronto, 1985, S. 61–68.

Bolinger, D.: *Aspects of Language.* New York, ²1975.

Brown, D. F.: "Advanced Vocabulary Teaching: The Problem of Collocation". *Regional English Language Centre Journal* 5, 1974, 1–11.

Carstensen, B.: „Englische Wortschatzarbeit unter dem Gesichtspunkt der Kollokation". *Neusprachliche Mitteilungen* 23, 1970, 193–202.

Channell, J.: "Applying Semantic Theory to Vocabulary Teaching". *English Language Teaching Journal* 35, 1981, 115–122.

Chomsky, N.: *Aspects of the Theory of Syntax.* Cambridge/Mass., 1965.

Coseriu, E.: „Lexikalische Solidaritäten". *Poetica* 1, 1967, 293–303.

Cowie, A. P.: "The Place of Illustrative Material and Collocations in the Design of a Learner's Dictionary". – In Strevens, P. (Ed.): *In Honour of A. S. Hornby.* Oxford, 1978, S. 127–139.

Cowie, A. P., Mackin, R.: *Oxford Dictionary of Current Idiomatic English.* Vol. 1: *Verbs with Prepositions and Particles.* London, 1975.

Cowie, A. P., Mackin, R., McCaig, I. R.: *Oxford Dictionary of Current Idiomatic English.* Vol. 2: *Phrase, Clause and Sentence Idioms.* Oxford, 1983.

Doyé, P.: *Systematische Wortschatzvermittlung im Englischunterricht.* Hannover, Dortmund, 1971.

Firth, J. R.: "A Synopsis of Linguistic Theory 1930–1955". – In ders.: *Studies in Linguistic Analysis.* Oxford, 1957, S. 1–32.

–: *Papers in Linguistics, 1934–1951.* London, 1957.

Friederich, W., Canavan, J.: *Dictionary of English Words in Context.* Dortmund, 1979.

Geiger, A.: *Britischer Kontextualismus und Fremdsprachenunterricht. Darstellung und Bedeutung für die sprachpraktische Ausbildung des Englischlehrers.* Berlin, 1979.

Götz, D.: „Textbezogenes Lernen: Aspekte des Fremdsprachenerwerbs fortgeschrittener Lernender". *Die Neueren Sprachen* 75, 1976, 471–484.

Gutschow, H.: *Eine Methodik des elementaren Englischunterrichts. Probleme und Arbeitsformen.* Berlin, 1978.

Handbuch der Linguistik. Zusammengestellt von H. Stammerjohann. München, 1975.

Hausmann, F. J.: „Wortschatzlernen ist Kollokationslernen. Zum Lehren und Lernen französischer Wortverbindungen". *Praxis des neusprachlichen Unterrichts* 31, 1984, 395–406.

–: „Lexikographie". – In Schwarze, Ch., Wunderlich, D. (Eds.): *Handbuch der Lexikologie.* Königstein/Ts., 1985, S. 367–411.

Heuer, H.: *Lerntheorie des Englischunterrichts. Untersuchungen zur Analyse fremdsprachlicher Lernprozesse.* Heidelberg, 1976.

Hieke, A. E., Lattey, E.: *Using Idioms: Situationsbezogene Redensarten.* Tübingen, 1983.

Hornby, A. S.: *Oxford Advanced Learner's Dictionary of Current English.* London, ³1974.

Hüllen, W.: *Linguistik und Englischunterricht.* Bd. 1: *Didaktische Analysen.* Heidelberg, 1971.

Hurst, H., Nissen, R., Schulz, U.: *Oberstufenarbeiten Englisch. Von der Textauswahl bis zur Bewertung.* Dortmund, 1979.

Kirkpatrick, E. M., Schwarz, C. M.: *Chambers Idioms.* Edinburgh, 1982.

Korosadowicz-Strużyńska, M.: "Word Collocations in FL Vocabulary Instruction". *Studia Anglica Posnaniensia* 12, 1980, 109–120.

London, T. H., Summers, D. (Eds.): *Longman Dictionary of English Idioms.* London, 1979.

Lyons, J. (Ed.): *New Horizons in Linguistics.* Harmondsworth, 1970.

–: *Semantics.* Vol. 2. Cambridge, 1977.

Mackin, R.: "On Collocations: 'Words Shall Be Known by the Company They Keep'". – In Strevens, P. (Ed.): *In Honour of A. S. Hornby.* Oxford, 1978, S. 149–165.

McKay, S.: "Teaching the Syntactic, Semantic and Pragmatic Dimensions of Verbs". *TESOL Quarterly* 14, 1980, 17–26.

Messinger, H.: *Langenscheidts Handwörterbuch Englisch.* Teil II: *Deutsch-Englisch.* Berlin, ⁹1967.

Messinger, H., Rüdenberg, W.: *Langenscheidts Handwörterbuch Englisch.* Teil I: *Englisch-Deutsch.* Berlin, ⁵1967.

Mitchell, T. F.: "Linguistic 'Goings on': Collocations and Other Lexical Matters Arising on the Syntagmatic Record". *Archivum Linguisticum* 2, 1971, 35–69.

Möhle, D.: „Die Bedeutung von Gebrauchsnormen für die Förderung der fremdsprachlichen Ausdrucksfähigkeit fortgeschrittener Lerner des Französischen". *Die Neueren Sprachen* 84, 1985, 622–635.

Peaty, D.: *Working with English Idioms.* Walton-on-Thames, 1983.

Pollmann-Laverentz, C., Pollmann, F.: *How to Use Your Words.* Dortmund, 1982.

Porzig, W.: „Wesenhafte Bedeutungsbeziehungen". *Beiträge zur Geschichte der deutschen Sprache und Literatur* 58, 1934, 70–97.

Procter, P. (Ed.): *Longman Dictionary of Contemporary English.* Harlow, 1978.

Quinault, R. J.: *1000 englische Redensarten.* Berlin, 1979.

Reum, A.: *A Dictionary of English Style.* Leipzig, 1931.

Robins, R. H.: *General Linguistics.* London, 1964.

Rodale, J. I.: *The Word Finder.* Emmaus, 1947.

Rudzka, B., Channell, J., Putseys, Y., Ostyn, P.: *The Words You Need.* London, 1981.

Seidl, J.: *Idioms in Practice.* Oxford, 1982.

Seidl, J., McMordie, W.: *English Idioms and How to Use Them.* Oxford, 1978.

Speight, St.: "Would You Have Marked It Wrong? – Schlüssel". *Praxis des neusprachlichen Unterrichts* 24, 1977, 56–57.

–: "Would You Have Marked It Wrong? – Schlüssel". *Praxis des neusprachlichen Unterrichts* 25, 1978, 169–170.

–: "Would You Have Marked It Wrong?". *Praxis des neusprachlichen Unterrichts* 27, 1980, 385.

–: "Would You Have Marked It Wrong?". *Praxis des neusprachlichen Unterrichts* 30, 1983, 233.

Sykes, J. B.: *Concise Oxford Dictionary of Current English.* London, ⁷1982.

Thomas, H.: "Developing the Stylistic and Lexical Awareness of Advanced Students". *English Language Teaching Journal* 38, 1984, 187–191.

Welte, W.: *Moderne Linguistik: Terminologie/Bibliographie.* 2 Bde. München, 1974.

Wilkins, D. A.: *Linguistics in Language Teaching.* London, 1972.

Wood, F. T., Hill, R.: *Dictionary of English Colloquial Idioms.* London, 1979.

Zimmermann, M.: „Zum Begriff der Kollokation in der Sprachwissenschaft und der Glottodidaktik". *Glottodidactica* 14, 1981, 61–68.

Zöfgen, E.: „Was ist ein Lernwörterbuch?". – In Kühlwein, W. (Ed.): *Neue Entwicklungen der Angewandten Linguistik.* Tübingen, 1986, S. 69–71.

Richard J. Alexander, Trier

Problems in Understanding and Teaching Idiomaticity in English*

0. Introduction: Two types of idiomaticity

Initially it might be useful to state if or why we should view idiomaticity as a 'problem'. If we do decide to employ the metaphor 'problem', we will need to ask what objectives or interests we are pursuing. In linguistic terms 'problem' may collocate with 'difficulty', 'exception' and even words like 'idiosyncrasy'. But to view idiomaticity from the beginning in this light is to accept the assumption underlying the metaphor 'problem'. There are people in lexicology, pragmatics and even idiomatology who feel this to be an unnecessarily limiting view of idiomaticity. They would prefer to stress the 'normality' of idiomaticity; to draw attention to the fact of idiomaticity as a universal feature of all languages. For once one casts one's eyes beyond the bounds of English, to take in other languages, one will discover that English is no more idiomatic than any other language – despite what some teachers (and of course learners) of English claim to be the case about English vis-à-vis other languages. So, in general linguistic theory idiomaticity is a feature of language which is worthy of study in its own right.

In this context we shall be considering the applied side of idiomaticity. Despite what we have said concerning the issue of 'normality' most of the work undertaken in the area of EFL-teaching has been guided by the 'difficulty' or 'problem' metaphor, for idioms still remain a hard nut to crack from the point of view of the learner and the teacher.

There has been a resurgence of very detailed interest in vocabulary learning in the past ten years and a further group of activities which has flourished during this period is also worthy of mention, namely, the work done in lexicography and, more especially, in the area of learners' dictionaries and the many specialized dictionaries that have been appearing on the market. It is the task of the applied linguist to attempt to mediate between these two spheres: the potential pitfalls and difficulties posed for the learner and the accompanying response of the EFL-teacher, on the one hand, and the offerings of the publishers in the form of dictionaries and reference works, on the other.

But before we go on to discuss this contribution in more detail – referring to what we might most usefully call "type one idiomaticity" – we do well to mention briefly the phenomenon of what we might term "type two idiomaticity". This is related to the phenomenon of "naturalness" in language.[1] Another aspect of this feature is what Pawley and Syder refer to as "nativelike selection". As they say:

> Only a small proportion of the total set of grammatical sentences are native-like in form – in the sense of being readily acceptable to native informants as ordinary, natural forms of expression, in contrast to expressions that are grammatical but are judged to be 'unidiomatic', 'odd' or 'foreignisms'.[2]

The relevance of the analysis of "naturalness" in language for L2 learning in general has been acknowledged explicitly by workers in the field.[3] It remains however difficult to pinpoint in exact terms. This point needs emphasizing: we all seem, qua native speakers, to know what is meant by 'unidiomatic language'. The notion has been widely discussed in grammar circles for some time. Consider this statement from Fowler:

> In this book, an 'idiom' is any form of expression that has established itself as the particular way preferred by English men (and therefore presumably characteristic for them) over other forms in which the principles of abstract grammar, if there is such a thing, would have allowed the idea in question to be clothed. [...] That is idiomatic which it is natural for a normal Englishman to say or write.[4]

Note Fowler's use of the word 'natural'. But note also his use of the word 'preferred'. Recently Coulmas has taken up type two idiomaticity and has discussed it in a similar fashion. He rightly sees it as a general feature of all languages:

> Clearly, every speech community makes only limited use of the possibilities of its language. Many well-formed expressions never occur, because they do not conform to the idiomatic preferences of the speech community.[5]

Applied linguists and theorists of second language learning/acquisition never tire of stressing that the objective of L2 learning is the 'native-like' command of the language. Certain features of this native-like command can be stated by default as it were. When a L2 speaker of English fails to use the right collocation or uses a word with inappropriate connotations in a given situation, we can see, almost at a glance, what is wrong. We may in such cases even be able to state explicitly what is 'unnatural'. But for the most part naturalness, idiomatic preference or nativelike selection is far more subtle.[6] We have only just begun to explore the tip of the iceberg which type two idiomaticity represents. It has important repercussions for L2 learning theory as well as for linguistic theory.

1. Phraseology

Once vocabulary study and learning tended to be treated as the Cinderella of linguistics and applied linguistics. In recent years the increased focus on lexical matters has resulted in the growth of various subdisciplines of lexicology, such as 'idiomatology', the study of idioms. The study of the subset of the lexicon which has been called the "phrasicon"[7] is styled "phraseology". A definition of the field has been formulated by Luelsdorff:

> Phraseology is that branch of language study which examines the properties of fixed turns of speech, i.e. those phrases, clauses, and sentences which are *re*produced in their entirety by the speakers of a language. Such turns of speech include quotations, proverbs, idioms, and clichés.[8]

The superordinate term "fixed expressions" has been used by Alexander[9] to cover the units of phraseology. The term appears to be sufficiently fuzzy to allow us to collapse many lexical and related phenomena together in order to emphasize the similarities in their behaviour and hence to suggest ways in which we can develop a set of strategies in EFL-teaching which can cover several categories at once.

We distinguish five broad categories: namely, idioms, pragmatic or discourse oriented units, proverbs[10], catchphrases and related elements and, finally, quotations and allusions to texts such as quotations, idioms, catchphrases etc. The latter entail a very subtle form of verbal behaviour and they may provide a stumbling block for the most advanced of English learners in the experience of the author. The reasons for casting the net so wide have to do with attempts to illuminate certain aspects of socio-cultural awareness or competence, which are held to make up an intrinsic part of the process of L2 learning.[11] (See table 1, p. 108)

2. Analysis of idioms and idiomaticity

2.1 Narrowing down idiomaticity

There are many definitions of idioms and type one idiomaticity. Let it suffice at this stage to pinpoint the intuitive grasp which learners and teachers – if not always native speakers – have of idiomaticity. This is put well by Fernando and Flavell: "The essence of idiomaticity is an asymmetry between syntax and sense."[12] Here the two major dimensions which serve as pivots for any discussion of idioms and related phenomena are mentioned: the formal or structural features and the semantic or meaning aspects. We shall take both aspects in turn.

The following table illustrates the categories:

Types	Examples
1. *Idioms*	
1.1 Phrasal Verbs	to get off with
1.2 'Tournures'	to stand one's ground
	to bury the hatchet
1.3 Irreversible Binomials	the birds and the bees
	hard and fast
	every nook and cranny
2. *Discourse-structuring devices*	
2.1 Greetings, formulae	Are you alright?
2.2 Connectives, 'gambits'	Come again?
3.1 *Proverbs*	Nothing ventured nothing gained
3.2 Proverbial Idioms	Forgive and forget
4. *Catch Phrases*	Get out of that!
	the greatest thing since sliced bread
4.1 Clichés	at this point in time
	in the final analysis
4.2 Slogans	Smash an egg!
5. Quotations, allusions	You've never had it so good
	The lady's not for turning
	Once more into the breach,
	dear friends
	Now what I want is facts

Table 1: Types of Fixed Expressions in English

2.1.1 *The formal aspects of idioms*

The criterion of relative combinability is frequently taken as a yardstick for distinguishing idioms from non-idioms and for showing intermediate categories. Cowie starts off from "composite units" and then breaks them down into "free constructions" on the one hand and "idioms" and "semi-fixed combinations" on the other hand.[13] Aisenstadt makes essentially the same division, although she has a different starting point and different terminology.[14] The following diagrams set out the two approaches:

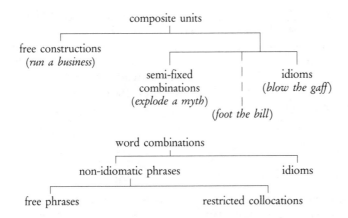

word combinations

```
          word combinations
          ┌──────────┴──────────┐
  non-idiomatic phrases              idioms
  ┌───────┴──────────┐
free phrases        restricted collocations
```

Fixedness need not rule out relative degrees of variance for certain categories. The syntactic constraints are part of the learning problem that idioms entail in addition to the semantic burden. Let us take an example to illustrate this. Consider the 'tournure' idiom *to give somebody the sack*. We may say:

(1) He gave me the sack.

But not:
(2) *He gave the sack to me.

Similarly we may say:
(3) I was given the sack.

But not:
(4) *The sack was given to me.

Knowing about such transformational restrictions will be of utility to the learner and hence should go into a learner's dictionary. A further example: we can nominalize *pass the buck* to get:
(5) That looks like buck passing to me.

But if we now return to our earlier example we cannot say:
(6) *That looks like sack giving to me.

We may turn to another category of idioms for a further example of relative fixedness. So called "irreversible binomials" are defined by virtue of their not allowing a change in the position of their elements. Hence we always tend to encounter *bigger and better, kith and kin* or *beck and call*. But notice that even this freeze restriction can be waived when the speaker expresses frustration as in:
(7) I was looking up and down, down and up for my Johnny.

Hence a necessary criterion of idioms cannot be minimal variance. We have instead a cline. This should come as no surprise. We have in the same way a cline from non-idiomatic to idiomatic phrases. And at this point the related issue of collocability comes in. As many teachers and lexicographers stress, it may be fruitless to insist on a rigid distinction between the two when it comes to their presentation in a reference book or their treatment in the classroom. For, historically speaking, restricted collocations such as, say, *good riddance* may well be the idioms of tomorrow, if they catch on.

2.1.2 Semantic considerations

A well known definition of an idiom runs as follows: "a combination of two or more words which function as a unit of meaning".[15] In this author's experience it is the semantic interpretation or decoding as well as the encoding of idioms that cause the most difficulties for learners. Here we also find a cline, this time a semantic one, from literal units of meaning to pure idioms (that is, items where the genetic motivation for the expression has become lost). The following diagram may help to illustrate some of the gradations which may be found:

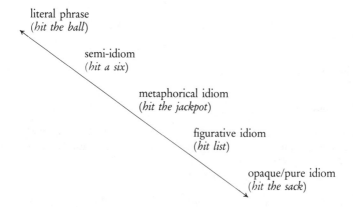

literal phrase
(*hit the ball*)

semi-idiom
(*hit a six*)

metaphorical idiom
(*hit the jackpot*)

figurative idiom
(*hit list*)

opaque/pure idiom
(*hit the sack*)

It would be overly restrictive to call only those items with opaque meaning "idioms", just as it would be too restrictive to view the structural property of "fixedness" as criterial for idioms. For "being a set phrase or not being literal is not sufficient to make something an idiom."[16] Both features are simply endpoints on different spectra along which idioms may be distributed. Having said this, it has nonetheless been helpful to consider idioms from the point of view of their semantic properties. The following table attempts to subcategorize idioms in a workable fashion; both semantic and formal properties are invoked:

Types	Examples
1. Proverbial Idioms Proverbs	Don't count your chickens Waste not, want not
2. Tournure Idioms	rule the roost sugar the pill set the ball rolling
3. Irreversible Binomial Idioms	null and void fuss and bother black and blue
4. Phrasal Compound Idioms	flying visit a tall order
5. Phrasal Verb Idioms	work out come off
6. Metaphorical/Allusive Idioms	a hot potato a different ballgame The City
7. Idiomatic Similes	as bold as brass as snug as a bug in a rug grin like a Cheshire cat

Table 2: Categories of Idioms in English

2.2 Theoretical assumptions in idiomatology

This brings us to a discussion of some of the theoretical presuppositions that have underpinned the treatment of idioms and indeed that of lexis in general. A major one – the Compositional Assumption – is to be found in many of the definitions of the idiom one may encounter. In a well known discussion of idioms in transformational generative terms Fraser has said that an idiom is "a series of constituents for which the semantic interpretation is not a compositional function of the formatives of which it is composed."[17] Or to take an 'everyday' dictionary definition, an idiom is "a group of words whose meaning cannot be predicted from the meanings of the constituent words."[18]

Generative grammar has taken this position to considerable lengths with the notion of components of meaning and claims for the universality of semantic primitives. But this 'atomization' of meaning is simply one extreme manifestation of what Halliday has called the "combinatorial" view of language. He contrasts it with the "realizational" view. Both vantage points might actually be necessary – at least in heuristic terms:

> There is the realizational view, language seen as one system coded in another and then recoded in another; and the combinatorial view, where language is seen as larger units made up of smaller units.[19]

A building block model of language does, of course, map a set of relations which can be identified within the language system. But it can be stated that its status within linguistics has tended to become elevated out of all proportion. It is only recently, with the reaction against Chomskyan generativism, that we see the pendulum swinging in the direction of the realizational view in 'mainstream' linguistics.

A corollary of the compositional assumption is the 'container' view of words and word meaning. The metaphor whereby words 'have' or 'possess' meaning is very prevalent in everyday language, as Johnson and Lakoff have shown.[20] Consider examples of idioms and semi-idioms such as those involving the verbs *go, make* and *take*:

go crazy	make a profit	take a vacation
go mad	make a fortune	take a trip
go batty	make a bundle	take a break

Such verbs might be termed "idiom-prone" lexemes. But Rose calls them "semantic dummies".[21] He attempts to demonstrate – to differing degrees of success – that they are associated with extended sets of idioms whose meanings are very similar. Furthermore these idioms are held to be derived from the nouns or adjectives which occur in them. But notice in this argument the use of the concept (perhaps "unconcept" would be a more apt term!) of "semantic dummy". It meshes well with the container view of meaning. It pertains to a non-real object; the suggestion appearing to be that *go, make* and *take* are empty containers possessing no meaning of their own.

2.3 *The holistic approach*

There have been a number of criticisms of the approach to meaning and hence to idioms which we have just considered. These come from a variety of quarters from within lexicography[22] and from within linguistic theory.[23] In critiques of the insufficiency of generative and related positions idioms have frequently been one of the areas adduced as evidence. Within lexicology the work of Ruhl is perhaps most worthy of comment.[24]

Ruhl's work is characterized by detailed discussions of individual lexical items and the use of concordances taken from corpus material – the Brown corpus for the most part. His data from American English repays careful study. Ruhl demonstrates for example that what Rose calls "semantic dummies" – verbs such as *go, give, break, hit, come* and *take* – are in fact monosemic. They are adjudged to be polysemic by dictionary makers and linguists because "their essential general meanings are confused with contextual, inferential meanings".[25] The reason for this is evident: the Compositional Assumption.

Other idioms and alleged idioms which Ruhl has looked at include the noun *ice*, as in *break the ice*, and the verb *hit*, as in *hit the road*. He criticizes the "careless use of the term *idiom*"[26] (his emphasis). In the copious data he has collected he demonstrates that:

> specific meanings (of individual verbs) are determined by pragmatic factors of metonymy, generalization, specialization, amelioration, pejoration, hyperbole, and understatement interacting within a single inherent general sense to produce a potentially very large number of possible interpretations.[27]

Parallels can be drawn with the work of Moore and Carling.[28] They refer to items such as the primary verbs and the prepositions: *in, out, round, have, do*. They argue that "no clear cut relation with the world may be established."[29] The term they use to refer to these phenomena is "variable units". They offer useful theoretical support, because they call into question "attempts to establish a one-to-one relation between language and the 'world'".[30]

Moore and Carling lay emphasis instead on the relation between language and data bases which language users employ when producing and understanding language. They, too, criticize the container view of meaning as overlooking the capacity of language users to reflect with a relatively limited vocabulary a potentially limitless variety of human experience. In place of a container view of meaning they prefer to speak of an "emergence view". This draws attention to the fact that a different set of actions may result from the same variable unit in different settings and co-texts. Consider the following examples containing the "variable unit" *put on*:

(1) *Put on* the tablecloth.

(2) *Put on* the potatoes (to cook).

(3) *Put on* the car (i.e. add it to the list).

(4) *Put on* the television.

(5) *Put on* the gas fire.

(6) *Put on* some music.

The actions which might follow the above utterances are dependent for their interpretations on the expectations of the understander and the state of the environment. The actions ensuing in each case have little, if any, resemblance to each other.

In another context Coulmas has stressed the non-linguistic aspect of idiom interpretation strategies.[31] He lists the following kinds of knowledge which the native speaker brings to bear on the interpretation process:

- the logic of everyday activity (e.g. knowing that a tablecloth on a table symbolizes, say, 'readiness to eat');
- the structure of lexical phrases (knowledge of idiom-prone lexemes and their tendency to co-occur with other idiom-prone lexemes);
- situational information;
- cultural knowledge about the way certain actions are talked about (e.g. making up shopping lists and the like or cooking practices).

All in all, then, the expectations of language users and the state of the environment (incorporating the knowledge mentioned) allows an appropriate interpretation of utterances to emerge. Moore and Carling call their position an "epiphenomenalist" one.[32]

Work done by Lakoff on cognitive grammar would appear to be compatible with the position sketched out so far. He calls his own position an "experientialist" one.[33] It, too, attacks the container metaphor of meaning as a misrepresentation of the way language functions. Lakoff and Johnson couple the "conduit" metaphor of communication with the "container" metaphor.

> The conduit metaphor fails because of its implicit conception of meaning as a fixed entity that can be transferred from one person to another. In other words, the *conduit* metaphor objectifies meaning. It assumes, incorrectly, we believe, that 'the meaning is right there in the words' – that meaning is separate from meaningfulness to a person.[34]

Now clearly such a view can have important consequences for theories of language understanding and hence, ultimately, for issues of interest to the theorist of L2 learning/acquisition.

3. Practical considerations of idioms and their teaching

This section will deal with four aspects of the teaching of idioms. The first concerns the necessity, in the author's view, of making learners aware of the different types of idioms that exist and of their relative frequency – possibly in contrast to their mother tongue – in the L2. The second point concerns collocations. The third concerns the growing interest in the "conventionalized" aspects of language and the implications this has for language teaching. Fourthly, we need to say something about the pedagogical treatments of idioms and related phenomena which are available on the market; among other things we shall briefly discuss both contrastive and non-contrastive approaches to idiomatology.

3.1 Categories of fixed expressions

The seemingly amorphous set of phenomena we have collated in Table 1 above contains several categories which continue to cause advanced students in higher education difficulties. In teaching German students at this level the author has always found it helpful to make students aware of the different types that occur. Similarly, when it comes to idioms – a specific subset of "fixed expressions" – it may also be helpful to deal with their various subcategories. Phrasal verbs are and remain a perennial problem. In higher education there will always be a need for remedial courses to contain this element. There are several books available which deal with this area.[35]

Metaphorical idioms, such as idiomatic similes, persist in providing the German student of English with problems. Error analysis and elicitation can often show transfer strategies at work when learners attempt to decode or encode. Often it is simply attributable to ignorance of the NPs which slot into the frame:

ADJ   as   NP
_____   _____

An example would be (*as*) *black as soot*. The author has discussed these and further related difficulties concerning collocations and idioms that entail animal metaphors (e.g. *pigeon hole*, etc.).[36]

3.2 Collocations

This brings us to the question of collocations. The category of what Aisenstadt calls "restricted collocations"[37] and what Bäcklund calls "frozen collocations"[38] has much in common with certain categories of idiom. Indeed it is here that we are often dealing with a cline including "semi-idioms".

Aisenstadt has distinguished between five structural patterns:

(1)   V + (art) + (A) + N (e.g. *command attention, take a walk*)
(2)   V + prep + (art) + (A) + N (e.g. *to leap to a sudden conclusion*)

(3) A + N (e.g. *cogent argument, arrant nonsense*)
(4) V + Adv (e.g. *take off*)
(5) I (intensifier) + A (e.g. *dead tired, stark naked*)

In actual practice these restricted collocations do not really present as great problems as 'freer' collocations; they can be dealt with in the same fashion as idioms. Anticipating the conclusions to be drawn for dictionary making, we might just mention that 'good' learners' dictionaries do recognize the need to deal with both idioms and restricted collocations.

One might instead argue that somewhat freer collocations present the more considerable problem for the learner. They tend to make up a large batch of the lexical errors which appear in students' essays and oral production at tertiary level; they often shade into the realm of stylistic and register errors. Take a seemingly trivial example – the attributive use of two so called 'synonyms' *little* and *small*. Consider this list of some of the possible collocations of the two adjectives:

	little	*small*
girl	+	+
creature	+	+
table	+	+
house	+	+
group	+	+
celebration	+	?
scene	+	?
holiday	+	−
idea	+	−
breeze	+	−
walk	+	−
smile	+	−
while	+	−
rascal	+	−
letter	+	?
hope of success	?	+

The question which arises is what 'rules' or what general statements are possible concerning their relative collocability. And incidentally, we might ask how the dictionaries deal with this. It would appear as if one collocational restriction, namely, the non-occurence of *small* with process nouns like *breeze* or *walk*, is not made explicit. Also, the reason why a postmodified abstract noun can collocate with *small* but a non-postmodified one cannot is not clear from the entries of two major learners' dictionaries.[39]

3.3 Conventionality in language

The notion of conventionality has recently become fashionable in EFL circles. There have been a number of articles on the topic.[40] A certain amount of common ground is shared with workers in artificial intelligence who have similarly been struck by the high degree of patterned language which native speakers of a language store and retrieve in a prefabricated form.[41] Pawley and Syder speak of "memorized sequences" and "lexicalized sentence stems" in this connection.[42]

It may be the case that the notional-functional approach in language teaching and especially the emphasis on communicative language use has encouraged the feeling that learners may require certain conventionalized exponents for certain functions. The problem appears to be: how do you prevent your course material from degenerating into a glorified 'phrase book', once you accept the need to pay attention to "routines", "formulae", "gambits", idioms and all the many units of "prepatterned speech" that proliferate?

For the teaching of idioms there are a number of suggestions as to how they can and should be taught. Firstly, they should be contextualized. Then they should, where possible, be presented in semantic fields; that is to say, those which refer to a particular subject area should be grouped together. While this seems self-evident, how do we deal with those idioms which simply 'crop up' in the course of our teaching? Yorio has some sound advice in this connection.[43] He argues that for beginners and pre-intermediates idioms need only be taught for recognition purposes. Then for intermediate and advanced learners the following aspects of an idiom need to be dealt with:

- what it means;
- whether it is frequent or current;
- whether it is formal, informal, colloquial or slang (e.g. *hit the sack*);
- what special connotations it has, if any;
- what special formal properties it has (i.e. regular or irregular syntax).

Yorio also stresses that learners need to be made aware of the similarities and differences in this area between English and their native language.

3.4 Pedagogical treatments of idioms

This brings us to a consideration of contrastive idiomatological work. Where this is possible, for example in the case of a homogeneous group of learners sharing the same L1, it is arguably one of the most effective ways of making (post-intermediate and advanced) learners aware of the problems posed by idioms.

A recent workbook published in the Federal Republic of Germany[44] proceeds by comparing similar idioms in German with those which are presented for

(American) English, hence pinpointing "false friends". The book is deliberately limited in scope to "tournures" (e.g. *go down the drain, feather one's nest, smell a rat* etc.). The organizing principle for the presentation of the material consists of grouping the idioms according to pragmatic notions – e.g. an individual inter-acting with others, an individual shown in his/her relationship to the world or with primary focus on the individual etc.

There will obviously be a need for non-contrastive treatments of idioms, if only to reach a larger market. In this connection perhaps one of the better books available is Seidl[45] which together with the practice book by the same author[46] covers many of the types of idioms listed in table 2 and provides resource mate-rial for teacher and advanced learner alike.

4. Implications and consequences for the dictionary maker

Some of the immediately obvious implications, both from the analytical and the practical point of view, can be summarized as follows:

(1) It makes sense to treat idioms and collocations together – as does the *Oxford Dictionary of Current Idiomatic English.*[47] There is little to be gained from insist-ing on a category break between idioms and non-idioms; nor would it appear to be worthwhile to distinguish between figurative idioms of varying degrees of semantic transparency and those which are opaque.

(2) Learners' dictionaries need to go beyond data. That is to say, if we claim to present information for encoding as well as decoding purposes, then we need to offer details concerning the kinds of parameters discussed in section 3.3 above.

(3) In particular, the degree of variability of the idiom needs to be stated: firstly, grammatical variability – i.e. whether certain grammatical transformations are permissible – and, secondly, whether certain lexical substitutions are possible or not (e.g. *to be in someone's good graces/books* or *to grease a person's hand/palm,* etc.).

(4) Similarly, the degree of collocational fixedness may need to be noted, for example the restricted collocations we mentioned above. Some words would appear to be unique to certain idioms, with almost zero probability of occur-rence elsewhere, e.g. *kith* in *kith and kin, spick* and *span* (*spick and span*), *aback* (in *to be taken aback*), *jiffy* (*in a jiffy*) and *abeyance* (as in *to fall into abeyance*). But this is ultimately an empirical question which only a corpus search for the individual items can perhaps serve to answer satisfactorily. Certain aspects of variability will, in all probability, never be able to be covered adequately by any dictionary. Take, for example, semantic and sometimes formal allusion to phra-ses. This may occasionally take the form of quite subtle and complex variation.

One area which manifests this kind of linguistic behaviour is that of allusive punning. Here a variety of linguistic mechanisms come into play – ranging from the phonological, through the syntactic to the semantic.[48]

(5) One question which the lexicographer will be forced to face up to is the treatment of what were called "idiom–prone" lexemes. An early pedagogical treatment looked at prepositions and verbs that occurred in phrasal verbs.[49] Although this work is perhaps somewhat out of date it does attempt to deal face on with the issue. An indication of the sheer size of the problem can be gained by simply counting the number of pages which are taken up with the entries containing "primary verbs", such as *be, come, get, make* etc., in dictionaries.

These are some of the more evident implications that come to mind. There are doubtless innumerable further problems which might have been mentioned, such as the thorny and ill-understood matter of the intonation of certain fixed expressions in discourse. These are matters that would require more space and time than are available here, however.

Notes

* First presented as a paper to a seminar at English Language Research, The University of Birmingham, 18 January 1984.
1 Cf. Sinclair, J.: "Naturalness in language", passim.
2 Pawley, A., Syder, F. H.: "Two puzzles for linguistic theory: nativelike selection and nativelike fluency", p. 193.
3 Cf. Sinclair, J.: "Naturalness", passim.
4 Fowler, H. W.: *Modern English Usage*", p. 261.
5 Coulmas, F.: "Idiomaticity as a problem of pragmatics", p. 150.
6 Cf. Sinclair, J.: "Naturalness", passim.
7 Fillmore, C. E.: "On the organization of semantic information in the lexicon", p. 149.
8 Luelsdorff, P. A.: "What is a cliché?", p. 1.
9 Alexander, R. J.: "Fixed expressions in English: a linguistic, psycholinguistic, socio-linguistic and didactic study", passim.
10 Cf. Norrick, N. R.: *How Proverbs Mean. Semantic Studies in English Proverbs.*
11 Cf. Alexander, R. J.: "Metaphors, connotations and allusions: thoughts on the language-culture connexion in learning English as a foreign language" and also Alexander, R. J.: "Fixed expressions in English: reference books and the teacher".
12 Fernando, C., Flavell, R.: *On Idiom. Critical Views and Perspectives,* p. 37.
13 Cowie, A. P.: "The treatment of collocations and idioms in learners' dictionaries", 225–230.
14 Aisenstadt, E.: "Collocability restrictions in dictionaries" and "Restricted collocations in lexicology and lexicography".

15 Cowie, A. P., Mackin, R.: *Oxford Dictionary of Current Idiomatic English*. Vol. 1, p. viii.
16 Ruhl, C.: "Alleged idioms with *hit*", p. 100.
17 Fraser, B.: "Idioms within a transformational grammar", 22.
18 Hanks, P. (Ed.): *Collins English Dictionary*, p. 728.
19 Halliday, M. A. K.: *Language as Social Semiotic*, p. 42.
20 Johnson, M., Lakoff, G.: "Metaphor and communication", passim.
21 Rose, J. H.: "Types of idioms", 57.
22 Cf. Hanks, P.: "To what extent does a dictionary definition define?"
23 Cf. Moore, T., Carling, C.: *Understanding Language: Towards a Post-Chomskyan Linguistics*, and Lakoff, G.: "Categories and cognitive models".
24 Cf. Ruhl, C.: "Primary verbs" and the other references in the bibliography.
25 Ruhl, C.: "Alleged idioms with *hit*", p. 93.
26 Ibid., p. 101.
27 Ibid., p. 99.
28 Moore, T., Carling, C.: *Understanding Language*, p. 154.
29 Ibid.
30 Ibid.
31 Coulmas, F.: "Idiomaticity", p. 143–144.
32 Moore, T., Carling, C.: *Understanding Language*, p. 161.
33 Lakoff, G.: "Categories", passim, and Lakoff, G., Johnson, M.: *Metaphors We Live By*, pp. 226–228 and passim.
34 Lakoff, G., Johnson, M.: *Metaphors*, p. 11.
35 Cf. Alexander, R. J.: "Fixed expressions in English: reference books and the teacher".
36 Cf. Alexander, R. J.: "Phraseological and pragmatic deficits in advanced learners of English: problems of vocabulary learning?"
37 Aisenstadt, E.: "Collocability restrictions", and "Restricted collocations", passim.
38 Bäcklund, U.: "Frozen adjective-noun collocations in English", passim.
39 *Oxford Advanced Learner's Dictionary of Current English*. Oxford, 1974, and *Longman Dictionary of Contemporary English*. London, 1978.
40 Cf. Richards, J. C.: "Communicative needs in foreign language learning", and Yorio, C. A.: "Conventionalized language forms and the development of communicative competence".
41 Cf. Nattinger, J. R.: "A lexical phrase grammar for ESL".
42 Pawley, A., Syder, F. H.: "Two puzzles", pp. 205–215.
43 Yorio, C. A.: "Conventionalized language forms", 439–441.
44 Hieke, A. E., Lattey, E.: *Using Idioms: Situationsbezogene Redensarten*.
45 Seidl, J.: *English Idioms and How to Use Them*.
46 Seidl, J.: *Idioms in Practice*.
47 Cowie, A. P., Mackin, R.: *Oxford Dictionary of Current Idiomatic English*, Vol. 1, and Cowie, A. P., Mackin, R. and McCaig, I. R.: *Oxford Dictionary*, Vol. 2.
48 Cf. Alexander, R. J.: "Catch phrases rule OK. Allusive puns analysed" for further exemplification.
49 Wood, F.: *English Prepositional Idioms*.

Aisenstadt, E.: "Collocability restrictions in dictionaries". – In Hartmann, R. R. K. (Ed.): *Dictionaries and Their Users*. Exeter, 1979, pp. 71–74.

–: "Restricted collocations in lexicology and lexicography". *ITL. Review of Applied Linguistics* 53, 1981, 53–61.

Alexander, R. J.: "Fixed expressions in English: a linguistic, psycholinguistic, sociolinguistic and didactic study". *anglistik & englischunterricht*. 6. *Linguistik in der Anwendung*. Trier, 1978, pp. 171–188, and *anglistik & englischunterricht*. 7. *Modernes englisches Drama*. Trier, 1979, pp. 181–202.

–: "Catch phrases rule OK. Allusive puns analysed". *Grazer Linguistische Studien* 20, 1983, 9–30.

–: "Metaphors, connotations, allusions: thoughts on the language-culture connexion in learning English as a foreign language". LAUT Paper, Series B, No. 91. Trier, 1983.

–: "Fixed expressions in English: reference books and the teacher". *English Language Teaching Journal* 38, 1984, 127–134.

–: "Phraseological and pragmatic deficits in advanced learners of English: problems of vocabulary learning?" *Die Neueren Sprachen* 84, 1985, 613–621.

Bäcklund, U.: "Frozen adjective-noun collocations in English". – In Reich, P. A. (Ed.): *The Second Lacus Forum 1975*. Columbia/S. C., 1976, pp. 255–271.

Coulmas, F.: "Idiomaticity as a problem of pragmatics". – In Parret, H., Sbisa, M., Verschueren, J. (Eds.): *Possibilities and Limitations of Pragmatics*. Amsterdam, 1981, pp. 139–151.

Cowie, A. P.: "The place of illustrative material and collocations in the design of a learner's dictionary". – In Strevens, P. D. (Ed.): *In Honour of A. S. Hornby*. Oxford, 1978, pp. 127–139.

–: "The treatment of collocations and idioms in learners' dictionaries". *Applied Linguistics* 2, 1981, 223–235.

Cowie, A. P., Mackin, R.: *Oxford Dictionary of Current Idiomatic English*. Vol. 1: *Verbs with Prepositions and Particles*. London, 1975.

Cowie, A. P., Mackin, R., McCaig, I. R.: *Oxford Dictionary of Current Idiomatic English*. Vol. 2: *Phrase, Clause and Sentence Idioms*. Oxford, 1983.

Fernando, C., Flavell, R.: *On Idiom. Critical Views and Perspectives*. Exeter, 1981.

Fillmore, C. E.: "On the organization of semantic information in the lexicon". – In Farkes, D., Jacobson, W. M., Todrys, K. W. (Eds.): *Papers from the Parasession on the Lexicon*. Chicago, 1978, pp. 148–173.

Fowler, H. W.: *Modern English Usage*. Oxford, ²1968.

Fraser, B.: "Idioms within a transformational grammar". *Foundations of Language* 6, 1970, 22–42.

Halliday, M. A. K.: *Language as Social Semiotic*. London, 1978.

Hanks, P.: "To what extent does a dictionary definition define?". – In Hartmann, R. R. K. (Ed.): *Dictionaries and Their Users*. Exeter, 1979, pp. 32–38.

– (Ed.): *Collins English Dictionary*. London, 1979.

Hieke, A. E., Lattey, E.: *Using Idioms: Situationsbezogene Redensarten*. Tübingen, 1983.

Johnson, M., Lakoff, G.: "Metaphor and communication". LAUT Paper, Series A, No. 97. Trier, 1982.

Lakoff, G.: "Categories and cognitive models". LAUT Paper, Series A, No. 96. Trier, 1982.

Lakoff, G., Johnson, M.: *Metaphors We Live By*. Chicago, 1980.

Luelsdorff, P. A.: "What is a cliché?" LAUT Paper, Series A, No. 85. Trier, 1981.

Moore, T., Carling, C.: *Understanding Language: Towards a Post-Chomskyan Linguistics*. London, 1982.

Nattinger, J. R.: "A lexical phrase grammar for ESL". *TESOL Quarterly* 14, 1980, 337–344.

Norrick, N. R.: *How Proverbs Mean. Semantic Studies in English Proverbs*. Berlin, New York, Amsterdam, 1985.

Pawley, A., Syder, F. H.: "Two puzzles for linguistic theory: nativelike selection and nativelike fluency". - In Richards, J. C., Schmidt, R. W. (Eds.): *Language and Communication*. London, 1983, pp. 209–215.

Richards, J. C.: "Communicative needs in foreign language learning". *English Language Teaching Journal* 37, 1983, 111–120.

Rose, J. H.: "Types of idioms". *Linguistics* 203, 1978, 55–62.

Ruhl, C.: "Primary verbs". - In Makkai, A., Makkai, V. (Eds.): *The First LACUS Forum 1974*. Columbia/S. C., 1975, pp. 436–445.

–: "Pragmatic metonymy". - In Reich, P. A. (Ed.): *The Second LACUS Forum 1975*. Columbia/S. C., 1976, pp. 370–380.

–: "Idioms and data". - In Di Pietro, R. L., Blansitt, E. L. (Eds.): *The Third LACUS Forum 1976*. Columbia/S. C., 1977, pp. 456–465.

–: "Two forms of reductionism". - In Paradis, M. (Ed.): *The Fourth LACUS Forum 1977*. Columbia/S. C., 1978, pp. 370–383.

–: "Alleged idioms with *hit*". - In Wölck, W., Garvin, P. L. (Eds.): *The Fifth LACUS Forum 1978*. Columbia/S. C., 1979, pp. 93–107.

–: "The noun *ice*". - In Copeland, J. E., Davis, P. W. (Eds.): *The Seventh LACUS Forum 1980*. Columbia/S. C., 1981, pp. 257–269.

–: "The verb *kick*". - In Gutwinski, W., Jolly, G. (Eds.): *The Eighth LACUS Forum 1981*. Columbia/S. C., 1982, pp. 175–186.

Seidl, J.: *English Idioms and How to Use Them*. Oxford, 1978.

–: *Idioms in Practice*. Oxford, 1982.

Sinclair, J.: "Beginning the study of lexis". - In Bazell, C. E. et al. (Eds.): *In Memory of J. R. Firth*. London, 1966, pp. 410–430.

–: "Naturalness in language". Ms. Birmingham University, 1983.

Wood, F.: *English Prepositional Idioms*. London, 1967.

Yorio, C. A.: "Conventionalized language forms and the development of communicative competence". *TESOL Quarterly* 14, 1980, 433–442.

Gisela Schmid-Schönbein, Duisburg

Der Computer im Fremdsprachenunterricht – ein neuer Nürnberger Trichter für Wortschatzarbeit und Kontextverständnis?

1. Vorbemerkung: *"The computer is here to stay"*

Die bemerkenswerte Einsicht von George Gershwin "Love is here to stay" kann in leichter, aber sehr viel spröderer Abwandlung inzwischen auch der Fremdsprachenlehrer übernehmen: "The computer is here to stay." Kaum wird er angesichts sonst eher lustloser Schüler vor deren Motivation am Computer in Kaufhausabteilungen, Volkshochschulkursen oder Informatik-AGs die Augen schließen und dieses neue Medium, wenn auch mit aller gebotenen Skepsis, nicht zur Kenntnis nehmen können. Das fällt schon deswegen schwer, weil sich zunehmend die didaktische Fachliteratur dieses Themas annimmt, das in dem Akronym CALL die im anglo-amerikanischen Raum übliche Bezeichnung "Computer-Assisted Language Learning" wiedergibt.

So sind eine Reihe von CALL-Schwerpunktheften verschiedener Fachzeitschriften erschienen[1], "survey reviews" vermitteln einen Überblick[2], und „aus der Praxis für die Praxis" des Fremdsprachenlehrers liegen z.B. die Monographien von Davies / Higgins, der Langenscheidt-Redaktion, Rüschoffs und des Landesinstituts für Schule und Weiterbildung NRW vor.[3] Auch gab es bei den Fachkongressen der Gesellschaft für Angewandte Linguistik in Heidelberg und der Fremdsprachendidaktiker in Braunschweig, beide im Oktober 1987, spezielle, dem Computer im Fremdsprachenunterricht gewidmete Sektionen.

2. Der didaktische Ort des Computers

In allen Diskussionen zur grundsätzlichen Frage des Computereinsatzes im Fremdsprachenunterricht spiegelt sich die Bandbreite der Empfehlungen und Warnungen. Da jeglicher sinnvolle Einsatz zunächst von der Qualität der Software abhängt, hat Hope[4] sicher recht, wenn er seinen Empfehlungen die *conditio sine qua non* vorausschickt: „Einfallsreich programmiert" müsse zunächst werden. Sei das der Fall, dann allerdings könnten „die besten Strategien und Einsichten des erfahrenen Sprachlehrers" umgesetzt und die Kontakte des Schülers mit dem „Lehrer" bei gewissen Übungstypen vervielfacht werden.

123

Gute Programme könnten somit dem Schüler „individualisierte Aufmerksamkeit anbieten" und ihm ermöglichen, sein eigenes Arbeitstempo zu bestimmen.

Beobachtet man Schüler, auch jüngere, bei der Arbeit am Computer[5], so wird deutlich, daß in dieser speziellen Form der interaktiven Arbeit ein besonderer Reiz für die Schüler liegt, der auch zum Teil die erhöhte Motivation erklärt. Die sofortige Auswertung ihrer Antwort und das entsprechende Feedback – bei guten Programmen unterhalb der Zeitgrenze von zwei Sekunden – sowie die Anleitung zur Selbstkorrektur und die Möglichkeit, erklärende Hilfe per Tastendruck anzufordern, ohne sich blamieren zu müssen, beeindrucken die Schüler positiv.

Daneben wird im Hinblick auf die allgegenwärtigen, neuen Informations- und Kommunikationstechnologien auch noch ein fachunspezifisches Lernziel umgesetzt. "Computer literacy" nennt man dies im anglo-amerikanischen Raum und meint damit, daß Schüler (und Schülerinnen!) Kenntnisse über die Bedingungen der Arbeitsweise von Computern ganz allgemein erwerben müßten. Das ist sicher richtig angesichts der bei uns noch vorherrschenden Situation, daß nur gute Mathematikschüler in eher elitären Informatikkursen diese Kenntnisse vermittelt bekommen.

Dabei kann "computer literacy" durchaus auch heißen, die Grenzen eines sinnvollen Lerneinsatzes des Computers aufzuzeigen sowie eine gewisse Kritikfähigkeit gegenüber der Qualität von Programmen zu vermitteln. Diese erwerben die Schüler sehr schnell, wenn sie z.B. unvertretbar lange vor einem leeren Bildschirm sitzen müssen, während das Programm einzelne Teile „nachlädt", oder wenn es kein „narrensicherer Selbstläufer" ist, der den Schüler Unsicherheiten in der Bedienung oder gar Programmabstürze erfahren läßt.

Es gilt also, auch die Schüler dazu zu bringen, „die Arbeit mit dem Computer als das zu sehen, was sie höchstens sein sollte: Ein zusätzliches Angebot, welches an der Peripherie des Unterrichts anzusiedeln ist. Der Computer und computergestützte Lernmaterialien sind nie ein Ersatz für das Unterrichtsgespräch oder andere, kommunikative Aktivitäten."[6]

3. „Einfallsreich programmierte" Vokabelprogramme – wo sind sie?

Als Voraussetzung für die erstrebenswerten kommunikativen Aktivitäten muß im Unterricht nach wie vor gepaukt werden, nicht zuletzt im lexikalisch-semantischen Bereich. Es lag nahe, daß sich in den vergangenen fünf Jahren angesichts der wachsenden Zahl der Heimcomputerbesitzer ein Reihe von Verlagen darum bemühte, sich z.B. mit Programmen für das Lernen von Vokabeln auf diesem Markt zu etablieren. Dabei galt es, sich gleich mehreren Sachzwängen anzupassen. Die Programme mußten schnell auf den Markt, die didaktischen Möglichkeiten waren noch nicht erprobt, und die Speicherkapazitäten der Rechner (vorwiegend Commodore 64 und Sinclair Spectrum) waren begrenzt. Trotzdem kam es zu einer beträchtlichen Anzahl von Produkten. Sanke untersuchte 35 Programme zum Lernen im lexikalisch-semantischen Bereich von kommerziellen und privaten Anbietern, stets mit der Frage, wie und unter welchen Voraussetzungen man wirksam Vokabeln mit Computerprogrammen lernen könne. Dabei legte die Arbeitsgruppe sehr sorgsam bis zu fünfzig Teilkriterien an und kam auf der Grundlage der gewonnenen Daten zu dem Schluß, daß „ca. 80% aller untersuchten Programme in ihren Verfahren und möglichen Wirkungen nicht mehr – und zum Teil weniger – als eine simple handgestrickte Vokabel-Kartei bieten."[7]

4. "The Present State of the Art"

Der Fremdsprachenlehrer hat also offenbar wenig verpaßt, wenn diese Entwicklung der letzten Jahre spurlos an ihm vorübergegangen ist. Inzwischen nämlich hat sich die Situation dergestalt verändert, daß Carrier in seinem Überblicksartikel zum "Computer-Assisted Language Learning" meint feststellen zu müssen: "The world market for CALL software is likely to be based largely on IBM standards by 1988."[8] Mit den IBM bzw. IBM-kompatiblen PCs steht eine andere Generation von Rechnern für den persönlichen Gebrauch zur Verfügung, die aufgrund ihrer größeren Speicherkapazitäten weitaus anspruchsvollere Programme ermöglichen. Die Vorzüge dieser Geräte werden Lehrer und im weiteren Sinne Geisteswissenschaftler kennen und schätzen lernen, wenn sie sich ihre „Textverarbeitung", auch auf dem weiten Gebiet der Unterrichtsvor- und -nachbereitung, durch entsprechende Programme zeitsparend erleichtern.

Mit diesem Technologiestand läßt sich nun auch ein Anspruch einlösen, den der Unterricht schon immer an zusätzliche Medien gehabt hat: sie sollten lehrwerkbezogen und dem aktuellen Lernstand der Klasse oder Kleingruppe angemessen sein. Diesen jeweils aktuellen Stand kann nun wirklich nur der Unterrichtende selbst beurteilen; kein "off the peg"-Softwarepaket kann diesen Anspruch erfüllen, der über den Einsatz von Medien als unspezifisches "enrichment" weit hinausgeht.

Heißt das nun aber, daß der Lehrer lernen muß/soll, gerade die anspruchsvolleren Computermöglichkeiten durch eigenes Programmieren zu nutzen? Dazu wäre ein immens langer und unökonomischer Lernaufwand notwendig, ehe auch nur eine einigermaßen befriedigende Fähigkeit im Umgang mit einer Programmiersprache erreicht werden könnte. Sehr viel eher empfiehlt sich da die Einarbeitung in ein Autorensystem.

5. Vorteile eines Autorensystems

Was bekommt der Lehrer damit in die Hand? Zunächst kann ein Autorensystem definiert werden als eine Programmschablone (engl. Fachausdruck = *template*), „die ohne Programmierkenntnisse mit Lehrstoff gefüllt werden kann."[9] Praktisch heißt das also, daß die Programmroutinen wie Präsentation des Übungstextes, Eingabemasken für Schülerantworten, Auswertung der Schülereingaben, Präsentation erklärender Hilfen und bestimmter Übungsformen vorprogrammiert sind. Der Lehrer kann dann nach eigener Entscheidung die selbstgewählten Übungstexte lehrwerk- und schulformgerecht in das System eingeben, kann vorsehen, welche Antworten als richtig akzeptiert werden oder nicht und welche Stufen erklärender Hilfe der Schüler anfordern kann, z.B. zunächst eine einsprachige Erläuterung und erst danach, wenn nötig, eine muttersprachliche Übersetzung.

Der Lehrer ist also letztendlich der „Autor" des Programms, wie es sich dem Schüler darbietet, während für die eigentliche Programmstruktur zuvor ein professioneller Programmierer quasi als „Meta-Autor" tätig war. Es wundert angesichts dieser Möglichkeiten nicht, daß Carrier in seinem "state of the art"-Überblick meint: "What is important of course is that ALL teachers involved in CALL should learn how to author new learning material – to enter new words, sentences, or texts into 'skeleton' programs that already contain the mechanisms of the activities and exercise types but are content-free."[10]

6. Kontextgebundene Wortschatzarbeit am Computer

Ein Charakteristikum des Computers, nämlich die schnelle Bereitstellung von Daten jeder Art, hat sich bei einem bestimmten Übungstyp (fremd-)sprachlichen Lernens im Bereich von CALL als überaus effektiv erwiesen. Gemeint sind die "text reconstruction activities", bei denen der Schüler einen mit mehr oder weniger Lücken versehenen Text (Anzahl der Lücken oft nach eigener Wahl) am Bildschirm sieht und nun aufgrund der Textsorte, des Registers und des verbliebenen Kontextes sein gesamtes bisher erworbenes fremdsprachliches Wissen in den Bereichen Lexik / Semantik / Grammatik sowie graphischer Repräsentation aktivieren muß, um diese Lücken kontextgerecht zu füllen. Die sofortige Rückmeldung darüber, ob seine Eingabe ein "intelligent guess", eine richtige Antwort aufgrund seiner Hypothese war oder nicht, macht diese Übungsform so reizvoll, in Sonderheit, wenn sie in Partner- oder Kleingruppenarbeit vor dem Bildschirm stattfindet und Diskussionen über die sprachliche Angemessenheit einer vorgesehenen Antwort auslöst.

In Anlehnung an diese Art von Textrekonstruktion hat die Autorin dieses Beitrages an anderer Stelle Arbeitsmaterial für eine plötzlich angesetzte, unvorbereitete Vertretungsstunde am Ende der Sekundarstufe I vorgelegt.[11] Natürlich fehlt einem solchen Arbeitsbogen gerade jenes interaktive Moment sofortiger Bestätigung oder Aufforderung zur Selbstkorrektur, das bei der Arbeit am Computer die Schüler so sehr motiviert.

Hingegen wird ab Frühjahr 1988 für IBM-kompatible PCs ein Programmpaket vorliegen[12], das für andere Systeme schon einige Zeit auf dem Markt ist und dessen Hauptautor quasi ein „Ahnherr" auf dem Gebiet von CALL ist. John Higgins hat zusammen mit Michael Johnson in dem Programmpaket QUARTEXT vier spielähnliche Übungsaktivitäten vorgelegt, die alle auf dem Prinzip beruhen, Texte auf unterschiedliche Weise zu rekonstruieren, d.h. mit vom Schüler selbst gewähltem Schwierigkeitsgrad und der Möglichkeit, Wortschatz, Grammatik und alle mit Texterschließung verbundenen *subskills* gleichzeitig auf der Basis authentischer Texte zu üben. Für die vier Übungs- und Spieltypen "Hopscotch", "Hide and Seek", "Tell-Tale" und "Cheat" sind dem Programmpaket eine Reihe von "text files" beigegeben; wichtiger aber ist jener Teil des Programmpakets, der "Textloader" heißt. Hiermit kann der Lehrer im Sinne der zuvor aufgestellten Forderung, ein Computerprogramm müsse dem jeweils aktuellen Lernstand der Klasse angemessen sein, seine eigenen Texte eingeben wie editieren und sie dann zur Grundlage der vier verschiedenen Spiel- und Übungsaktivitäten machen. Der Lehrer ist also, wie zuvor geschildert, „Autor" der Übungsinhalte, deren Angemessenheit er am besten beurteilen kann.

Erwähnt werden sollte auch ein Autorensystem, das als Programmpaket zum Erstellen von Lückentextübungen auf IBM-PCs oder -Kompatiblen bereits vorliegt.[13] Dieser Programmrahmen zum Erstellen von CALL-Übungen ist zwar primär für Grammatikübungen gedacht und in seinem Ablauf, weil für erwachsene Lerner entworfen, eher nüchtern – jedoch hat der Lehrer auch hier die Möglichkeit, seine selbst ausgewählten Texte als Übungsgrundlage einzugeben. Die Lückentextarbeit könnte sodann auch kontextbezogene Wortschatzfestigung und -erweiterung sein, zumal der Lehrer die Möglichkeit hat, auf alle semantischen Besonderheiten in ausführlichen Kommentaren zu jedem Übungs-*item* hinzuweisen.

7. Fazit

Nachdem die Entwicklung im Bereich des "Computer-Assisted Language Learning" aus den Kinderschuhen heraus ist und nachdem auf technischer Seite eine gewisse Standardisierung stattgefunden hat, lohnt es sich auch für den geisteswissenschaftlich orientierten Lehrer, sich mit dem neuen Medium vertraut zu machen, sich unter Einsatz des Computers seine vielfältigen Formen von „Textverarbeitung" zu erleichtern und das neue Medium „an der Peripherie des

Unterrichts" für motiviertes Üben in Einzel- oder Kleingruppenarbeit einzuset-zen. Es könnte sogar sein, daß dann Zeit frei wird für das, was man im Unter-richt eigentlich möchte: die Fremdsprache sprechen.

Anmerkungen

1 Schwerpunkthefte zum Thema CALL sind in den folgenden Fachzeitschriften erschienen (Hinweise; kein Anspruch auf Vollständigkeit!): *System* 10, i, 1983, und 13, ii, 1986; *Die Neueren Sprachen* 85, ii, 1986; *Englisch Amerikanische Studien* 8, ii, 1986.

2 "Survey reviews" erschienen von Michael Carrier in *English Language Teaching Journal* 39, 1985, 131–134, und 41, 1987, 51–56, jeweils unter dem Titel "Computer-Assisted Language Learning".

3 Vgl. die Bibliographie.

4 Hope, G. R. et al.: „Der Einsatz von Computern im Fremdsprachenunterricht". – In Langenscheidt-Redaktion (Ed.): *Computergestützter Fremdsprachenunterricht,* S. 17.

5 S. dazu Schmid-Schönbein, G.: „Englischunterricht mal anders"; dies.: „„Hätt' man nur so'n Ding zuhause . . . ""; dies.: „Computereinsatz als eine Form der Binnendif-ferenzierung".

6 Rüschoff, B.: *Fremdsprachenunterricht mit computergestützten Materialien,* S. 19.

7 Sanke, W.: „Lernen im lexikalisch-semantischen Bereich", S. 32.

8 Carrier, M.: "Computer-Assisted Language Learning", 1987, 52.

9 Rüschoff, B.: *Fremdsprachenunterricht mit computergestützten Materialien,* S. 94.

10 Carrier, M.: "Computer-Assisted Language Learning", 1987, 52.

11 Vgl. „Vertretungsstunden Englisch auf der Sekundarstufe I".

12 Das Programmpaket QUARTEXT von John Higgins und Michael Johnson wird ab Frühjahr 1988 für IBM und IBM-kompatible PCs beim Langenscheidt-Longman Verlag zu erhalten sein.

13 Das Programmpaket LÜCKENTEXT ist erhältlich beim Christian Meunier Verlag, Schönhauser Str. 21, 1000 Berlin 41.

Literaturverzeichnis

Davies, G., Higgins, J.: *Using Computers in Language Learning. A Teacher's Guide.* London, 1985.

Hope, G. R. et al.: „Der Einsatz von Computern im Fremdsprachenunterricht". – In Langenscheidt-Redaktion (Ed.): *Computergestützter Fremdsprachenunterricht*, S. 17.

Landesinstitut für Schule und Weiterbildung NRW (Ed.): *Fremdsprachen und Computer.* Soest, 1986.

Langenscheidt-Redaktion (Ed.): *Computergestützter Fremdsprachenunterricht. Ein Handbuch.* Berlin, 1985.

Rüschoff, B.: *Fremdsprachenunterricht mit computergestützten Materialien. Didaktische Überlegungen und Beispiele.* München, 1986.

Sanke, W.: „Lernen im lexikalisch-semantischen Bereich – Möglichkeiten des Computers". – In Landesinstitut für Schule und Weiterbildung NRW (Ed.): *Fremdsprachen und Computer*, S. 31–41.

Schmid-Schönbein, G.: „Englischunterricht mal anders – Wie elfjährige Schüler am Computer lernen". *Englisch Amerikanische Studien* 8, 1986, 264–269.

–: „‚Hätt' man nur so'n Ding zuhause...' – Wie elfjährige Schüler am Computer lernen". – In Landesinstitut für Schule und Weiterbildung NRW (Ed.): *Fremdsprachen und Computer*, S. 49–52.

–: „Vertretungsstunden Englisch auf der Sekundarstufe I (mit PRAXIS-Textbeilage)". *Praxis des neusprachlichen Unterrichts* 33, 1986, 142–143.

–: „Computereinsatz als eine Form der Binnendifferenzierung". – In Melenk, H. et al. (Eds.): *11. Fremdsprachendidaktiker Kongreß. Region – Drama – Politik – Spracherwerb.* Tübingen, 1987, S. 572–578.

Englische und amerikanische Literaturtheorie

Studien zu ihrer historischen Entwicklung

Herausgegeben von

RÜDIGER AHRENS und ERWIN WOLFF

Band I: Renaissance, Klassizismus und Romantik

(Anglistische Forschungen/126)

1978. 483 Seiten. Kartoniert DM 120,–. Leinen DM 140,–

Band II: Viktorianische Zeit und 20. Jahrhundert

(Anglistische Forschungen/127)

1979. 612 Seiten. Kartoniert DM 180,– Leinen DM 200,–

Mit diesen Studien zur historischen Entwicklung der englischen und amerikanischen Literaturtheorie wird der in Deutschland erstmalige Versuch unternommen, einen zusammenhängenden Überblick über die Geschichte der literaturtheoretischen und -kritischen Reflexionen im angelsächsischen Raum anzubieten. Die insgesamt vierzig Originalbeiträge von Literaturwissenschaftlern aus der Bundesrepublik, Großbritannien und den USA behandeln im ersten Band Themen aus dem Zeitraum von der Renaissance bis zur Romantik und im zweiten Band Fragestellungen im historischen Ablauf von der viktorianischen Zeit bis zur Gegenwart. Dabei wird keine lückenlose Darstellung, wohl aber die forschungsorientierte Erörterung der verschiedenen Autoren und ästhetischen Probleme in den einzelnen Epochen angestrebt. Im ersten Band geht es in den einleitenden Artikeln zunächst um das Verhältnis von Rhetorik und Poetik und um die Bedeutung von Sidneys einflußreicher Schrift *The Defence of Poesy* in der elisabethanischen Zeit. Dryden, Swift, Shaftesbury, Pope, Addison, Dr. Johnson und Edward Young sind bedeutende Namen in den theoretischen Auseinandersetzungen des 17. und 18. Jahrhunderts, in denen die klassizistischen Maßstäbe allmählich überwunden werden. Die Romantik wird vor allem durch die Theorien von Wordsworth, Coleridge und Shelley repräsentiert. Im zweiten Band steht zunächst das der Viktorianismus mit seiner lebensbezogenen Ästhetik im Vordergrund. Mit dem Ästhetizismus des endenden 19. Jahrhunderts und mit der größeren Diversifikation der Theorien im Hinblick auf die verschiedenen literarischen Gattungen und unter stärkerem Einschluß weltanschaulicher Positionen wird das Bild bereits um die Jahrhundertwende mannigfaltiger, und die Einflußrichtungen zwischen England und Amerika wechseln mit größerer Schnelligkeit. Namen wie Ezra Pound, T. S. Eliot, Virginia Woolf, W. H. Auden, George Orwell. F. R. Leavis, I. A. Richards und Gruppenbildungen wie "New Criticism", "Myth Criticism" und "New Historicism" können als Markierungszeichen in unserem Jahrhundert dienen. Die beiden Bände eröffnen auf diese Weise in der heutigen Situation theoretischer Diskussion den notwendigen Einblick in die historische Entwicklung der angelsächsischen Literaturtheorie. Auswahlbibliographien zu den einzelnen Beiträgen sowie Sach- und Personenregister erhöhen die Benutzbarkeit dieser Publikation.

CARL WINTER · UNIVERSITÄTSVERLAG · HEIDELBERG

Wilfried Schoon, Vechta

Unterrichtsreihen Englisch

Wortschatzarbeit im Englischunterricht am Beispiel zweier *Stories of Initiation* in einem Grundkurs der Jahrgangsstufe 12

1. Planung der Unterrichtsreihe

1.1 Vorüberlegungen

Untersuchungen im Bereich des verbalen Lernens lassen Schlußfolgerungen auch auf die Organisation von Unterricht zu. Den psychologischen Erkenntnissen zufolge werden beste Behaltensleistungen durch die Spezifikation der Lernziele, die Komprimierung und assoziative Aufbereitung sowie das Überlernen des sprachlichen Materials erzielt.[1]

Mit Eudora Weltys "A Visit of Charity" und Katherine Mansfields "The Garden Party" (fortan VC und GP) liegen der Unterrichtsreihe zwei Short Stories zugrunde, die der *story of initiation* zugerechnet werden. Neben allgemeinen gattungsspezifischen Merkmalen werden inhaltliche Kriterien dieser Stories angeführt, die ihre Behandlung in einem Grundkurs der Jahrgangsstufe 12 rechtfertigen. Daran schließt sich eine antizipatorische Auseinandersetzung mit Bestandsaufnahmen zur Wortschatzarbeit im Fremdsprachenunterricht an. Sie enthalten lern- und gedächtnispsychologische Forderungen hinsichtlich der Wortschatzvermittlung und -festigung, aber auch Anmerkungen zu informellen Wortschatztests.

1.1.1 Stories of Initiation

Der Begriff *initiation* impliziert "the introduction of a young person into any human society by instruction in its principles, rules and mysteries".[2] Diese Einführung des Jugendlichen in die Erwachsenenwelt hinterläßt "a significant change of knowledge about the world or himself, or a change of character, or of both", wobei "the change is at least likely to have permanent effects".[3]

Auch bei jugendlichen Lesern erfreut sich die *story of initiation* zumeist großer Beliebtheit, weist sie doch eine hohe Identifikationsmöglichkeit auf. Ein Grund für die Betroffenheit findet sich in der Tatsache, daß hier ein Lebensabschnitt dargestellt wird, zu dem junge Menschen bereits aus eigener Erfahrung Stellung nehmen können. Einsamkeit und gesellschaftliche Isolation sowie Identitäts-probleme und Auseinandersetzungen in der Familie sind einige Aspekte, die problematisiert werden. Diese treten auch in VC und GP auf.

1.1.1.1 Eudora Weltys "A Visit of Charity"

Der aufmerksame Leser erkennt, daß der Besuch des vierzehnjährigen "Camp-fire Girl" Marian im Seniorenheim alles andere als "A Visit of Charity" ist. Viel-mehr kommt Marian nur einer Verpflichtung nach: "'I have to pay a visit to some old lady.'"[4] Eudora Welty schildert die schaurigen Ereignisse, die sich bei dem Besuch abspielen, aus der Perspektive der Protagonistin. Deren emotionale Befindlichkeit wird durch die atmosphärischen Einflüsse und das Auftreten von zwei Bewohnerinnen des Heims nachhaltig geprägt: "It was like being caught in a robbers' cave just before one was murdered."[5]

Die anfängliche Situationskomik, die aus dem gegensätzlichen Verhalten der Frauen erwächst, schlägt rasch um. Marians Besuch gestaltet sich zu einem "contact of the living with the living dead".[6] Das Mädchen erfährt in dem Gespräch von den unwürdigen Lebensbedingungen der alten Leute, die sich einsam und in ihrer Privatsphäre verletzt fühlen. Dem Leser und damit auch Marian werden soziale Mißstände vor Augen geführt, die Verbitterung hervor-gerufen haben und eine Reaktion geradezu herausfordern.

Bei der Konfrontation mit den Problemen des Alters erscheint das Mädchen hilflos. Es ist offensichtlich überfordert. Als die kränkliche alte Frau auf Marians Frage nach dem Alter mitleidvoll zu wimmern anfängt, wird bei der Hauptfigur die *initiation* ausgelöst: "She wondered about her – she wondered for a moment as though there was nothing in the world to wonder about. It was the first time such a thing had happened to Marian."[7] Die Auswirkungen des *shock of recogni-tion* werden in der Literatur unterschiedlich interpretiert. Eudora Welty beschreibt lediglich Marians Flucht aus dem Heim nach diesem Vorfall. Der Schlußsatz kommt einem offenen Ende gleich, läßt doch der "big bite out of the apple"[8] einen weiten Spekulationsspielraum über die weitere Entwicklung der Protagonistin.

1.1.1.2 Katherine Mansfields "The Garden Party"

In ironischem Unterton beschreibt Katherine Mansfield die anfänglichen Identi-fikationsprobleme der jugendlichen Protagonistin Laura. Bei den Vorbereitun-gen für das Gartenfest der Sheridans bemüht sich das Mädchen zunächst, ihre Mutter zu imitieren, die als typische Repräsentantin der "upper middle-class" gesehen werden muß. Andererseits hegt Laura Sympathie für die Arbeiter, die das Festzelt aufstellen: "She felt just like a work-girl."[9] Ihre innere Zerrissenheit steigert sich noch, als sie von dem tödlichen Unfall eines benachbarten Fuhrmanns erfährt. Dieser Identitätskonflikt des Mädchens wird dem Leser besonders deutlich, da auch die Ereignisse in GP aus der Sicht der Hauptfigur geschildert werden. Klassenunterschiede sind plötzlich sekundär gegenüber dem "primary theme – Laura's discovery of death, and its coextensiveness with life".[10]

Lauras Dilemma erreicht seinen vorläufigen Höhepunkt, als ihr Vorschlag, die Party abzusagen, zunächst von ihrer Schwester Jose, dann aber auch von Mrs Sheridan verworfen und sogar lächerlich gemacht wird. Nagende Selbstzweifel überkommen sie: "Am I being extravagant? Perhaps it was extravagant."[11] Schließlich verdrängt sie die Zweifel vorübergehend und widmet sich ganz dem Geschehen auf dem Gartenfest. Erst nach dem Ende des Fests wird der tödliche Unfall von Mr Sheridan erneut angesprochen.

Um das Gesprächsthema zu einem raschen Ende zu bringen, artikuliert Mrs Sheridan "one of her brilliant ideas": "'Let's make up a basket. Let's send that poor creature [der Witwe] some of this perfectly good food.'"[12] Die Ironie Mansfields schafft eine noch größere Diskrepanz zwischen der Herzlosigkeit der Mutter und der Sensibilität Lauras, die trotz eigener Vorbehalte nicht zu widersprechen wagt und sich auf den Weg zum Haus des Toten begibt. Durch die anschließende Konfrontation mit dem Verstorbenen wird die bereits zuvor begonnene *initiation* des Mädchens fortgesetzt. Lauras Verwirrung nach der Begegnung läßt vermuten, daß sie sich "on the threshold of the real world"[13] befindet. Einerseits hat sie Einblick in die Welt der Erwachsenen erhalten, andererseits kann sie ihre Empfindungen noch nicht verbalisieren. Der Leser muß aufgrund des offenen Endes selbst ermitteln, wie Lauras weitere Entwicklung verläuft und ob sie "in a better position to find life's realities"[14] ist.

1.1.2 Wortschatzarbeit

Bereits in den späten 60er und in den 70er Jahren vermittelten einschlägige fremdsprachenpsychologische und fachdidaktische Bestandsaufnahmen ein düsteres Bild von der Wortschatzarbeit im Fremdsprachenunterricht. So stellte Töpfer 1967 fest, daß die Lexik vor allem auf der Mittelstufe nicht intensiv und systematisch genug verarbeitet wird.[15] Diesen Zustand beklagte sieben Jahre später auch Loebner: „[...] es wird nicht eindeutig genug semantisiert, nicht konsequent genug geübt, nicht systematisch genug wiederholt. Es wird zu mechanisch gelernt, zu schnell vergessen, zu wenig kontrolliert und zu selten transferiert."[16] Das logische Ergebnis seien zum Teil gravierende Mängel der Schüler bei der Beherrschung des Vokabulars.

Aufschlußreiche Erkenntnisse legte 1981 Norbert Bolz vor, der Stand und Entwicklung der Grammatik- und Vokabelkenntnisse von Oberstufenschülern zwischen den Jahrgangsstufen 11 und 13 empirisch untersucht hatte. Die Veränderungen waren so geringfügig, daß sie sich statistisch gesehen als nicht signifikant erwiesen. Ein Lernerfolg war trotz durchgehenden Englischunterrichts nicht nachweisbar. Bolz kommentiert das Resultat wie folgt: „Wenn man davon ausgeht, daß der Stand der Englischkenntnisse [...] am Ende der Mittelstufe noch nicht befriedigend ist und mithin gesteigert werden sollte, sind diese Ergebnisse eher enttäuschend."[17] Eine Schlüsselstellung kommt dabei den Vokabellücken zu, denn „Defizite einer niedrigeren Ebene (hier: Vokabelkenntnisse) überlagern und verhindern potentielle Leistungen einer höheren Ebene (Leseverständnis)."[18]

Aus diesem Grunde wenden sich die weiteren Ausführungen einem Verfahren der Wortschatzvermittlung und -festigung zu, das einen Ausweg aus dem Dilemma des Fremdsprachenunterrichts ebnen will. Es basiert auf den Assoziationsgesetzen und geht von der These aus: „Ein organisch-gegliederter, assoziativ-gebundener Wortschatz dissoziiert schwerer als ein Agglomerat von Einzelwörtern."[19]

1.1.2.1 Der Informationsverarbeitungsansatz

Die Fremdsprachenpsychologie hat nachgewiesen, daß Lern- und Behaltensleistungen mit zunehmendem Grad an Ordnung der zu lernenden Einheitenmenge steigen und die Konkretheit des Materials diese Leistungen abermals positiv beeinflußt. Eine Präzisierung dieser Erkenntnisse leistet der Informationsverarbeitungsansatz. Er sieht das Gedächtnis „als eine Art Informationsverarbeitungs- und -speicheranlage"[20] und beschreibt "not only the way the mind processes the input, but how this material is then interrelated with existing knowledge, so that new knowledge evolves; how the information is stored; and how it is retrieved from storage at the appropriate time".[21]

Der Informationsverarbeitungsansatz unterscheidet drei funktionelle Gedächtnistypen: Sensorregister (SR), Kurzzeitgedächtnis (KZG) und Langzeitgedächtnis (LZG). Über die Sinneswahrnehmung ("perception") gelangt das empfangene Signal in das SR. Hier werden kurzfristig möglichst viele Informationen in sensorischer Form festgehalten, die dann einem Selektionsprozeß unterliegen. Diesem geht die Zuordnung ("matching") zu Inhalten und Strukturen des LZG voraus. Kriterium für die Weiterverarbeitung der Informationen ist deren Relevanz. Das SR fungiert somit als Filter, um einer Überlastung des Gedächtnisses vorzubeugen. Identifiziert es die Informationen als relevant, werden diese an das KZG abgegeben.

Dem KZG obliegen die zentralen Prozesse des *rehearsal, chunking* und *mediation*. Dabei verweist die Bezeichnung Arbeitsgedächtnis bzw. *working memory*, die von einigen Psychologen benutzt wird, zutreffender auf dessen vielfältige Tätigkeiten. Kruppa beschreibt das KZG als „die entscheidende Schaltstelle sowohl zwischen Informationsaufnahme und -speicherung als auch zwischen gespeicherter Information und ihrer Wiedergabe".[22] Für relevant erachtete Informationen ("gist") werden mit bereits gespeicherten Inhalten ‚vergesellschaftet' und dauerhaft in das LZG integriert.[23] Dabei klafft zwischen dem Aufbau der Gedächtnisspuren und dem Synapsenwachstum eine große zeitliche Lücke. Diese Tatsache läßt auf die Existenz eines Mittelzeitgedächtnisses schließen.[24]

Da die Speicherkapazität des menschlichen Gedächtnisses praktisch unbegrenzt ist, können einmal ins LZG gelangte Informationen nicht wieder vergessen werden. Trotzdem gelingt es manchmal nicht, sie abzurufen. Die Ursache dafür liegt im Verarbeitungsprozeß. Untersuchungen haben eine Korrelation zwischen Verfügbarkeit und Assoziationsdichte der Informationen ergeben. Die Assoziationsdichte ist für das aktive Abrufen sogar entscheidender als die Übungsintensität. Die Speicherung sprachlicher Information erfolgt als abstrakt-begriffliche Kodierung. Dafür ist das sogenannte semantische Gedächtnis verantwortlich. Unterstützt wird das Erinnern durch die Speicherung konkreter Ereignisse im episodischen Gedächtnis. „Zwischen beiden Kodierungen besteht die Möglichkeit des Informationstransfers, der zu einer Verbesserung der Behaltensleistungen von verbalem Material führen kann."[25] Assoziationen können sich sowohl aus dem Kontext als auch aus der Vernetzung eines Begriffs mit anderen Wörtern ergeben. Die intrasprachliche Vernetzung hat sich dabei gegenüber der intersprachlichen als stabiler erwiesen. Dies läßt den Schluß zu, „daß eine einsprachige Integration neuer Lexik im Fremdsprachenunterricht das Abrufen bzw. Erinnern erleichtert".[26]

1.1.2.2 Assoziative Vermittlung und Festigung des Wortschatzes

Wortschatzarbeit gestaltet sich in zwei Phasen, Vermittlung und Verankerung des Vokabulars. Bei der Wortschatzvermittlung haben sich die Erkenntnisse des Informationsverarbeitungsansatzes bestätigt, denn sowohl im rezeptiven als auch im produktiven Bereich liegt „die langfristige Verfügbarkeit von Vokabeln, die nach assoziativen Gesichtspunkten vermittelt wurden, weit über der Disponibilität der nicht in Sachfeldern integrierten Elemente"[27], weil Assoziationen die psycholinguistische Strukturierung fremdsprachlicher Lexik und somit deren Abrufbarkeit begünstigen.[28] Zusätzliche Vorteile bringt die Vielfachverankerung im LZG mit sich: "The more associations we make when learning material, the easier it is to remember that material."[29]

Alexander faßt die Voraussetzungen für eine Verankerung im LZG unter dem Oberbegriff "The Three C's of Vocabulary Learning" zusammen. Gemeint sind damit "context, collocation and connotation". Deren Bedeutung bei der Wortschatzvermittlung geht aus dem folgenden Zitat hervor: "*Context* comprises the connexions or relations between linguistic elements and extra-linguistic or external reality. To move on to *collocation*: This term refers to wholly intra-linguistic relations or the connexion between lexical items on the syntagmatic dimension. *Connotation*, on the other hand, is used to refer to both intralinguistic relations – for example, word associations, which may be either paradigmatic or syntagmatic – and also to associative or emotive meanings which extralinguistic entities may also have."[30] Eine Sonderstellung kommt dem Kontext zu, weil dieser bei der Semantisierung lexikalischer Einheiten nutzbar gemacht werden kann. Erst die kontextuelle Einbettung eines Wortes erlaubt Rückschlüsse auf seine konkrete Bedeutung, z.B. durch Abgrenzung gegenüber benachbarten Elementen des zugehörigen Wortfeldes. Eine wichtige Rolle spielen dabei "clues", die den "matching process" bei der Informationsverarbeitung fördern.[31]

Um das vermittelte Vokabular ins LZG zu überführen, ist eine ständige Aktivierung und Wiederholung des Wortschatzes nötig. Die Festigung der lexikalischen Kenntnisse sollte einen breiten Raum im Fremdsprachenunterricht einnehmen, weil es dabei zur Verknüpfung neuer und bereits vorhandener Einheiten kommt. Erst die systematische Umwälzung des Vokabulars sichert eine langfristige Verfügbarkeit. Da ein „Abhängigkeitsverhältnis zwischen Informationsschwund und der Qualität von Signalen"[32] besteht, sollte ein Überladen der Unterrichtsstunden mit neuem Stoff vermieden werden. Zur Vereindeutigung trägt die semantische Reduktion bei. Diese wird durch die Wahl geeigneter Kontexte sichergestellt. Weitere Einflußfaktoren ergeben sich aus entwicklungs- und lernpsychologischen Besonderheiten der Lerngruppe sowie dem Medieneinsatz. Die Ausführungen dieses Abschnittes sollen mit der These abgeschlossen werden, „daß zeitlich später vermitteltes Vokabular beim Ziel der langfristigen Verfügbarkeit intensiver gefestigt werden muß als früher vermitteltes, da dieses im Bewußtsein der Schüler vorherrscht und dazu tendiert, neue Materialien zu überlagern".[33]

1.1.2.3 Informelle Wortschatztests

Ein Test kann sich motivierend auf die Schüler auswirken, da er ihnen Aufschluß über ihr Leistungsniveau gibt. Aus eben diesen motivationalen Gründen muß der Lehrer dafür Sorge tragen, daß eine Überprüfung „erst nach genügender Umwälzung und Integrierung"[34] stattfindet. Zudem können individuelle Lernbedürfnisse nur nach präziser Diagnose des Eingangsverhaltens der Schüler und der Effizienz von Methoden und Medien gebührend berücksichtigt werden.[35] Der Mangel an standardisierten Tests zwingt den Lehrer, selbst geeignete Verfahren zu konstruieren, die sogenannten informellen Wortschatztests. Dabei wird eine repräsentative Auswahl des vorgegebenen Vokabulars getestet, die sich nach dem Zufallsprinzip ergibt.

Bei der Konstruktion eines informellen Wortschatztests stellt sich die Frage, ob die Fähigkeit des Erinnerns oder Wiedererkennens in besonderem Maße angesprochen werden soll.[36] Als sinnvoll hat sich die Verwendung von Ergänzungs- und Antwort-Auswahl-Aufgaben erwiesen. Diese intendieren die freie bzw. die gebundene Beantwortung. Probleme entstehen für den Testkonstrukteur in erster Linie bei dem zweiten Aufgabentyp. Bei diesen *multiple choice items* sollten dem Schüler mehrere Alternativen angeboten werden. Dabei darf es nur *eine* eindeutig korrekte Antwort geben. Die *items* müssen knapp und präzise verfaßt sein und dürfen keine irrelevanten *clues* enthalten.[37] Problematisch ist auch die Wahl geeigneter Distraktoren. Lados Anspruch, jeweils einen *form-induced distractor*, einen *context-induced distractor* sowie einen *meaning-induced distractor* zu finden, läßt sich kaum realisieren.[38] Der Lehrer sollte jedoch darauf achten, daß die richtige *option* und die Distraktoren ein annähernd gleiches Anspruchsniveau besitzen. Die hier aufgezeigten Forderungen an einen *multiple choice test* treffen ebenfalls für *matching items* und *completion items* zu, zwei weitere Aufgabentypen mit gebundener Beantwortung, die sich für die Kontrolle des Wortschatzes eignen.

1.2 Didaktisch-methodische Entscheidungen

Vom Leistungsniveau her handelt es sich bei dem Grundkurs der Jahrgangsstufe 12/1 um eine heterogene Lerngruppe. Trotz des Interesses für Fach und Thema läßt die Beteiligung oft zu wünschen übrig, weil viele Schüler Schwierigkeiten bei der Beherrschung des Wortschatzes und der Textanalyse haben. Defizitäre lexikalische Kenntnisse rühren vermutlich daher, daß Vokabeln bislang unsystematisch gelernt wurden, und erklären die sprachlichen Schwächen einiger Schüler. Das Ziel der Unterrichtsreihe ist die Reduzierung dieser Defizite.

Die Rahmenrichtlinien Englisch für die Oberstufe betonen das Wechselverhältnis von Sprachunterricht und der Vermittlung literarischer und landeskundlicher Kenntnisse bei grundsätzlicher Gleichwertigkeit der drei Bereiche in *jedem* Kurs. Dabei kommt den lexikalischen Kenntnissen ein besonderes Gewicht zu, da sie als Basis für die Realisierung der Ziele anzusehen sind, die die Rahmenrichtlinien im Zusammenhang mit den vier Grundfertigkeiten Hörverstehen, Sprechen, Leseverstehen und Schreiben anführen. In einem Kurs mit dem Schwerpunkt Literatur besteht nun die Aufgabe darin, literarisch-landes-kundliche und sprachliche Zielsetzungen sinnvoll zu verbinden.

VC und GP aus dem Sammelband *Stories of Initiation* (Klett, 1986) bilden die Textgrundlage für die Unterrichtsreihe. Zum einen erfreut sich die Short Story großer Beliebtheit in diesem Kurs, zum anderen ist die Verständlichkeit der Texte dem mittleren Leistungsniveau der Schüler angepaßt. Ausgehend vom Durchschnittsalter der Kursteilnehmer kann man zudem voraussetzen, daß die inhaltliche Problematik angemessen reflektiert wird. Aufgrund inhaltlicher und formaler Parallelen eignen sich VC und GP in besonderem Maße für die Wort-schatzarbeit mit Wort- und Kollokationsfeldern. Die Hauptfiguren sind in bei-den Fällen junge Mädchen, die "maturity experience" sammeln, und der *plot* der Geschichten kann fast durchgehend als "conversation between the characters" bezeichnet werden. Natürlich können die beiden Geschichten in einer achtstün-digen Unterrichtsreihe nicht erschöpfend diskutiert werden. Auf inhaltlicher Seite erfolgt eine isolierte Anwendung des textimmanenten Verfahrens, bei dem wiederum die Analyse der Hauptfiguren und ihrer Probleme im Blickpunkt steht. Das Aufzeigen des *initiation process* Marians und Lauras wird durch die Einbeziehung atmosphärischer Besonderheiten sowie die Abgrenzung gegen-über ihren Antagonisten geleistet. Der Schwerpunkt zielt auf die Existenzkrise der jugendlichen Protagonistinnen ab, weil dabei eine direkte Betroffenheit der Schüler angenommen werden kann. Die Konfliktstruktur der Short Stories ist ohne weiteres direkt oder modifiziert auf ihren Erfahrungsbereich übertragbar und bietet Anlaß zur kritischen Reflexion. Durch die überwiegend kommuni-kative Handlungsstruktur ist außerdem eine unmittelbare Anbindung an die sprachliche Zielsetzung gewährleistet.

Wortschatzarbeit ist ein obligatorisches Teillernziel in *jeder* Unterrichts-stunde.[39] Über Qualität und Quantität des zu lernenden Wortschatzes schwei-gen sich die Rahmenrichtlinien dagegen aus. Dies wird damit begründet, daß die Arbeit im Englischunterricht der Oberstufe nicht lehrgangsgebunden sei. Dem Lehrer bleibt nur die vage Orientierung an den Situationen und Sprechintentio-nen der Richtlinien für die Klassen 7 bis 10, will er das als vorrangig anerkannte Ziel der Kommunikationsfähigkeit realisieren.[40] Zurecht verweist Doyé auf die Zweifel des gewissenhaften Pädagogen an der Wahl seiner Unterrichtsgegen-stände: „Daß diese Zweifel bei der Wortauswahl berechtigt sind, wird jeder bestätigen, der einmal versucht hat, an einer größeren Anzahl von Wörtern abzuschätzen, ob diese zu den wichtigen und damit lernenswerten Wörtern der englischen Sprache gehören."[41]

Trotz dieses unbefriedigenden Zustandes bleibt die Notwendigkeit einer Reduktion des Sprachmaterials, das vermittelt werden soll, unbestreitbar. Um der Verknüpfung inhaltlicher und sprachlicher Ziele willen bietet sich die Erarbeitung des Wort- und Kollokationsfeldes "forms of communication" an. Dieses umfaßt Verben und "verbal phrases" der verbalen und non-verbalen Kommunikation. Dabei bestimmen die Schüler selbst, welche Ausdrücke zur Beschreibung von Figuren, Atmosphäre und Handlung wichtig sind, und grenzen den Lerngegenstand dadurch abermals ein. Nach kognitionspsychologischen Erkenntnissen wird eine Habitualisierung sprachlichen Materials durch komplexe und authentische Kommunikationszusammenhänge begünstigt. Die Komplexität durchzuführender Denkprozesse und Handlungen sichert die dauerhafte Motivation der Schüler. Aufgabe des Lehrers ist es, durch Strukturierung des Lerngegenstandes – in diesem Fall die Betonung der "forms of communication" – dafür zu sorgen, daß Komplexität nicht zu Desorientierung führt. Die Umwälzung des Sprachmaterials soll die Schüler herausfordern, ihre heuristische Kompetenz einzusetzen, und gleichzeitig den systematischen Aufbau einer epistemischen Kompetenz hinsichtlich inhaltlicher Probleme bewirken.[42] Aus diesem Grunde wird davon Abstand genommen, das in den "annotations" in chronologischer Reihenfolge aufgeführte Vokabular zu verarbeiten, um die Schüler „aus dem Durcheinander amorpher Vokabelmasse herauszuführen".[43] Die "forms of communication" bieten sich dazu besonders an. Denn es hat sich für die langfristige Disponibilität von Vokabeln als günstig erwiesen, wenn diese sowohl thematische Relevanz als auch allgemeinen Gebrauchswert besitzen. Durch den situativen Kontext der thematischen Textarbeit und die leichte Transferierbarkeit in andere Zusammenhänge bestehen besonders vorteilhafte Bedingungen für die Festigung derartiger Elemente.[44] Diese Voraussetzungen können für das Gros der "forms of communication" als richtig angenommen werden. Die Verankerung des Vokabulars erfolgt durch mündliche und schriftliche Anwendung. Die differenzierten Formen der Wortschatzfestigung intendieren langfristig Leistungsverbesserungen der Schüler im Bereich der mündlichen und schriftlichen Performanz. Ein Wortschatztext nach Abschluß der Unterrichtsreihe soll als Gradmesser dienen, inwieweit das Ziel einer Erweiterung und Festigung der lexikalischen Kenntnisse realisiert werden konnte.

Aus diesen didaktischen Vorüberlegungen ergibt sich folgender Aufbau der Unterrichtsreihe:

1. Inhaltliche Erarbeitung von VC
2. Bestimmung der relevanten "forms of communication"
3. Analyse der Entwicklung Marians vor dem Hintergrund ihres Verhältnisses zu den anderen Figuren
4. Vergleich der fiktionalen Ereignisse mit der Realität
5. Inhaltliche Erarbeitung von GP
6. Erweiterung des Wort- und Kollokationsfeldes sowie Charakterisierung der Figuren mit dessen Hilfe

7. Interpretation des kommunikativen Verhaltens der Figuren

8. Vergleich der Entwicklungsprozesse Marians und Lauras; Wortschatztest

Ein informeller Wortschatztest vor Beginn der Unterrichtsreihe erteilt Auskunft über das Eingangsverhalten der Schüler bezüglich ihrer lexikalischen Vorkenntnisse (Anlage 1). Seine Auswertung macht unter Umständen eine Planungskorrektur hinsichtlich des zu vermittelnden Wortschatzes nötig, wenn ein entsprechendes Vorwissen der Schüler die Straffung der sprachlichen Lernziele erlaubt.

Zentrale Bedeutung bei der Vermittlung des Wortschatzes kommt der Gruppenarbeit zu, da sie sich inhaltlich und zeitökonomisch (2., 6. Stunde) anbietet. Darüber hinaus kommt sie dem Leistungsvermögen des Kurses entgegen. Durch gezielte Gruppenzusammenstellung kann das bestehende Leistungsgefälle zum Teil kompensiert werden. Leistungsstarke und -schwache Schüler werden in leistungsheterogenen Arbeitsgruppen zusammengeführt, die untereinander etwa gleich leistungsstark sind. Ein allgemeines Problem der Gruppenarbeit ist die Frage nach der Sprache. Der Englischunterricht sollte die stringente Einhaltung der Zielsprache anstreben, doch ist dies in dem Kurs aufgrund der sprachlichen Mängel einiger Schüler nicht durchzusetzen. Dies muß im Sinne eines ergebnisorientierten Unterrichts, der das Interesse der Schüler am Thema erhalten will, in Kauf genommen werden, zumal die Richtlinien die Verwendung der Muttersprache zur Klärung wichtiger und sprachlich schwieriger Aspekte billigen.[45]

Der Lehrer tritt bei der Erarbeitung der "forms of communication" weitestgehend in den Hintergrund, ihm obliegt allerdings die Aufgabe der „Sicherung des dynamischen Faktors ‚Informationsinteresse‘".[46] Hierbei spielt die geschickte, zielgerichtete Fragestellung eine tragende Rolle, die weit genug gefaßt ist, um den Schülern eine angemessene Mitgestaltung und Eigenverantwortung zu gewähren, aber wiederum nicht so offen artikuliert ist, daß der Unterrichtsablauf unkalkulierbar wird. Diese Feststellung gewinnt besonders während der offenen Phase zu Beginn der Stunde an Gewicht. Die Lehrerfrage fungiert als Stimulus, aber auch Steuerungsinstrument. Sie ermutigt den Schüler, selbst Fragen zu stellen, und steckt gleichzeitig eine bestimmte Bandbreite ab. Innerhalb dieser Marge eignet sich das Lehrer-Schüler-Gespräch am besten, um die kommunikative Kompetenz der Schüler zu fördern. Es zielt auf die Formulierung eines Ansatzes für die Textanalyse ab, die sowohl sprachliche als auch inhaltliche Schwerpunkte haben kann.

Der problemorientierte Ansatz rechtfertigt sich durch das Bemühen, möglichst einen authentischen Kommunikationszusammenhang herzustellen, der Schülerinteressen aufgreift und aus motivationalen Gründen eine Unterforderung der Schüler vermeidet. "The language must be such that the learner is willing and able to react to it authentically as an instance of discourse."[47] Weil sich die Schüler mit der Aufgabenstellung, die von ihnen mitgestaltet wird, identifizieren, kann eine engagierte Diskussion über die gewonnenen Ergebnisse erwartet werden. Dies ist aufgrund der angestrebten Festigung des Vokabulars besonders im Anschluß an die Erarbeitung der "forms of communication" bedeutsam. Da die Realisierung der sprachlichen und der inhaltlichen Ziele koordiniert ist, wirkt sich dieser Effekt auch in den übrigen Stunden positiv aus.

Um das Vokabular langfristig disponibel zu erhalten, muß eine vielfältige Festigung erfolgen. Dabei wird im mündlichen Bereich wiederum vorzugsweise auf die Sozialformen Gruppenarbeit und Lehrer-Schüler-Gespräch zurückgegriffen. Größe und personelle Zusammensetzung der Gruppen sowie die Länge der Diskussionsbeiträge werden variiert. Stärker noch als in der offenen Phase beschränkt sich der Lehrer darauf, durch Impulse eine Interaktion in Gang zu bringen bzw. halten, Schülerantworten zu koordinieren, Zusatzinformationen zu geben und sprachliche Fehler zu korrigieren. Trotz dieser Zurückhaltung sorgt er für die bewußte Anwendung des zu vertiefenden sprachlichen Materials. Einerseits achtet er durch gezielte Fragestellung darauf, daß die "forms of communication" im Unterrichtsgespräch umgewälzt werden, andererseits erfordern Lückentexte, die während der Reihe eingesetzt werden, die mündliche Benutzung der Begriffe (Anlage 2). Die Vokabeln werden in ihren jeweiligen Kontexten in einen Schnellhefter übertragen und einsprachig semantisiert (Anlage 3). Dazu wird das *ALD* herangezogen. Eine zusätzliche Übung stellen Hausaufgaben aus dem Bereich der Textproduktion dar, wobei auch dem *creative writing* angemessener Raum gegeben wird.[48] Mit einer Ausnahme (Lückentexte) werden in diesen Phasen der Wortschatzanwendung immer auch inhaltliche Lernziele realisiert.

Eine wichtige Entscheidung für den Unterrichtserfolg stellt auch die Wahl der Medien dar. Oberstes Kriterium muß deren Eignung für die Realisierung der sprachlichen und inhaltlichen Ziele sein. Beachtung finden muß dabei die Erkenntnis der Gedächtnispsychologie, daß beste Behaltensleistungen dann erzielt werden, wenn die Darbietung beide sensorischen Kanäle, Icon und Echo, aktiviert. Sie wirken gewissermaßen kompensatorisch, indem z.B. die visuelle Kodierung einer Information eine eventuell fragmentarische Repräsentation im akustischen SR ausgleicht.[49] Daraus ergibt sich die Notwendigkeit, Unterrichtsergebnisse sowohl in gesprochener als auch in geschriebener Form zu präsentieren. Bei der Erarbeitung der "forms of communication" bietet sich deshalb der Einsatz von Folien an. Die einzelnen Gruppen notieren ihre Ergebnisse an markierten Stellen. So können diese durch Übereinanderlegen auf dem Overhead-Projektor gleichzeitig dargeboten werden. Dadurch wird das Einprägen des Schriftbildes unterstützt. Die Schüler üben zudem den Umgang mit dem *ALD*. Auch die Wortschatzübungen werden mit Hilfe von Folien durchgeführt. Ein

Lückentext kann so für alle Schüler gut leserlich projiziert und im Plenum bearbeitet werden. In erster Linie sollen hier die leistungsschwächeren Schüler beteiligt werden, um sie durch kleine Erfolgserlebnisse zu aktiverer Mitarbeit zu motivieren. Das Ausfüllen der Lücken dient der nachhaltigen Verankerung des in den vorangegangenen Stunden erarbeiteten Vokabulars.

Schließlich wird die Folie auch benutzt, um den Schülern als Motivation Textstellen zu präsentieren. Ihr Inhalt soll möglichst provozierend sein, damit sich Sprechanlässe für die Schüler ergeben. Sie müssen Rückschlüsse auf komplexe Zusammenhänge der Short Stories zulassen und sich dazu eignen, Problemfragen aufzuwerfen. Der Einsatz von Folien wird dem Markieren der Stellen in der Textgrundlage durch die Schüler vorgezogen, weil sie sich bei dieser Methode ganz auf die entsprechenden Zeilen konzentrieren können und nicht durch andere Passagen bzw. ständiges Umblättern abgelenkt werden. Die Folie bietet den Vorteil, daß Zwischenergebnisse, Problemfragen und Arbeitsaufträge unmittelbar unter dem Zitat fixiert werden können. So wird auch optisch deren Zusammengehörigkeit dokumentiert und das Material konkreter.

Zur Sicherung des erarbeiteten Wortschatzes fertigen die Schüler im Unterricht zwei Arbeitsblätter an (Anlage 4). Sie übertragen die ergänzten und korrigierten Ergebnisse der Gruppenarbeit auf ein Blatt Papier, das dem Vokabelschnellhefter beigefügt wird, so daß dieses jederzeit in den folgenden Stunden und bei der Anfertigung der Hausaufgaben herangezogen werden kann. Auf diese Weise üben die Schüler auch solche "forms of communication" schriftlich, die nicht zu ihrer Teilaufgabe gehören. Vertieft werden die Kenntnisse der Schüler durch die Hausaufgaben, die eine Übertragung und Bearbeitung des Wortschatzes vorsehen.

Von besonderer Bedeutung für die Visualisierung der Unterrichtsergebnisse ist auch der Tafelanschrieb. Er wird vorwiegend eingesetzt, um inhaltliche Aspekte wie die Strukturierung oder Figurenkonstellation in VC und GP zu ikonisieren. In einigen Fällen bietet sich das Wechselspiel von Tafel- und Folientext an. Durch einen Medienwechsel kann den Schülern beispielsweise ein Einschnitt im Unterrichtsablauf signalisiert werden. So wird in der 5. Stunde die Textanalyse vorbereitet, indem Schüleraussagen und -fragen sowie der Arbeitsauftrag auf Folie festgehalten werden. Dadurch wird Platz an der Tafel gespart. Die gesamte Innenfläche kann dazu verwendet werden, die Analyseergebnisse zu fixieren. Durch nochmaliges Einblenden der Motivationsfolie wird der Spannungsbogen letztlich geschlossen. Die Schüler können die anfangs aufgestellte Hypothese mit dem Resultat der Textanalyse vergleichen und sie entweder verifizieren oder falsifizieren. Eine andere Form des Zusammenspiels der beiden Medien erfolgt in der 3. Stunde. Hier läßt der Einsatz von Tafel und Folie nicht auf den Beginn einer neuen Unterrichtsphase schließen. Die Fixierung der Eingangssituation und der Schlußszene wird an der Tafel vorgenommen, um den Schülern die wichtigen Unterschiede dauerhaft vor Augen zu führen. So können die Ergebnisse der Gruppenarbeit projiziert und Rückschlüsse daraus im Tafelanschrieb ergänzt werden.

2. Die Durchführung der Unterrichtsreihe

Verschiedene Gründe sprechen dafür, die 2., 3. und 7. Stunde der Unterrichtsreihe in Planung und Verlauf zu beschreiben. Vorab erfolgen einige Erläuterungen zum Eingangstest, während das Ergebnis des Abschlußtests am Ende des Abschnittes dargestellt wird.

Die 2. Stunde nimmt eine wichtige Stellung innerhalb der Unterrichtsreihe ein, da in ihr die Basis für eine gezielte Erweiterung und Festigung des Vokabulars gelegt wurde. Sie spiegelt zudem deutlich die anfänglichen Schwierigkeiten wider, die sich aus der stärkeren Beteiligung der Schüler an Zielsetzung und Planung des Unterrichts für alle Beteiligten ergaben. In der darauf folgenden Stunde stand die Festigung der "lexical items"[50] im Blickpunkt. Hier wurden Elemente des Wort- und Kollokationsfeldes "forms of communication" auf unterschiedliche Weise umgewälzt. Schließlich wird ausführlich auf die 7. Stunde eingegangen, in der die Anwendung der "forms of communication" nicht nur der Wiederholung und Festigung diente, sondern als Grundlage für eine Inhaltsanalyse herangezogen wurde. Diese Analyse bezweckte eine abschließende Charakterisierung der Hauptfiguren aus GP.

2.1 Eingangstest

Der Eingangstest wurde von neunzehn Schülern bearbeitet. Das abgefragte Vokabular besteht ausnahmslos aus "forms of communication" und ist den der Unterrichtsreihe zugrunde gelegten Short Stories entnommen. Die zwanzig *lexical items* wurden aus über vierzig Elementen des Wort- und Kollokationsfeldes, die in VC und GP vorkommen, zufällig ausgewählt. Dabei konnten vierzehn Begriffe als für das Gros der Schüler bekannt vorausgesetzt werden, tauchen diese doch im Vokabelverzeichnis von *English for Today* (Band 1–5/6) auf, dem Lehrwerk, das im Englischunterricht der Mittelstufe benutzt wurde.

Lediglich *breathe, murmur, gasp out, plead, sob* und *turn on* konnten, zumindest in ihren jeweiligen Kontexten, nicht unbedingt als eingeführt gelten. Zur Bearbeitung des Tests, der nicht angekündigt worden war, standen den Schülern zwanzig Minuten zur Verfügung.

Die Auswertung führte zu einem äußerst unbefriedigenden Ergebnis. Durchschnittlich entfielen 11,21 Fehler auf jeden Schüler. Dabei wurden für den besten 5, für den schlechtesten Test 17 Fehler verzeichnet. Auffällig ist in diesem Zusammenhang, daß auch die leistungsstärksten Schüler des Kurses z.T. erhebliche Wortschatzdefizite aufwiesen. Das Testergebnis bestätigte die Hypothese über unzureichende lexikalische Kenntnisse einer Reihe von Schülern als Grund für Schwächen z.B. auf dem Gebiet des Hörverstehens und der mündlichen Performanz.

2.2 Die zweite Stunde

2.2.1 Planung

Über die Charakterisierung des *plot* sollten die Schüler zu der Feststellung gelangen, daß der Handlungsablauf der Short Story zu einem Großteil auf einer Kommunikation zwischen den Figuren basiert. Auf dieser Grundlage sollte eine Präzisierung erfolgen. Ausschlaggebend für das Gelingen der geplanten Wortschatzarbeit mußte die offene Phase sein. Hier sollte den Schülern einerseits genügend Freiraum gegeben werden, eine Problemfrage zu artikulieren, die auf ihr eigenes Interesse stößt, andererseits erlaubte das sprachliche Lernziel der Stunde – die Erweiterung und Festigung der lexikalischen Kenntnisse – keine erheblichen Abweichungen von der Planung. Zentrale Bedeutung kam deshalb dem Frageverhalten des Lehrers bei.

Im weiteren Stundenverlauf war die Erarbeitung des sprachlichen Materials und dessen Zuordnung zu den Figuren vorgesehen. Dabei sollten die Schüler weitgehend eigenverantwortlich bestimmen, "[which] verbs and verbal phrases reveal different forms of communication". Mit Hilfe der Analyseergebnisse sollte schließlich eine vorläufige Charakterisierung der Figuren vorgenommen werden.

2.2.2 Verlauf

Zu Stundenbeginn wurde die Einstiegsfrage gestellt: "What does the plot mainly consist of?" Die Schülerantworten "It's about a quarrel", "It's a dispute" oder "The way two old women live together" machten deutlich, daß die Frage zu weit gefaßt war, um auf den Begriff "communication" zu kommen. Erst nach dem Hinweis, den Streit allgemeiner zu beschreiben, stellte ein Schüler fest: "It's a quarrel with words." Ein Mitschüler präzisierte den Handlungsablauf als "conversation". Darauf wurde der Arbeitsauftrag formuliert: "Underline verbs and verbal phrases which reveal different forms of conversation."

Die Textanalyse erfolgte in Gruppenarbeit. Die Zusammensetzung der vier Gruppen wurde vom Lehrer bestimmt, weil es darauf ankam, leistungsstarke und leistungsschwache Schüler gleichmäßig zu verteilen. Jede Gruppe konzentrierte sich auf eine Figur in der Short Story und hielt die Ergebnisse auf einer Folie fest. Da die Schüler sehr sorgfältig und detailliert vorgingen, wurde der abgesteckte Erwartungshorizont sogar übertroffen. Die Ergebnisse sollten von den leistungsschwächeren Schülern vorgetragen werden, da nur ein Ablesen von der Folie erforderlich war. Insbesondere bei der Präsentation der Gruppe 2 (Anlage 4, Arbeitsblatt 1) kam es zu einer Diskussion, an der sich mehrere Schüler engagiert beteiligten. Ein Schüler merkte an: "Some phrases have nothing to do with conversation." Er nannte "lifted one eyebrow" und "The nurse shrugged". Die Gruppe wurde aufgefordert zu begründen, weshalb diese Ausdrücke für sie wichtig seien. Die angesprochenen Schüler antworteten: "The nurse does not speak very much. But these phrases are important for her character. She expresses something without speaking." Diese Argumente wurden von den Mitschülern akzeptiert, konnten jedoch den Einwand nicht entkräften. Deshalb wurde schließlich angeregt, "conversation" durch einen Begriff zu ersetzen, der auch non-verbale Aktivitäten umfaßt, worauf das ursprünglich vorgesehene "communication" vorgeschlagen wurde. Nach einer Überprüfung der Bedeutungen im *ALD* ("conversation: talking; communicate: pass on news, information, feelings, etc.") wurde der Tafelanschrieb entsprechend abgeändert.

Zwar war die Diskussion dieses Problems so zeitaufwendig, daß die Übertragung der Ergebnisse ins Heft nicht mehr möglich war. Dennoch nahm sie einen hohen Stellenwert für die Erreichung des sprachlichen Lernziels ein, wurde doch in diesem Zusammenhang die Bedeutung von "conversation" und "communication" semantisiert. Die Ergebnisse der Gruppen 3 und 4 konnten nur noch kurz referiert werden. Um die Begriffsklärung der "forms of communication", die zur Erweiterung und Festigung der lexikalischen Kenntnisse unabdingbar war, mit Hilfe des *ALD* als Hausaufgabe stellen zu können, wurden die Folien eingesammelt und aus den Ergebnissen ein Arbeitsblatt für die Schüler erstellt.

2.3 Die dritte Stunde

2.3.1 Planung

Inhaltliche und sprachliche Ziele sollten in dieser Stunde gleich stark gewichtet werden. Ein Lückentext diente der Wiederholung und Übung der "forms of communication". Deren abermalige Umwälzung wurde durch die Charakterisierung des Verhältnisses der Figuren zueinander intendiert. Die diesbezügliche Textanalyse schloß jedoch das Aufzeigen anderer relevanter Passagen nicht aus, um Monotonie im Unterrichtsverlauf zu verhindern. Die Beantwortung der inhaltlich ausgerichteten Problemfrage machte die Anbindung des Sprachmaterials an den jeweiligen Kontext notwendig. Dadurch wurde die Festigung der semantischen Bedeutung angestrebt. Mit der Fixierung der Ergebnisse auf Folie sollte erreicht werden, daß sich das Schriftbild besser einprägte, während die mündliche Präsentation dieser Resultate auf die Vertiefung des Klangbildes ausgerichtet war.

2.3.2 Verlauf

Eröffnet wurde die Stunde mit einer Wortschatzübung. Sie erforderte von den Schülern einen Transfer, weil die "forms of communication" in einem anderen Kontext Anwendung fanden. Bevorzugt wurden die leistungsschwächeren Schüler aktiviert, um den „Einschleifeffekt"[51] bei ihnen nachdrücklich zu fördern. Obwohl die Übung zur Festigung des in der vorangegangenen Stunde erarbeiteten Sprachmaterials gedacht war, wurde nicht auf der Verwendung dieses Vokabulars beharrt, wenn Alternativen akzeptabel erschienen. So wurde beispielsweise "intimately" anstelle des in der Geschichte verwandten "with (sudden) intimacy" benutzt (Anlage 2).

Der Einstieg in das Stundenthema bestand aus der Gegenüberstellung von zwei Textpassagen:

> She [Marian] stopped for a moment beside one of the prickly dark shrubs with which the city had beautified the Home, and then proceeded slowly toward the building [...]. As she walked vaguely up the steps she shifted the small pot from hand to hand: then she had to set it down and remove her mittens before she could open the heavy door.

> She [Marian] pushed the heavy door open into the cold air and ran down the steps. Under the prickly shrub she stooped and quickly [...] retrieved a red apple she had hidden there.

Zunächst wurden diese zeitlich in den Handlungsablauf eingeordnet. Auf die Frage "What can you say about Marian?" führten die Schüler relevante Zitate an. Erwartungsgemäß hatten einige Schwierigkeiten mit der engen Arbeit am Text. Um Vorsorge für eine exakte Inhaltsangabe zu treffen, wurde konsequent methodische Genauigkeit eingefordert. Ein Schüler konstatierte letztlich "slow movements at the beginning and quick movements at the end" als kontrastive Merkmale der Zitate. Die Schüleräußerungen wurden an der Tafel ergänzt. Als Begründung nannten die Schüler: "She had a change of mind." Zur Verdeutlichung des Prozeßhaften wurde ein Pfeil angezeichnet und "change of mind" darauf vermerkt. Daraus ergab sich die Frage: "What are the reasons?"

Die Analysephase setzte ein mit dem Sammeln der Gründe für Marians Verhaltensänderung. Diese wurden an der Tafel festgehalten. Sie stellten die Ausgangsbasis für die anschließende Gruppenarbeit dar. Aus den erarbeiteten Gründen leiteten die Schüler eine dreiteilige Problemfrage ab: "How does Eudora Welty describe a) the relationship between the old women, b) the first old woman's relationship with Marian, c) Addie's relationship with Marian?" Sie wurde den Schülern mit Hilfe von Folienschnipseln dargeboten. Die Textanalyse bestritten sechs Kleingruppen, von denen jeweils zwei die gleiche Aufgabe bearbeiteten.

Die Arbeitsergebnisse wurden von den a-Gruppen so auf Folie notiert, daß diese übereinander gelegt werden konnten und das Gesamtergebnis mosaikartig ergänzt wurde. Die Interpretation wurde durch den Rückbezug zu Motivationsfolie und Tafelanschrieb eingeleitet. Die Stunde endete mit der Bemerkung, daß Marian "experience" gesammelt und einen Schock erlitten habe. Abweichend von der Planung wurde "experience" in den Tafeltext eingefügt.

2.4 Die siebte Stunde

2.4.1 Planung

Wiederholung und Festigung der in GP auftretenden "forms of communication" sollten im Mittelpunkt der Stunde stehen. Dieses sprachliche Ziel sollte jedoch nicht nur durch beharrliche Anwendung des erarbeiteten Wortmaterials erreicht werden. Vielmehr war eine Progression bei der Umwälzung des Vokabulars vorgesehen. Die emotionale Befindlichkeit der Hauptfiguren sollte ausgehend von den "forms of communication" erarbeitet werden. Dabei mußte die semantische Bedeutung der Begriffe reflektiert werden, um Charakterzüge und typische Eigenschaften der Figuren zu erschließen.

Das inhaltliche Ziel gestaltete sich als eine Fortführung und Präzisierung der in der vorangegangenen Stunde erreichten Charakterisierung, die bewußt grobkörnig geblieben war. Die Analyse der "feelings and emotions" sollte detailliert vorgenommen werden, um eine Bewertung und Gruppierung der Figuren – z.B. Laura und Laurie als positive, Jose und Mrs Sheridan als negative Erscheinungen – zu ermöglichen. Außerdem sollte die Sonderstellung Lauras abschließend diskutiert werden.

2.4.2 Verlauf

Ein selbstkonstruierter Lückentext wurde als Wortschatzübung eingesetzt. Kriterien und Erwägungen, die dieser Übung zugrunde lagen, decken sich mit denen der 3. Stunde. Als Einstieg wurde ein Zitat eingeblendet und auf die unterstrichenen "forms of communication" hingewiesen: "What information do these phrases include?"

'Jose!' she said, horrified, 'however are we going to stop everything?' 'Stop everything, Laura!' cried Jose in astonishment. 'What do you mean?' 'Stop the garden party, of course.' Why did Jose pretend? But Jose was still more amazed. 'Stop the garden party? My dear Laura, don't be so absurd. Of course we can't do anything of the kind. Nobody expects us to. Don't be so extravagant.'

Die Schüler nannten "the characters' emotions" und führten als Textbelege "horrified" und "in astonishment" an. Mit Hilfe des *ALD* wurde die exakte Wortbedeutung von "emotion" geklärt und dabei von "feeling" abgegrenzt, um den Schülern differenziertes Vokabular für die Textanalyse an die Hand zu geben.

Anhand des Arbeitsblattes 2 (Anlage 4) und durch Rückgriffe auf den Text wurden "feelings and emotions" der Sheridans zusammengetragen. Die anderen Figuren wurden ausgeklammert, um die Stunde inhaltlich nicht zu überfrachten und um die motivierende Wirkung einer kontrastiv angelegten Analyse voll auszuschöpfen. Trotz dieser Reduktion erwies sich der Erwartungshorizont rein quantitativ als zu hoch gesteckt. Qualitativ wurden die Erwartungen hingegen eher übertroffen. Die Schüler leiteten aus den "forms of communication" folgende Charakteristika ab:

Laura:	*Laurie:*	*Jose:*	*Mrs Sheridan:*
– sensitive	– sympathetic	– arrogant	– disinterested
– shocked		– cold-hearted	– cold-hearted
– aggressive			

Bei dem Versuch, ein Gesamtbild dieser Figuren zu erstellen, wurden Laura und Laurie durchweg positiv beurteilt, während Jose überaus negativ beschrieben wurde. Überraschend gut schnitt bei dieser Beurteilung Mrs Sheridan ab. Als eine Begründung eingefordert wurde, entstand eine engagierte Diskussion, bei der die Schüler z.T. auf die Muttersprache zurückgriffen. Dieser Rückgriff wurde zugelassen, um die Betroffenheit und das themengebundene Interesse der Schüler nicht zu unterlaufen. Abschließend nahmen die Schüler zu der Frage "What makes Laura's situation different from that of the others?" Stellung. Im Mittelpunkt stand dabei der Entwicklungsprozeß der Protagonistin, der mit einem "inner conflict" begann und mit einem Schock endete.

2.5 Abschlußtest

Die Auswahl der *lexical items* beschränkte sich auf solche "forms of communication", die zuvor gemeinsam erarbeitet und wiederholt umgewälzt worden waren (Anlage 5). Erkenntnisse aus dem Eingangstest fanden dabei Berücksichtigung. So wurden *items*, die bei der großen Mehrheit der Schüler als bekannt angenommen werden durften (z.B. *shrug, stammer*), substituiert, während *items* mit hoher Fehlerquote erneut getestet wurden. Der Lückentest wurde so konzipiert, daß die Probanden nicht auf eine einzige Lösungsmöglichkeit festgelegt waren, sondern auf Alternativen aus ihrem Vorwissen zurückgreifen konnten. Zur Bearbeitung hatten die Schüler zwanzig Minuten Zeit.

Das Gesamtergebnis wies durchschnittlich 9,63 Fehler bei 20 *lexical items* aus, also gegenüber dem Eingangstest durchschnittlich fast 1,6 Fehler weniger. Für den besten Test wurden 4, für den schlechtesten 14 Fehler verzeichnet. Über 50% der Schüler konnten ihre Leistungen zum Teil erheblich steigern. Diese Tendenz erstreckt sich sowohl auf leistungsstärkere als auch auf leistungsschwächere Schüler. Trotz dieser positiven Bilanz dürfen die lexikalischen Defizite nicht übersehen werden. Immerhin konnten im Schnitt 48,15% der *lexical items* von den Schülern nicht gelöst werden. Außerdem konnte mehr als ein Viertel der Schüler ihre schwachen Leistungen lediglich wiederholen, einige Schüler verschlechterten sich sogar. Diese Zahlen bieten Anlaß genug, Planung und Durchführung der Unterrichtsreihe besonders hinsichtlich der Wortschatzarbeit kritisch zu reflektieren.

3. Reflexion

3.1 Der informelle Wortschatztest als Lernerfolgskontrolle

Das Ergebnis des Eingangstests bestätigte, daß die Mängel einiger Schüler bei der mündlichen Performanz offensichtlich auf defizitäre Vokabelkenntnisse zurückzuführen sind. Das schwache Abschneiden einiger Leistungsträger legte aber nahe, auch die Konstruktion des Tests zu analysieren. Dabei wurde festgestellt, daß das Anspruchsniveau der 20 *items* stark differierte. Einige Distraktoren erwiesen sich als ungeeignet.[52] Nicht alle Fehler lassen sich allein durch Wortschatzdefizite der Schüler erklären. Besonders die Übung III, bei der den Probanden lediglich der erste und letzte Buchstabe als Erinnerungshilfe gegeben wurde, war zu schwierig gestaltet. Der Test offenbarte, daß den Schülern die nötige Erfahrung im Umgang mit *multiple choice, matching* und *completion items* fehlt. Noch wichtiger war die Erkenntnis, wie schwierig es für den Lehrer ist, einen Test zu entwerfen, der dem mittleren Leistungsniveau der Lerngruppe entspricht. Trotz mancher Mängel dieses Tests erscheint es legitim, aus der Vielzahl der Fehler die Notwendigkeit einer gezielten Wortschatzarbeit im Bereich der "forms of communication" abzuleiten.

Tatsächlich gelang es vielen Schülern, ihre Leistung beim Abschlußtest zu verbessern. Besonders die Fortschritte der leistungsschwächeren Schüler müssen positiv bewertet werden, wenngleich die Fehlerzahl einiger nicht den Anforderungen eines Grundkurses der 12. Jahrgangsstufe entspricht. Da die Fehlerzahl auf einem hohen Niveau verblieb, sind eventuell auch beim Abschlußtest „Konstruktionsfehler" der Auslöser unbefriedigender Ergebnisse.

Wie schon beim Eingangstest erwiesen sich einige *items* als zu leicht (IV. 1, 5) bzw. zu schwer (II. 3, 5; III. 1). Dies läßt sich unter anderem auf ungeeignete Distraktoren zurückführen. Besonders gut kann man diese Hypothese bei Aufgabe II. 3 nachweisen. Die meisten Schüler ersetzten "wondered" durch "was surprised". Als Antwort erwartet wurde hingegen "asked herself", weil *wonder* als "form of communication" in einem Kontext mit dynamisch-aktiver Bedeutung eingeführt worden war. Der Kontext dieses *multiple choice item* erlaubt jedoch die Verwendung beider *options*. Problematisch gestaltete sich die Auswertung der Übung III. Da jeweils mehrere Antworten möglich waren, ergab sich ein Ermessensspielraum, der im nachhinein vom Lehrer definiert werden mußte.

Trotz gewisser Schwierigkeiten bei der Erstellung ist der informelle Wortschatztest ein angemessenes Verfahren der Lernerfolgskontrolle. Aufgrund der Erkenntnisse, die die Betrachtung der Testaufgaben ergab, kann die relativ hohe durchschnittliche Fehlerzahl nicht als einziger Indikator zur Beurteilung über Erfolg oder Nichterfolg der Unterrichtsreihe herangezogen werden. Die Analyse hat lediglich den Mangel an standardisierten Tests eindrucksvoll bestätigt. Eine abschließende Wertung kann deshalb erst nach einer eingehenden Reflexion des didaktischen Ansatzes, der methodischen Entscheidungen und der eingesetzten Medien vorgenommen werden.

3.2 Kritik des didaktischen Ansatzes

3.2.1 Reduktion

Grundsätzlich hat es sich im Unterrichtsverlauf als vorteilhaft erwiesen, den Stoff sowohl nach inhaltlichen als auch nach sprachlichen Kriterien zu reduzieren. Selbst die Beschränkung auf wenige Aspekte ermöglichte es nicht, die Entwicklung der Hauptfiguren in VC und GP sowie die "forms of communication" in aller Ausführlichkeit zu behandeln. Trotzdem war die zeitliche Begrenzung auf maximal vier bis fünf Unterrichtsstunden pro Short Story angemessen, da das Engagement der Schüler gegen Ende der jeweiligen Besprechung sichtlich abflachte.

Es hat sich gezeigt, daß die Eigeninitiative der Schüler immer dann besonders groß war, wenn die Handlung allgemein und einzelne Aspekte des *plot* zur Diskussion standen. Deshalb war die Entscheidung richtig, das textimmanente Verfahren zu wählen. Auch die Reduktion des Sprachmaterials war nötig, um eine systematische Wortschatzarbeit zu realisieren. Die aktive Mitgestaltung des Lernmaterials durch die Schüler hat sich dabei positiv ausgewirkt. Eine abermalige Eingrenzung wurde dadurch allerdings nicht erreicht. Sinnvoll wäre die Konzentration auf weniger, besonders markante "forms of communication" (z.B. *breathe*) gewesen. Eine entsprechende Selektion durch Lehrer und Schüler hätte zwischengeschaltet werden können, um die Wortschatzarbeit qualitativ aufzuwerten. Für einen Kompetenzzugewinn wirkt sich eine solche Klassifizierung förderlich aus, da sie zur Übersichtlichkeit des Materials beiträgt.

3.2.2 Textauswahl

Die Resonanz bezüglich der behandelten Short Stories war überwiegend positiv. Besonders die inhaltliche Problematik stieß auf das Interesse der Schüler. Die Vorzüge der *story of initiation* kamen im Verlauf der Unterrichtsreihe voll zum Tragen. Die Entscheidung, VC und GP als Textgrundlage zu wählen, erwies sich nicht zuletzt auch deshalb als richtig, weil eine Koordinierung inhaltlicher und sprachlicher Ziele tatsächlich realisiert werden konnte. Neben der Thematik der Short Stories war der angemessene Steilheitsgrad dieser beiden Texte der Schülermotivation zuträglich. Die sinnentnehmende Lektüre war ohne übermäßig häufige Benutzung eines Wörterbuches möglich.

Kritisch muß dagegen die Arbeit mit der Textausgabe betrachtet werden. Die *Model Interpretations* enthalten sinnvolle und z.T. praktikable Anregungen für den Literaturunterricht, die hilfreich sein können, "to develop the pupils' critical competence and discernment"[53], wie der Unterrichtsverlauf gezeigt hat. Die Handreichungen sollten allerdings vom Lehrer als Vorschläge verstanden und keineswegs als "*the* necessary material to plan and carry out a sequence of English lessons"[54] verabsolutiert werden. Das Konzept zur Bearbeitung der Texte mußte an mehreren Stellen geändert und gekürzt werden, um der Lerngruppe gerecht zu werden. Besonders negativ fiel die fehlende sprachliche Aufbereitung der Texte ins Gewicht. Sie machte einen erheblichen Aufwand bei der Planung erforderlich, um die intendierten lexikalischen Ziele verwirklichen zu können. Alle zugehörigen Übungen und die Lernerfolgskontrolle mußten ohne fachdidaktische Orientierungshilfen, die sich direkt auf VC und GP beziehen, erstellt werden. Daneben erschwerten einige Ungenauigkeiten bei den "annotations" deren Benutzung. Sie weisen z.B. mit "to shove", "to crow" und "to sob" Verben aus, obwohl an den genannten Textstellen die zugehörigen Substantive auftauchen. Die zahlreichen Silbentrennungs- und Orthographiefehler müssen ebenfalls erwähnt werden.

3.2.3 Literaturbehandlung

Im Sinne einer didaktischen Reduktion wurde die inhaltliche Zielsetzung auf die Analyse der Hauptfiguren und ihrer Probleme beschränkt. Der Entwicklungsprozeß Marians und Lauras wurde hinreichend und ausführlich von den Schülern beschrieben. Die Erweiterung des literarischen Fachvokabulars konnte ebenfalls eingeflochten werden. In einigen Unterrichtsstunden offenbarte sich, daß selbst bei der Realisierung reduzierter Zielsetzungen Abstriche gemacht werden mußten. Eine flexible Unterrichtsgestaltung kam der steigenden Mitverantwortung der Schüler entgegen und berücksichtigte ihr Interesse an bestimmten Fragen. Aus diesem Grunde wurde in der 7. Stunde die Benutzung der Muttersprache gestattet. Das Engagement der Schüler sollte bei der Einordnung Mrs Sheridans nicht durch das Beharren des Lehrers auf Beibehalten der englischen Sprache gehemmt werden.

3.2.4 Wortschatzarbeit

Die Verfügbarkeit der erarbeiteten "forms of communication" wurde innerhalb der Unterrichtsreihe durch Lückentexte und gezielte Lehrerfragen im Unterrichtsgespräch überprüft. Die meisten Schüler waren in der Lage, das Vokabular differenziert zu benutzen. Dies führte bei einigen zu Fortschritten in der mündlichen Kompetenz; erfreulich war, daß sich darunter auch leistungsschwächere und zurückhaltendere befanden.

Durch die assoziative Wortschatzvermittlung hatten sie offenbar mehr Sicherheit gewonnen, sich am Unterricht zu beteiligen. Diese Fortschritte äußerten sich auch in der abschließenden Lernerfolgskontrolle.

Die Entscheidung, die Schüler das Vokabular selbst im Unterricht erarbeiten zu lassen, beeinflußte die Entwicklung ebenfalls. Insbesondere kontroverse Diskussionen trugen zur Differenzierung und Verankerung der "forms of communication" bei. Positive Wirkung ging auch von der konzentrierten Sicherung dieser Vokabeln aus. Um die Sicherung und Festigung des Wortschatzes noch effektiver und weniger zeitaufwendig durchführen zu können, drängt sich die Forderung nach einem Assoziationswörterbuch auf.[55] Dieses Lexikon könnte auch während des zwischengeschalteten Selektionsprozesses nützlich sein, um zielgerichtet Vokabeln auszuwählen, die sich für eine Weiterverarbeitung im

Unterricht anbieten. Noch vordringlicher erscheint die Entwicklung eines Unterrichtsmodells durch die Fachdidaktik, das die Unterrichtsziele Literaturanalyse und Wortschatzarbeit sinnvoll zusammenfaßt. Ziel eines solchen Modells muß sein, über die Literaturbetrachtung einen Einstieg in die Wortschatzarbeit zu ermöglichen.[56] Der systematische Aufbau des Wortschatzes kann ohne die Unterstützung der Fachdidaktik in der täglichen Praxis nicht durchgehalten werden, da die Ausgangsvoraussetzungen keineswegs immer so günstig sind wie bei VC und GP. Nur selten lassen sich Wort- und Kollokationsfelder im Literaturunterricht systematisch aufbauen. Die Erkenntnisse des Informationsverarbeitungsansatzes bieten dem Lehrer zwar ein theoretisches Gerüst, deren Umsetzung im Unterrichtsalltag würde jedoch durch entsprechende fachdidaktische Handreichungen erleichtert.

3.3 Kritik der methodischen Entscheidungen

Die Motivierung der Schüler für den Inhalt der Unterrichtsreihe kann als geglückt gelten. Dabei konnte die intrinsische Motivation der Schüler hinsichtlich fiktionaler Texte genutzt werden. Dies spiegelte sich in ihrer Diskussionsbereitschaft wider. Auch die stärkere Einbeziehung des Schülerurteils verfehlte ihre Wirkung nicht. Die Schüler fanden ihre Beiträge im Stundenergebnis wieder und erkannten deren Relevanz für die Reihe.

Die Präsentation von Textzitaten auf Folie hat sich grundsätzlich bewährt, da sie einen problemorientierten Einstieg gewährleistete. Gehemmt wurde die Motivation der Schüler durch die umfangreichen Hausaufgaben, welche die Sicherung und Festigung des Vokabulars intendierten (Anlage 3). Am Beispiel von *breathe* konnte den Schülern plausibel gemacht werden, wie wichtig der situative Kontext zur Bedeutungserschließung ist. Um keine Abstriche bei der Qualität der Wortschatzarbeit hinzunehmen, wurde von Schülern und Lehrer beschlossen, die Menge der Vokabeln künftig zu reduzieren.

Es zeigte sich, daß die leistungsschwächeren Schüler Probleme hatten, mündlich formulierte Arbeitsaufträge zu verstehen. Daraus wurde die Konsequenz gezogen, diese schriftlich zu fixieren. Die Maßnahme umfaßte neben dem konkreten Arbeitsauftrag auch die ihm zugrunde liegende Problemfrage, die von den Schülern erarbeitet worden war. Damit wurden Mißverständnisse weitgehend ausgeschlossen. Obwohl es sich um ein relativ aufwendiges Unterfangen handelt, hat sich der Zeitaufwand rentiert. Zeiteinbußen zu Beginn der Stunde wurden wieder aufgefangen, da die Klarstellung den Schülern ein effizientes Arbeiten in der Analysephase ermöglichte. Auch der Arbeitsauftrag für die Hausaufgabe wurde entweder an die Tafel geschrieben, auf Folie eingeblendet oder zum Mitschreiben diktiert, um Mißverständnissen vorzubeugen.

Die Entscheidung für die Gruppenarbeit bei der Erarbeitung (2., 6. Stunde) und Festigung (3. Stunde) des Vokabulars hat sich als richtig erwiesen. Befürchtungen, daß die leistungsschwächeren Schüler während der Gruppenarbeit zu wenig aktiviert würden, waren unbegründet. Sie profitierten von dem Meinungsaustausch, der in der Gruppenarbeit möglich war, und brachten sich häufiger als zuvor in den Unterricht ein.

Im großen und ganzen hat sich auch das Lehrer-Schüler-Gespräch als Sozialform zur Förderung der kommunikativen Kompetenz der Schüler bewährt. Der Lehrer konnte sich je nach Lage der Dinge stärker zurückhalten, wenn die Schüler einander gegenseitig korrigierten bzw. engagiert diskutierten, oder stärker in den Vordergrund treten, um sinnentstellende Fehler zu verbessern bzw. einen Impuls zu geben.

Das Anliegen des Lehrers, sich stärker zurückzunehmen und den Schülern einen größeren Gestaltungsfreiraum zukommen zu lassen, bereitete zunächst beiden Seiten Schwierigkeiten. Zwar wurde der Stellenwert der Lehrerfrage richtig antizipiert, doch die Realisierung erwies sich anfangs als ausgesprochen problematisch. Schülerantworten wurden z. T. nicht entsprechend gewürdigt. Einige Schüler waren verunsichert, weil sie das Gefühl hatten, Fehler begangen zu haben. Hier wäre eine stringentere Lenkung des Unterrichts nötig und auch möglich, ohne das Prinzip der Schülerorientiertheit aufzugeben. Gerade in der offenen Phase hätte der Rahmen enger gesteckt werden müssen, um ein Abschweifen der Schüler zu verhindern.

3.4 Kritik des Medieneinsatzes

Die Verwendung von Folien bei der Gruppenarbeit hat ihren Zweck voll erfüllt. Sie ermöglichte eine arbeitsteilige Sammlung und gleichzeitige Präsentation der Ergebnisse. Dadurch wurde ein relativ zügiges Vorankommen im Unterricht erreicht. Auch die Wortschatzübungen in der 3. und 7. Stunde konnten durch den Einsatz der Folie zeitökonomisch abgewickelt werden. Allerdings wäre es vorteilhaft gewesen, zusätzlich ein Arbeitsblatt gleichen Inhalts an die Schüler zu verteilen und bearbeiten zu lassen. Durch die breitere Schüleraktivität wären die "forms of communication" nachhaltiger umgewälzt worden. Eine dritte Verwendungsmöglichkeit fand die Folie schließlich in der Motivationsphase einiger Stunden. Die Vorzüge einer Folienarbeit waren antizipiert worden und erwiesen sich als zutreffend. Einerseits konnten sich die Schüler bei ihren Stellungnahmen auf die jeweilige Textstelle konzentrieren, andererseits waren sie gezwungen, sich ohne Hilfe des Textes frei zu äußern. Dies förderte die Authentizität der Diskussion. Positiv wirkte sich auch die Fixierung von Zwischenergebnissen, Problemfragen und Arbeitsaufträgen auf derselben Folie aus.

Dies war für Rückbezüge förderlich, weil so Entwicklung und Struktur der Einstiegsphase nachvollziehbar blieben und die Zusammenhänge durch abermaliges Einblenden des Ganzen leicht erinnert werden konnten. Auch das Zusammenspiel zwischen Folientext und Tafelanschrieb wurde mit Erfolg praktiziert.

Der wechselnde Medieneinsatz trug besonders in der 3. Stunde zum Gelingen des Unterrichts bei. Er wirkte sich motivierend aus und erfüllte eine wichtige Funktion. Je eine Textstelle wurde links und rechts von der Tafel projiziert, um die zeitliche Distanz zu visualisieren. Die Schülerbeiträge wurden im wahrsten Sinne des Wortes in den Mittelpunkt gerückt, da sie an der Tafel fixiert wurden. Um zu kennzeichnen, daß das Stundenziel auf die Entwicklung zwischen Ausgangssituation und Schluß der Short Story ausgerichtet war, wurden ein Pfeil und die Schülerfrage farbig in das Tafelbild eingefügt. Das Tafelbild diente während des Unterrichts als visuelle Stütze und wurde in der Interpretationsphase ergänzt, während der Overhead-Projektor für die Präsentation der Analyseergebnisse verfügbar blieb.

Ein gutes Beispiel für dieses Zusammenspiel lieferte auch die letzte Stunde der Reihe. Nach der Planung war ein umfangreicher Tafeltext zu erwarten. Deshalb bot sich an, die Tafelfläche für die Gegenüberstellung der Hauptfiguren freizuhalten. Die übersichtliche Fixierung der Schülerantworten erleichterte das Finden von Gemeinsamkeiten erheblich. Um diese hervorzuheben, wurden zusammengehörige Aussagen mit farbiger Kreide durch geschweifte Klammern gekennzeichnet. Die jeweiligen Oberbegriffe wurden in der gleichen Farbe ergänzt.

Generell hat sich die Anfertigung der Arbeitsblätter 1 und 2 sowie deren Benutzung in den folgenden Stunden bewährt. Sie ermöglichten den gezielten Rückgriff auf das Sprachmaterial, welches in der Unterrichtsreihe zusammengestellt und vermittelt werden sollte. Abweichend von der Planung notierten die Schüler während der Gruppenarbeit durchgehend die erweiterten Verbformen. Dadurch wurde die Anbindung an den jeweiligen situativen Kontext noch deutlicher. Bei der Übertragung in die Vokabelschnellhefter hätte allerdings auf der Verwendung des Infinitivs insistiert werden müssen. Dabei wären die Schüler auf Besonderheiten bei der Wortbildung – z.B. "shrug, shrugged"; "breathe, breathed" – aufmerksam geworden bzw. an diese erinnert worden. Der Verzicht auf die Grundform führte bei der Textproduktion zu Fehlern in dem aufgezeigten Bereich, wie bei der Einsicht in verschiedene Hefte festgestellt wurde.

3.5 Gesamtrückblick

Trotz einiger Einschränkungen bleibt festzustellen, daß die assoziative, situativ-kontextuelle und überwiegend einsprachige Vermittlung und Festigung der "forms of communication" berechtigt war. Die Fortschritte der Schüler äußerten sich im Bereich der mündlichen Kompetenz und z.T. bei der Lernerfolgs-kontrolle. Die Behauptung, daß dieses Verfahren systematischer Wortschatz-arbeit gewinnbringend angewandt wurde, leitet sich aus vorherigen Erfahrun-gen mit den Schülern ab. Besonders einige leistungsschwächere und zurückhal-tendere von ihnen brachten sich deutlich häufiger in das Unterrichtsgespräch ein. Zurückzuführen ist dies auf eine vergleichsweise sicherere Beherrschung des Vokabulars, das für die inhaltliche Diskussion nötig war. Durch die enge Anbindung literarischer und sprachlicher Ziele war die Verwendung der "forms of communication" sichergestellt.

Die Unterrichtsreihe sollte die Schüler mit einer für sie neuen Form der Wort-schatzarbeit vertraut machen und sie anregen, selbständig den angelegten Voka-belschnellhefter weiterzuführen. Die "forms of communication" können er-gänzt werden, weitere Wort-, Kollokations- und Sachfelder hinzugefügt wer-den. Um das Engagement der Schüler diesbezüglich zu fördern, muß zwingend eine strikte Reduktion des sprachlichen Materials vorgenommen werden.

Die Entscheidung über Umfang und Qualität der zu vermittelnden Lexik sollte nicht allein dem Lehrer aufgebürdet werden. Und damit wird nicht nur auf eine angemessene Beteiligung der Schüler am Entscheidungsprozeß angespielt, die sich in der Reihe positiv auf die Motivation ausgewirkt hat. Vielmehr verbindet sich damit die konkrete Forderung an Schulbuchverlage, „Rahmenrichtlinien-macher" und Fachdidaktiker, die fundierten wissenschaftlichen Erkenntnisse über Wortschatzarbeit endlich für den Unterricht nutzbar zu machen. Solange die Benutzung von Lehrwerken an Schulen genehmigt wird, die eine ständige Berücksichtigung von Gesichtspunkten des Sprachunterrichts gemäß Richt-linien lediglich unter maximalem Planungsaufwand des Lehrers ermöglichen, kann dem bedauerlichen Zustand stagnierender oder defizitärer lexikalischer Kenntnisse auf der Oberstufe nur mühsam abgeholfen werden. Die Kritik bezieht auch die Richtlinien ein, weil diese den „hinreichenden Umfang" des angestrebten Wortschatzes nicht näher definieren und dem Lehrer nur wenig Orientierungshilfen bieten. Schließlich und endlich hat es die Fachdidaktik ver-säumt, die theoretischen Erkenntnisse in praxisnahe Unterrichtsmodelle umzu-setzen, die den Sprachunterricht in den Literaturunterricht integrieren.

Die Beseitigung der aufgezeigten Mängel wäre eine außerordentliche Arbeits-erleichterung für den Lehrer und könnte dazu beitragen, Unzulänglichkeiten und Fehler im didaktischen Ansatz zu vermeiden. Sie befreite den Lehrer kei-neswegs davon, ein Konzept dem Niveau seiner Lerngruppe anzupassen, böte jedoch Anhaltspunkte für die Planung. Solange er solche Hilfen nicht vorfindet, muß der Fremdsprachenlehrer nicht zuletzt im Interesse der Schüler einen hohen Aufwand betreiben, um den Unterricht im Rahmen der vorhandenen Möglichkeiten effektiver zu gestalten. Ein Schritt in diese Richtung ergibt sich aus der Beachtung der im dritten Teil genannten Verbesserungsvorschläge.

1 Vgl. K. Bredenkamp, J. Bredenkamp: „Die Bedingungen", S. 654f.
2 Staeck, W. (Ed.): *Stories of Initiation. Model Interpretations,* S. 9.
3 Marcus, M.: "What is an Initiation Story?", S. 204.
4 Welty, E.: "A Visit of Charity", S. 54.
5 Ebd., S. 55.
6 Hartley, L.: "Proserpina", 350.
7 Welty, E.: "A Visit of Charity", S. 58.
8 Ebd., S. 59.
9 Mansfield, K.: "The Garden Party", S. 69.
10 Taylor, D. S., Weiss, D. A.: "Crashing The Garden Party", 354.
11 Staeck, W. (Ed.): *Stories of Initiation. Model Interpretations,* S. 76.
12 Ebd., S. 77.
13 Taylor, D. S., Weiss, D. A.: "Crashing The Garden Party", 362.
14 Marcus, M.: "What is an Initiation Story?", S. 208.
15 Vgl. A. Töpfer: „Assoziative Festigung", 35.
16 Loebner, H.-D.: „Neuralgische Punkte", 15.
17 Bolz, N.: „Ist die Sekundarstufe II besser als ihr Ruf?", 99.
18 Ebd., 101.
19 Töpfer, A.: „Assoziative Festigung", 35.
20 Kruppa, U.: „Zur Funktion des Gedächtnisses", 77.
21 Rivers, W. M.: *Teaching Foreign-Language Skills,* S. 158.
22 Kruppa, U.: „Zur Funktion des Gedächtnisses", 77.
23 Vgl. W. M. Rivers: *Teaching Foreign-Language Skills,* S. 159.
24 Vgl. H. Bogatz: „Links und Rechts", 5.
25 Kruppa, U.: „Zur Funktion des Gedächtnisses", 82.
26 Bogatz, H.: „Links und Rechts", 7.
27 Weis, D.: „Untersuchungen zur langfristigen Verfügbarkeit von Wortschatz", 176.
28 Vgl. G. Lauerbach: „Assoziative Bedeutung und Semantik der Lernersprache", 485.
29 Russel, P.: *The Brain Book,* S. 100.
30 Alexander, R.: "Vocabulary Assimilation", 67.
31 Vgl. D. F. Clarke, I. S. P. Nation: "Guessing the Meaning of Words from Context", 212.
32 Gienow, W.: „Zur Festigung lexikalischer Kenntnisse im Fach Englisch", 97.
33 Weis, D.: „Untersuchungen zur langfristigen Verfügbarkeit von Wortschatz", 177.
34 Wildermuth, G.: „Hausaufgaben und Erfolgssicherung", 381.
35 Vgl. P. Doyé: *Systematische Wortschatzvermittlung,* S. 97f.
36 Vgl. R. M. Valette: *Tests,* S. 51.
37 Vgl. J. B. Heaton: *Writing English Language Tests,* S. 14ff.
38 Vgl. H. Düwell: „Informelle Wortschatztests", 121.
39 Vgl. Der Niedersächsische Kultusminister: *Rahmenrichtlinien,* S. 18f.
40 Vgl. G. B. Oschatz: „Wozu und wem dient der Fremdsprachenunterricht in der Schule?", 4.
41 Doyé, P.: *Systematische Wortschatzvermittlung,* S. 27.
42 Vgl. J.-P. Martin: „Für eine Übernahme von Lehrfunktionen durch Schüler", 397ff.
43 Töpfer, A.: „Assoziative Festigung", 46.

157

44 Vgl. D. Weis: „Untersuchungen zur langfristigen Verfügbarkeit von Wortschatz", 177.
45 Vgl. Der Niedersächsische Kultusminister: *Rahmenrichtlinien*, S. 7.
46 Martin, J.-P.: „Für eine Übernahme von Lehrfunktionen durch Schüler", 399.
47 Widdowson, H. G.: *Teaching Language as Communication*, S. 90.
48 Vgl. Der Niedersächsische Kultusminister: *Rahmenrichtlinien*, S. 11 und 19.
49 Vgl. U. Kruppa: „Zur Funktion des Gedächtnisses", 78.
50 Vgl. B. Carstensen: „Englische Wortschatzarbeit", 194.
51 Martin, J.-P.: „Für eine Übernahme von Lehrfunktionen durch Schüler", 401.
52 Vgl. R. Lado: *Testen*, S. 225.
53 Staeck, W. (Ed.): *Stories of Initiation. Model Interpretations*, S. 8.
54 Ebd. Die Hervorhebung wurde vom Vf. hinzugefügt.
55 Vgl. B. Kielhöfer, D. Schmidt: „Entstehung und Entwicklung lexikalischer Strukturen", 162.
56 Vgl. N. Bolz: „Der Englischunterricht", 226.

Literaturverzeichnis

Primärliteratur

Mansfield, K.: "The Garden Party". – In Staeck, W. (Ed.): *Stories of Initiation*. Stuttgart, 1986, S. 67–80.
Welty, E.: "A Visit of Charity". – In Staeck, W. (Ed.): *Stories of Initiation*, S. 54–59.

Sekundärliteratur

Alexander, R.: "Vocabulary Assimilation and the 'Advanced Learner of English': A Brief Survey of the Issues". *Arbeiten aus Anglistik und Amerikanistik* 7, 1982, 59–74.
Bogatz, H.: „Links und Rechts". Meppen, 1983 (unveröffentl. Ms.).
Bolz, N.: „Der Englischunterricht der reformierten Oberstufe ist besser als sein Ruf". *Die Neueren Sprachen* 83, 1984, 219–227.
–: „Ist die Sekundarstufe II besser als ihr Ruf?" *Die Neueren Sprachen* 80, 1981, 94–103.
Bredenkamp, K., Bredenkamp, J.: „Die Bedingungen des Erlernens, Behaltens und Vergessens von sprachlichem Material". – In Weinert, F. E. et al. (Eds.): *Funkkolleg Pädagogische Psychologie*. Bd. 2. Frankfurt/M., 1974, S. 631–656.
Carstensen, B.: „Englische Wortschatzarbeit unter dem Gesichtspunkt der Kollokation". *Neusprachliche Mitteilungen* 23, 1970, 193–202.
Clarke, D. F., Nation, I. S. P.: "Guessing the Meaning of Words from Context: Strategy and Techniques". *System* 8, 1980, 211–218.
Doyé, P.: *Systematische Wortschatzvermittlung im Englischunterricht*. Hannover, ⁵1980.
Düwell, H.: „Informelle Wortschatztests für den Fremdsprachenunterricht. Möglichkeiten und Probleme ihrer Konstruktion". *Die Neueren Sprachen* 73, 1974, 113–127.
Gienow, W.: „Zur Festigung lexikalischer Kenntnisse im Fach Englisch". *Fremdsprachenunterricht* 24, 1980, 96–102.
Hartley, L.: "Proserpina and the Old Ladies". *Modern Fiction Studies* 3, 1957/58, 350–354.

Heaton, J. B.: *Writing English Language Tests*. London, 1975.

Kielhöfer, B., Schmidt, D.: „Entstehung und Entwicklung lexikalischer Strukturen beim Zweitsprachenerwerb". *Die Neueren Sprachen* 80, 1981, 142–164.

Kruppa, U.: „Zur Funktion des Gedächtnisses beim Zielsprachenerwerb". *Neusprachliche Mitteilungen* 36, 1983, 76–85.

Lado, R.: *Testen im Sprachunterricht*. München, 1971.

Lauerbach, G.: „Assoziative Bedeutung und Semantik der Lernersprache". *Die Neueren Sprachen* 81, 1982, 476–488.

Loebner, H.-D.: „Neuralgische Punkte der neusprachlichen Wortschatzarbeit". *Der fremdsprachliche Unterricht* 8, i, 1974, 15–27.

Marcus, M.: "What is an Initiation Story?" – In Kumar, S. K., McKean, K. (Eds.): *Critical Approaches to Fiction*. New York, 1968, S. 201–213.

Martin, J.-P.: „Für eine Übernahme von Lehrfunktionen durch Schüler". *Praxis des neusprachlichen Unterrichts* 33, 1986, 395–403.

Der Niedersächsische Kultusminister: *Rahmenrichtlinien für das Gymnasium. Englisch. Gymnasiale Oberstufe*. Hannover, 1982.

Oschatz, G. B.: „Wozu und wem dient der Fremdsprachenunterricht in der Schule? – Anforderungen der Gesellschaft an den schulischen Fremdsprachenunterricht". *Neusprachliche Mitteilungen* 39, 1986, 3–6.

Rivers, W. M.: *Teaching Foreign-Language Skills*. Chicago, ²1981.

Russel, P.: *The Brain Book*. London, 1979.

Staeck, W. (Ed.): *Stories of Initiation. Model Interpretations*. Stuttgart, 1986.

Taylor, D. S., Weiss, D. A.: "Crashing The Garden Party". *Modern Fiction Studies* 4, 1958/59, 361–364.

Töpfer, A.: „Assoziative Festigung des Wortschatzes". *Der fremdsprachliche Unterricht* 1, ii, 1967, 35–46.

Valette, R. M.: *Tests im Fremdsprachenunterricht*. Berlin, 1971.

Weis, D.: „Untersuchungen zur langfristigen Verfügbarkeit von Wortschatz im Leistungsfach Englisch". *Neusprachliche Mitteilungen* 39, 1986, 174–180.

Widdowson, H. G.: *Teaching Language as Communication*. Oxford, 1978.

Wildermuth, G.: „Hausaufgaben und Erfolgssicherung beim fremdsprachlichen Vokabellernen". *Praxis des neusprachlichen Unterrichts* 28, 1981, 376–381.

Anlage 1

Vocabulary Test 1

I. Choose the letter of the correct or best word to complete each sentence.

1) He failed to _____ to my question.
   a) repeat   b) answer   c) reply   d) understand

2) He will _____ his shoulders as a gesture of helplessness.
   a) knock   b) shake   c) crouch   d) shrug

3) "You must come." – "All right, if you _____."
   a) insist   b) stress   c) consist   d) explain

4) "Oh – er – is it – is it about the car?" he _____.
   a) staggered   b) lisped   c) stammered   d) affirmed

II. Choose the letter of the word or phrase which defines the meaning of the word(s) in italics.

1) "How nice the flowers are!" she *breathed*.
   a) inhaled deeply   b) uttered softly   c) said thoughtfully   d) thought dreamily

2) The speaker was *murmuring* a few sentences so that I could not understand him.
   a) uttering rapidly   b) crying in a high-pitched voice
   c) expressing in a menacing tone   d) speaking in a low voice

3) He *gasped out* a few words because he had run so quickly.
   a) said breathlessly   b) groaned with pain   c) pronounced wrongly
   d) spoke slowly

4) "Help me, God," the girl *pleaded* desperately.
   a) begged   b) demanded   c) apologized   d) shouted

5) After the bad news Nick *sobbed*, "It was not my fault."
   a) mentioned   b) assured   c) cried   d) concluded

III. Complete the following blanks. Words or phrases similar in meaning are given in the brackets.

After the holidays our English teacher s _ _ _ _ _ _ d (proposed) introducing a new method of teaching. When he mentioned that he wanted to treat his students as partners, Paul and Linda started to c _ _ _ _ e (laugh quietly to themselves). Furthermore, the teacher r _ _ _ _ _ d (said) that he was planning a trip to London with our class. "Unbelievable!" Richard w _ _ _ _ _ _ d (said voicelessly). Some other students were also sceptical about the teacher's change of mind. They were f _ _ _ _ _ g (drawing the eyebrows together in puzzlement).

IV. From the list of words given, choose the one which is most suitable for each blank. Use each word once only.

whistle	shake	roar	turn on
bleat	grunt	announce	chat
sigh	scream	gossip	nod

1) If Mary notices the spider, she will _____ with terror.

2) Our butler is ordered to _____ the arrival of Mr Holmes.

3) Usually, I _____ people aggressively when their behaviour gets on my nerves.

4) The animals on our farm make different noises. The dogs bark, the pigs squeal and the sheep _____.

5) Mr Müller does not speak English but he will _____ his head when he agrees with you.

6) Students often _____ with relief when they have passed an examination.

Anlage 2

Complete the following sentences. Words or phrases similar in meaning are given in the brackets.

"I — I haven't — I mean — I haven't got my homework," Peter___[stammered]___ (said hesitatingly). "I see, you are keen on doing some extra work," Mr Miller, our teacher, said ___[automatically]___ (robotlike). "As you like," Peter ___[answered without thinking]___ (said without realizing that he had said a word). "What shall I do?" Mr Miller asked and ___[shrugged]___ (lifted his shoulders). "Why not forget it?" Peter said ___[with intimacy]___ (in a very friendly way). And he ___[added]___ (further said): "Good teachers like you don't have to punish their students." – "But naughty students like you need a strict teacher," Mr Miller ___[whispered]___ (said in a low voice). "Perhaps," Peter ___[replied]___ (answered).

Anlage 3

Vorschläge für den Aufbau des Vokabelordners

1. Vokabeln werden nicht in chronologischer Reihenfolge notiert, sondern nach Bedeutungszusammengehörigkeit in Wortfeldern (z.B. to walk, to run, to jump = verbs of movement), Sachfeldern (door, window, cellar = parts of a house) oder "lexical sets" (for a walk, slowly, by underground = to go) angeordnet. Für jedes Feld oder "set" wird ein neues Blatt angelegt, so daß dieses jederzeit ergänzt werden kann.

2. Vokabeln sollen im Kontext gelernt werden. Deshalb wird dieser ebenfalls im Hefter notiert. Der einsprachigen Erklärung der unbekannten Vokabel wird in Klammern die deutsche Übersetzung hinzugefügt, wenn sie für das Verständnis unbedingt erforderlich ist.

word/phrase	*context*	*definition*
to shove off	they shoved the boat off	to push off
to row with quick choppy strokes	[ausreichender Kontext in der linken Spalte]	to move a boat quickly and irregularly

3. Oben auf der Seite wird der Oberbegriff / die Überschrift des Feldes / "set" notiert.

Anlage 4

Arbeitsblatt 1

Forms of communication

Group 1: Marian	*Group 2: nurse*
– Marian stammered	– she spoke like a man
– asked without thinking	– lifted one eyebrow
– said Marian, without realizing that she had said a word	– the nurse shrugged
– repeated stupidly	– asked automatically
– Marian breathed	– remarked over her shoulder
– she shouted	
– never replied	
– wondered	
Group 3: first old woman	*Group 4: Addie*
– screamed	– she said, still looking around, but very distinctly
– whispered	– said the other old woman sharply
– said with sudden intimacy	– she bleated
– said in the same intimate, menacing voice	– cried the woman
– insisted	– was looking at her with despair and calculation
– cried in an affected, high-pitched whine	– she said in the soft, foggy voice
– said spitefully	– she whispered

Arbeitsblatt 2

Forms of communication

I. News about the accident	II. Laura's conversation with Em's sister and Laurie	III. Conversation between Laura and the four workers
Laura: – stared – said horrified – turned furiously on Jose – pleaded – interrupted *Godber's man:* – said with relish *Jose:* – cried in astonishment – said softly – cooed *Mrs. Sheridan:* – sighed with relief – said coldly	*Laura:* – sobbed – gave a loud childish sob – stammered *Laurie:* – said in his warm, loving voice *Em's sister:* – said in an oily voice	*Laura:* – said copying her mother's voice – stammered like a little girl – blushed and tried to look severe – suggested – said gently *workers:* – said and smiled down at her – turned to Laura in his easy way – thrust out his under-lip – frowned

Anlage 5

Vocabulary Test 2

I. Choose the letter of the correct or best word to complete each sentence.

1) She felt superior to her sister and _____, "Do as you like, girl."
   a) shouted   b) cooked   c) threatened   d) cooed

2) He failed to _____ to my question.
   a) repeat   b) answer   c) reply   d) understand

3) The teacher _____ his disapproval at the noisy class.
   a) stared   b) chuckled   c) nodded   d) frowned

4) "You must come." – "All right, if you _____."
   a) insist   b) stress   c) consist   d) explain

II. Choose the letter of the word or phrase which defines the meaning of the word(s) in italics.

1) After the bad news Nick *sobbed*, "It was not my fault."
   a) mentioned   b) assured   c) cried   d) concluded

2) "Help me, God," the girl *pleaded* desperately.
   a) begged   b) demanded   c) apologized   d) shouted

3) The girl *wondered* why the old lady was crying.
   a) asked herself   b) shrugged her shoulders   c) was surprised   d) roared

4) "How nice the flowers are!" she *breathed*.
   a) inhaled deeply   b) uttered softly   c) said thoughtfully   d) thought dreamily

5) She was very sad and *said in an oily voice*, "Please, excuse me."
   a) stammered like a little girl   b) said in her warm, loving voice
   c) suggested   d) said while crying

III. Complete the following blanks. Words or phrases similar in meaning are given in the brackets.

Sam teased Jack all the time. Therefore, Jack _____ (became hostile to) him. Suddenly Sam _____ (remarked quite friendly), "Let's be friends again." However, Jack _____ (said hatefully), "That's what you want." – "I didn't want to hurt you," Sam said _____ (almost crying). "But you did," Jack _____ (said in a low voice).

IV. From the list of words and phrases given, choose the one which is most suitable for each blank. Use each word once only.

sing	interrupt	blush	thrust out
say horrified	shake	say coldly	laugh
sigh	grunt	cry	lift

1) I do not like people who _____ me when I am talking.

2) "A man killed? Well, people like that don't expect sacrifices from us," the Millers are going to _____.

3) The old man thought about the problem. He intended to speak but could only _____ his underlip.

4) The old lady was so upset that she could only _____ in an affected, high-pitched whine.

5) Mr Müller does not speak English but he will _____ one eyebrow when he agrees with you.

6) Students often _____ with relief after examinations.

Uwe Multhaup, Wuppertal

Forum
Unzeitgemäße Betrachtung fremdsprachlicher Studien

1. Anwendungsprobleme einer angewandten Wissenschaft

Am Anfang seines Vorwortes zu der Schrift *Vom Nutzen und Nachteil der Historie für das Leben* zitiert Nietzsche Goethe mit den Worten: „Übrigens ist mir alles verhaßt, was mich bloß belehrt, ohne meine Tätigkeit zu vermehren oder unmittelbar zu beleben."[1]

Die Fremdsprachendidaktik an den Hochschulen steht in der Gefahr, die zu enttäuschen, die von ihr die Einweisung in die praktische Wissensverwendung erwarten. Dies ist so, weil sie als wissenschaftliche Disziplin, der sich ihr Gegenstand – die Unterrichtspraxis – für die Zwecke der Lehre an der Hochschule weitgehend entzieht, mehr theoretische Belehrung über die Praxis als eine Vermehrung praktischer Tätigkeiten zu bieten scheint. Warum das so ist, vor allem aber der Frage, was zu tun ist angesichts dieser paradoxen Situation, daß eine anwendungsbezogene Disziplin weniger Gelegenheiten zu kritisch erprobender Anwendung im Seminar bietet als manche Fachwissenschaft, dem gelten die nachfolgenden Überlegungen.

Unzeitgemäß mögen diese Betrachtungen sein, weil damit zu einer Zeit, in der den Lehramtsstudiengängen und somit der Fachdidaktik der Wind ohnehin ins Gesicht bläst, alte Vorurteile ihr gegenüber wiederaufgerührt zu werden scheinen. Doch nicht etwa der Abschaffung der fremdsprachendidaktischen Studien in der ersten Ausbildungsphase oder einer einphasigen Lehrerausbildung soll hier das Wort geredet werden; es soll vielmehr die didaktische Phantasie einmal nicht auf den *schulischen* Unterricht, sondern auf *hochschuldidaktische* Probleme gelenkt werden, die bisher zu wenig öffentliche Beachtung gefunden haben.

Zu den Aufgaben der Fremdsprachendidaktik zählt zum einen die aus ihrem wissenschaftlichen Selbstverständnis hervorgehende Begründung und Definition dessen, *was* sie lehren will; zum anderen muß dazu aber auch die hochschuldidaktische Frage nach dem methodischen *Wie* gerechnet werden. Beides ist bekanntermaßen – das wird mit Blick auf den schulischen Unterricht seit jeher betont – schwer voneinander zu trennen. Trotzdem scheint es so, als hätten sich die Hochschulen in der Vergangenheit primär Gedanken über das Was, über die Inhalte und Themen der Seminare gemacht, kaum aber über das Wie.[2] Wahrscheinlich vertraut man auf eine magische Wirkung des Satzes von der

Einheit von Forschung und Lehre, unter der sich Lernprobleme von selbst lösen, wenn nur die Qualität der Forschung stimmt. Einige sarkastische Bemerkungen von Unterrichtspraktikern über den Abstraktheitsgrad fremdsprachendidaktischer Publikationen[3] müssen allerdings als warnender Hinweis darauf angesehen werden, daß wenn sie schon ihre Schwierigkeiten mit manchen Fachpublikationen haben, junge Studenten vor noch größeren Verständnisproblemen stehen müssen. Die mangelnde Praxisrelevanz der „reinen" Wissenschaften wäre demnach nur durch eine ihrerseits zu theoretische angewandte Wissenschaft ergänzt worden.

Ein Verzicht auf Theorie wird hier trotz solcher skeptischen Anmerkungen nicht in Betracht gezogen. Es sollen vielmehr Vorschläge dazu zur Diskussion gestellt werden, wie in wissenschaftlichen Lehrveranstaltungen die verloren zu gehen drohende Einheit von Theorie und Praxis, von Reflexion und Handeln erhalten werden kann. Zur Begründung dieser Vorschläge ist es nötig, zuvor die Aufgaben und Möglichkeiten der fremdsprachendidaktischen *Forschung* zu unterscheiden von denen, die sie als *wissenschaftliche Lehre* in den Hochschulen vorfindet. Dies ist nötig, weil der Forscher auf vorwissenschaftliche Erfahrungen zurückgreift, die der Student selten hat. Manche alte Kontroverse um die Ratsamkeit der Institutionalisierung der Fremdsprachendidaktik an den Universitäten hätte man sich bei einer schärferen Differenzierung zwischen diesen beiden Aspekten vermutlich ersparen können.

2. Vorwissenschaftliche Bedingungen fremdsprachendidaktischer Studien

Unterscheiden wir die von Wissenschaftlern betriebene fremdsprachendidaktische Forschung von der Praxis des Fremdsprachenunterrichts, der sie dienen soll, so ist der traditionelle Ort fremdsprachendidaktischer Lehre nicht die Universität, sondern das Lehrerausbildungsseminar. Für Referendare ist die Fremdsprachendidaktik so etwas wie eine „Grammatik des Unterrichtens". Sie bietet ihnen, mit allen Vor- und Nachteilen von Modellbildungen, theoretische Vorausinformationen und kritisches Reflexionswissen zu unterrichtlichem Handeln. Für Referendare bleibt es aber nicht bei der Rezeption des ihnen angebotenen theoretischen Wissens, denn sie müssen eine Anwendung durch Handeln in der Praxis proben und erlernen. Anwenden ist hier der Ernstfall, d.h. der Unterricht mit realen Schülern.

Anders bietet sich die Situation dem Studenten an der Hochschule. Er wird nicht mit realen Schülern konfrontiert. Im Rahmen eines wissenschaftlichen Studiums soll er lernen und beweisen, daß er die für seine Fächer konstitutiven Arbeitsmethoden beherrscht und über das zugehörige Wissen verfügt. In den „reinen" bzw. Fachwissenschaften geschieht dies dadurch, daß er eintritt in den hermeneutischen Zirkel, in dem sich sein Vorwissen mit neuen Erfahrungen, die Aneignung von Wissen abwechselt mit seiner Anwendung auf die Gegenstände der Wissenschaften. Vorbild für die Leistungen, die er zum Nachweis seiner Befähigung zu wissenschaftlicher Arbeit erbringen soll, sind die wissenschaftlichen Publikationen der Hochschullehrer oder anderer Experten. Die Gegenstände der Wissenschaft sind im Falle der Linguistik und der Literaturwissenschaften vorgegebene Texte. Die vorwissenschaftliche Bedingung ihres Studiums besteht in der Sprachkenntnis und Lesefähigkeit. Und weil jeder Student über sie als Grundfertigkeit verfügt, bereitet ihm die Anwendung in den Fachwissenschaften keine prinzipiellen Schwierigkeiten.

Damit die Anwendungsproblematik, um die es hier geht, deutlich wird und keine Begriffsverwirrung aufkommt, sei noch einmal wiederholt, was von anderen[4] schon vielfach erläutert wurde: Gegenstand der „reinen" Wissenschaften, z.B. der Linguistik, ist die Analyse und Beschreibung vorgegebener Textkorpora. Sie setzt sich keine Sprech- oder Spracherziehung zum Ziel, will also nicht die (praktische) Hervorbringung der Texte lehren, sondern zielt auf die – modellhafte – Beschreibung ihrer Struktur und ihrer Funktionen. Analog dazu wollen die Literaturwissenschaften keine Schriftsteller ausbilden, sondern das Verstehen und Auslegen vorgegebener Texte nach kontrollierten Methoden fördern. Das linguistische und literaturwissenschaftliche Wissen ergibt sich aus der Geschichte dieser Fächer, und ihr Wissen sowie ihre Methoden sind Studienangebote in dem Sinne, wie es Wolfgang Iser sagte: „Wissenschaft als Angebot heißt, daß die Möglichkeit ihrer Verwendung nicht mitgedacht ist."[5]

Festgehalten werden muß hier die implizite Unterscheidung zwischen *Anwendung* und *Verwendung*. Den Fachwissenschaften fällt es in diesem Sinne leicht, ihren Studenten Gelegenheiten zum anwendenden Üben zu bieten. Sie müssen ihnen dazu nur Texte vorlegen. Das macht in Seminaren keine organisatorischen Schwierigkeiten.

Die Fremdsprachendidaktik gerät den „reinen" Wissenschaften gegenüber an dieser Stelle in ein Dilemma. In ein Dilemma allerdings nur, was die wissenschaftliche Lehre, nicht was die Forschung anbetrifft. Diese Unterscheidung wird zumeist nicht mit der wünschenswerten Konsequenz getroffen.

Die Pole, zwischen denen sich fremdsprachendidaktische Forschung abspielt, sind zum einen das normen-, ideologie- und erkenntniskritische Nachdenken über die Verwendung wissenschaftlicher Erkenntnisse, zum anderen das Beschreiben und Analysieren konkreter Unterrichtsabläufe und das Vordenken neuer, „besserer" Unterrichtsgestaltung. Dies setzt im Gegenstand dieser Disziplin eine vorwissenschaftliche *Unterrichtserfahrung* voraus. In der Verfügung über diese vorwissenschaftliche Bedingung der wissenschaftlichen Beschäftigung mit Fremdsprachendidaktik unterscheidet sich (oder sollte es zumindest) der Forscher vom Studenten. Über letzteren sagte bereits 1958 Joseph Derbolav:

> [Es wäre verfehlt,] wenn man [...] dem Studenten zur Aufgabe machte, eine ihm vertraute wissenschaftliche Thematik seines Faches auf ihre didaktische Verwertung im Unterricht hin durchzudenken, weil dafür weder die Grundlage der schulpraktischen Erfahrung, noch auch die [...] Einsicht ins pädagogische Denken gegeben ist. Deshalb gehören alle Fragen der Spezialdidaktik überhaupt nicht in den Studienbereich der Universität.[6]

Wir kommen weiter unten auf die Problematik in dieser Aussage zurück. Vorerst soll festgehalten werden: So richtig es ist, daß es unsinnig wäre, unterrichtsunerfahrenen Studenten z.B. die Umsetzung bestimmter linguistischer oder literaturwissenschaftlicher Erkenntnisse in eine Planung von schulischem Unterricht aufzugeben – und das noch mit Blick auf eine nur imaginär präsente Schulklasse! –, so wenig schlüssig ist es, aus dieser Einsicht in die Schwierigkeiten fachdidaktischer Lehre die Folgerung zu ziehen, daß an der Universität nicht geforscht werden darf, was in der Lehre Schwierigkeiten bereitet. Auf welchen Stand der didaktischen Unkenntnis man nämlich schnell zurückfallen könnte, gäbe es das professionalisierte Nachdenken über Unterricht nicht, würde man das Feld also wieder allein den alten Fachwissenschaften überlassen, das deutet sich in folgendem Sondervotum eines „reinen Wissenschaftlers" in einem Grundsatzpapier der Studienreformkommission der KMK an. Darin heißt es:

> Lehre und Liebe sind die beiden geheimnisvollsten sozialen Beziehungen. Das Geheimnis der Liebe hat sich sogar gegen Aufklärung als resistent erwiesen. Für die Lehre hat Aufklärung noch nicht einmal begonnen. Für die Lehre kennt man hochabstrakte Sätze auf der einen Seite – zum Beispiel, daß die Interaktion zwischen Lehrer und Schüler stark von der Biographie beider Personen beeinflußt wird – und primitive Rezepte auf der anderen Seite – zum Beispiel, daß guter Unterricht wesentlich von der guten Vorbereitung des Lehrers abhängt. Im übrigen gibt es nicht einmal eine brauchbare Unterrichtstechnologie, das heißt, sicher übertragbares know how des Lehrens und Lernens.[7]

Dies schreibt ein Hochschullehrer, der zu Forschung *und* Lehre verpflichtet ist. Ihm ist sicher insoweit Recht zu geben, als manche Studenten immer schon *trotz* ihrer Lehrer etwas gelernt haben.

Entgegen solcher Mystifizierung der Kunst des Unterrichtens ist heute der Nutzen der gleichermaßen fachlich wie pädagogisch kompetenten Reflexion über Unterricht und ihre Institutionalisierung kaum noch umstritten. Die Klage über eine angeblich fehlende brauchbare Unterrichtstechnologie ist so sinnlos wie

Klagen darüber, daß alle Gesetze und Gerichte dieser Welt nicht das permanente Obsiegen der Gerechtigkeit garantieren können. Der erreichte Stand des didaktischen *know how* ist durch den bloßen Gedanken an den Sturm der Entrüstung zu ermessen, der seitens der Eltern, Lehrer und Schüler einsetzen würde, zöge man von einem Tag auf den anderen z.B. alle Englischbücher ein und überließe alle Beteiligten dem, was dann noch bleibt. Wir müssen das Resultat nicht mit einem gesetzlosen Zustand vergleichen, um die Leistungsfähigkeit der verfügbaren „Unterrichtstechnologie" zu begreifen. Es verrät den Laien, daß er bei Unterricht nur an die persönlichkeitsgebundenen Fähigkeiten des Lehrers denkt und vergißt, daß bevor diese zum Tragen kommen, wichtige didaktische Vorentscheidungen in Gestalt der Auswahl und Anordnung des fremdsprachlichen Lehrmaterials bereits gefallen sind. Das ändert nichts daran, daß Lehrbücher sich ständig den wandelnden Bedingungen der Zeit anpassen müssen und sie gelegentlich besser in der Schublade blieben.

Es ist unvermeidlich, daß sich eine gerade in den Reigen der institutionalisierten Wissenschaften einreihende Disziplin – und das ist die Fremdsprachendidaktik – Gedanken macht um ihren wissenschaftstheoretischen Standort und um ihr Verhältnis zu den Nachbardisziplinen. Ihren Sinn verfehlen aber würde eine Fachdidaktik als Lehre, die sich ausschließlich aufhält in den hochabstrakten Regionen metawissenschaftlicher und erkenntniskritischer Reflexionen. Sie begäbe sich damit in die Gefahr der praktischen Folgenlosigkeit und – was die Studenten anbetrifft – der Unverständlichkeit. Das wäre ebenso schlimm wie das andere Extrem, nämlich der unter stillschweigendem Verzicht auf wissenschaftliches Räsonnement erfolgende Rückzug auf die Ebene handwerklicher Lehre.

So richtig es ist, daß die Fremdsprachendidaktik (wie alle neuen Disziplinen) im Hinblick auf ältere Disziplinen (zunächst) eine interdisziplinäre Wissenschaft ist, und so unbestreitbar es ist, daß sie (bis sie mit einer langen Geschichte ihre gesicherten eigenen Arbeitsmethoden gefunden hat) eine integrative Wissenschaft genannt werden muß, so wenig genügt in diesem Falle das wissenschaftstheoretische Räsonnement und die Erstellung von z.T. imposanten Listen oder Korrelationsdiagrammen zur Faktorenkomplexion in der Fachdidaktik als Inhalt der Lehre. Das Aufzeigen und Verstehen der Aufgaben einer angewandten Wissenschaft erledigt noch nicht ihre Anwendungsaufgaben. Studenten erwarten mehr als das bloße Aufzeigen theoretischer Lösungswege. Sie wollen selber Aufgaben lösen lernen.

Es bleibt also die Frage, wie das wissenschaftliche Studium der Fremdsprachendidaktik so organisiert werden kann, daß es trotz der genannten vorwissenschaftlichen Bedingungen den Schritt von der theoretischen Belehrung über Anwendungsprobleme hin zu ihrer praktischen Erfahrung zumindest exemplarisch erlaubt. Dies wird im folgenden untersucht. Ausgehend von Überlegungen zu den spezifischen Inhalten eines fremdsprachendidaktischen Curriculums werden der Stellenwert von Praktika, die Lernorganisation in didaktischen Einführungsveranstaltungen und die Möglichkeit der Erschließung didaktischer Erfahrungen durch gesteuerte Reflexion auf die in sprachpraktischen und fachwissenschaftlichen Veranstaltungen der Universität ablaufenden Lehr-Lernprozesse diskutiert.

3. Überlegungen zu einem fremdsprachendidaktischen Curriculum

Ein Kennzeichen der modernen Wissenschaften ist ihre zunehmende Spezialisierung und ihre Aufsplitterung in eine selbst von Experten nicht mehr beherrschbare Fülle von Teildisziplinen. Eben weil dies so ist, erhält die Fremdsprachendidaktik ihren fachkonstitutiven Fokus durch die Frage nach der Verwendbarkeit von Erkenntnissen im Unterricht bzw. umgekehrt, die Analyse unterrichtspraktischer Probleme drängt spezielle Forschungsfragen auf, die sonst nicht gestellt würden. Unter der Vielzahl der Arbeiten, die sich mit der Bestimmung der Gegenstände fremdsprachendidaktischer Forschung und Lehre beschäftigt haben, darf deshalb der vom Fachverband Moderne Fremdsprachen (FMF) vorgelegte Versuch exemplarisch genannt werden, der von einer Bestimmung der „Tätigkeitsmerkmale des Fremdsprachenlehrers"[8] ausgeht und der daran Überlegungen zu einem Curriculum „Zur Ausbildung und Fortbildung von Fremdsprachenlehrern"[9] anschließt.

War es das Kennzeichen des Katalogs von Tätigkeitsmerkmalen des Fremdsprachenlehrers, daß hierbei idealtypisch verfahren wurde, wodurch man eine Polemik gegen die Wirklichkeitsferne dieser Merkmalsliste einlud[10], deren heuristischer Wert dennoch nicht zu bestreiten ist, so führen die späteren Überlegungen des FMF zu einem Curriculum zu nützlichen Eingrenzungen der Aufgaben, die in der ersten, wissenschaftlichen Ausbildungsphase anzugehen sind. Für die Sekundarstufe II-Studenten z. B. werden als Lehrveranstaltungstypen genannt: „Theorie des Fremdsprachenunterrichts an deutschen Schulen", „Bedingungen des natürlichen und gesteuerten Fremdsprachenerwerbs", „Geschichte der Methodik", „Praktikum", „Medien im Fremdsprachenunterricht", „Theorie der Leistungskonstrolle".[11]

Eine Reihe von Fragen läßt aber auch diese Zusammenstellung noch offen, so z. B. die Frage der Reihenfolge bzw. Stufung und die Frage der internen Lernorganisation in fremdsprachendidaktischen Veranstaltungen. Im Hinblick auf die hierbei auftretenden Anwendungsprobleme finden sich in der Fachliteratur wenig befriedigende Hinweise, sieht man von zwei immer wiederkehrenden Vorschlägen ab. Der erste davon empfiehlt, die sprachpraktische Ausbildung der Studenten zu verknüpfen mit fachdidaktischer Reflexion auf die dabei ablaufenden Lehr-Lernvorgänge[12], und der zweite empfiehlt, Block- und Fachpraktika sowie Microteaching in die erste Ausbildungsphase einzubeziehen.[13]

Es ist nicht nur plausibel, sondern wird durch die Erfahrungen mit fachdidaktischen Praktika, die vielerorts durchgeführt werden, bestätigt, daß mit den Fachpraktika Veranstaltungstypen gefunden sind, die Studenten – entgegen den eingangs zitierten Bedenken von Derbolav – zumindest ansatzweise die ihnen noch fehlenden unterrichtspraktischen Erfahrungen zugänglich machen. Durch sie erhalten Studenten zumindest punktuell die Chance zu einer im fremdsprachendidaktischen Sinne kritischen Auseinandersetzung mit der Relevanz fachwissenschaftlicher Erkenntnisse für die Unterrichtspraxis.

Einschränkend muß dazu allerdings gesagt werden, daß zur Beurteilung von Unterrichtspraxis kritische Beurteilungskategorien nötig sind. Ohne solche Kategorien bleiben Unterrichtsbeobachtung, Unterrichtsversuche oder Lehrbuchanalysen in einem ziemlich oberflächlichen Bereich stehen. Wo nämlich von Studenten nur „lebhafte Beteiligung" oder „Langeweile der Schüler" registriert werden, wo Lehrbücher wegen bunter Bilder oder ihres Layouts als „motivierend" eingestuft werden, ist über die entscheidenden sprachdidaktischen und lernpsychologischen Ursachen und Wirkungen der beobachteten Oberflächenphänomene noch so gut wie nichts ausgesagt. Krumm z.B. verweist mit Recht darauf, daß bei der Übernahme allgemein didaktischer Analyseraster à la Flanders eine Verwechslung von Fremdsprachenunterricht mit einer gruppendynamischen Veranstaltung droht: „Im Rahmen der Fremdsprachenlehreraus- und -fortbildung sollten nicht gruppendynamische Prozesse eingeleitet werden, zu deren Therapierung nachher allen Beteiligten die notwendigen Fähigkeiten fehlen. Vielmehr geht es um ein strukturiertes, sach- und problembezogenes Training."[14] Kalb stellt fest, „daß bei den Praktika, die sich ja in der Regel auf Unterrichtshospitation beschränken, die Gefahr einer passiven, desinteressierten Haltung der Studenten besteht, sofern es nicht gelingt, die vorhandene Aufgeschlossenheit für die Belange der Praxis in eine aktive, von planvollen Kriterien bestimmte Beurteilung des beobachteten Unterrichts umzusetzen."[15] Ihr nachfolgender Katalog von Analysekriterien ist sinnvoll, zeigt aber gleichzeitig, daß ein Student, der nicht zuvor mit der Vielzahl der dort aufgeführten Kriterien wie „Unterrichtsphasen", „situativer Rahmen", „vier Grundfertigkeiten", „Rolle des Lehrbuchs", „Prinzipien des Lehrbuchaufbaus" usw. zumindest theoretische Bekanntschaft gemacht hat, überfordert ist.

In der Kürze der Zeit, die für Fachpraktika zur Verfügung steht, sollten diese primär zum anwendenden Umgang mit den *vorher* erläuterten Kategorien dienen. Der Begründungszusammenhang, aus dem die in der Unterrichtsbeobachtung und -beurteilung zur Anwendung kommenden Kategorien stammen, muß – sollen sie nicht zu dogmatischen Setzungen erstarren – vorab in Einführungen oder Grundkursen durchsichtig gemacht werden, also zum Gegenstand einer theoretischen Auseinandersetzung mit ihnen werden. Das führt uns zurück zu der Frage, *wie* – ohne die vorgängige Unterrichtserfahrung seitens der Studenten – solche Einführungs- und Überblicksveranstaltungen durchgeführt werden können, ohne die Studenten in dieser Phase ihres Studiums im dumpfen Zustand des bloßen Zuhörens, des Belehrtwerdens, des Wiederkäuens von Theorien und Begriffsdefinitionen zu belassen.

Eine erste Studienhilfe hierzu stellt bereits das bloße Faktum eines durchsichtigen Studienaufbaus dar. Wenn nämlich bekannt ist, daß auf die Einführungsveranstaltungen auch Fachpraktika folgen, in denen das theoretische Wissen auf seine praktische Relevanz hin geprüft werden kann, wenn dazu vorab z.B. Lehrbuchtexte oder Videoaufzeichnungen von Unterricht analysiert werden, so rückt die Theorie für die Studenten in eine Perspektive, in der ihre Anwendung einen Platz hat.

Diese Perspektive allein erlöst sie aber in der Studieneingangsphase immer noch nicht aus der rezeptiven Rolle. Diese kann jedoch durch relativ einfache Maßnahmen umgewandelt werden in eine aktive Beteiligung und Mitverantwortung der Studenten an dem Erwerb des nötigen Orientierungswissens. Zählen wir mit dem FMF die Vermittlung von Wissen zu den Themenbereichen „Theorie des Fremdsprachenunterrichts an deutschen Schulen (Legitimation des Faches, Lernzielbestimmung und Lerninhaltsbestimmung)", „Bedingungen des natürlichen und gesteuerten Fremdsprachenerwerbs", „Geschichte der Methodik", „Medien im Fremdsprachenunterricht" und „Theorie der Leistungskontrolle" zu den Aufgaben der universitären fremdsprachendidaktischen Lehre, so finden wir in verschiedenen Publikationen einführende Überblicksdarstellungen zu diesen Themen.[16] Nehmen wir daraus einen Teilbereich, z.B. die Geschichte der Methodik, so kann schon zu Beginn des Semesters allen Seminarteilnehmern die Aufgabe zugeteilt werden, sich anhand eines bestimmten Textes selbständig das darin angebotene Wissen zu diesem Thema anzueignen. Die nötige Lernkontrolle erfolgt durch eine Klausur. Die didaktisch orientierte Mitbeteiligung der Studenten beginnt bei diesem Verfahren jedoch an anderer Stelle.

Klausuren sind bekanntermaßen gefürchtet. Sie flößen Angst u.a. deshalb ein, weil sich die Studierenden vorher nicht sicher sind, was abgefragt wird und ob sie sich „das Richtige" gemerkt haben. Über die Vorbereitung auf eine Klausur gerinnen ihnen außerdem dynamische Zusammenhänge zu mehr oder weniger toten Fakten. Stupides Lernen von Daten und Definitionen droht an die Stelle des Durchschauens und Erkennens von Zusammenhängen zu treten. Das beeinträchtigt den Lernwert solcher Klausuren.

Die angsteinflößende Ungewißheit über die Klausurfragen muß aber nicht sein. Hat man sich nämlich vorab auf einen von allen zu lesenden Basistext geeinigt, bildet man dazu evtl. Arbeitsgruppen, die zu einzelnen Teilaspekten kritische Zusatzinformationen einbringen, wenn sie solche für nötig erachten, so ergeben sich folgende Möglichkeiten: Jede Arbeitsgruppe zieht aus ihrem Textanteil die von ihr nach kritischer Prüfung für wichtig erkannten Aussagen in Form von Schlüsselwörtern, Grundbegriffen oder Merksätzen. Daraufhin formuliert sie zu ihrem Text Verständnisfragen, deren Beantwortung die Kenntnis eben jener Grundbegriffe oder Merksätze verlangt. Die Fragen müssen so eindeutig formuliert sein, daß keine Zweifel bleiben, welche Frage welchen Begriff als Antwort verlangt. Die Probe auf die Qualität der Fragen erfolgt in einer Seminarsitzung. In einem Probelauf kann in relativ kurzer Zeit überprüft werden, ob die Kommilitonen die vorformulierten Fragen beantworten können.

Der didaktische Gewinn dieses Verfahrens liegt darin, daß es nicht nur die Technik des "note taking" übt und zu einer Klärung dessen beiträgt, was aus dem Basistext an wichtigen Informationen zu behalten ist; es trainiert darüber hinaus die für das Unterrichten so wichtige Technik der präzisen Frageformulierung. Sobald nämlich – und das ist dann der Ernstfall – alle Beteiligten wissen, daß aus dem Repertoire der von ihnen gemeinsam entworfenen Fragen eben jene ausgewählt werden, die ihnen in einer Teil- oder Zwischenklausur wieder vorgelegt werden, entsteht ein beträchtliches Interesse an dieser Übung. Nebenbei verliert die Klausur einen Teil ihres Schreckens, und außerdem wird die zumeist punktuelle Vorbereitung auf sie abgelöst durch ein zeitlich verteiltes und wiederholendes Lernen, das auch an der Universität eine Bedingung für das Behalten ist.

Die Vorteile, die sich über die Mitverantwortung der Studenten für das Repertoire an Kontrollfragen ergeben, setzen sich fort in die Auswertung und Beurteilung der Klausuren. Sie sollte unbedingt verbunden werden mit der Behandlung der Grundzüge der Theorie der Leistungsmessung. Gütekriterien von Tests wie Objektivität, Validität und Reliabilität rücken darüber vor einen naheliegenden Erfahrungshintergrund. Den Studenten werden sowohl die Nöte des Testkonstrukteurs als die der Probanden deutlich.

Analog gilt für andere Leistungskontrollformen wie Diktat, Precis oder Nacherzählung, daß die kurze Zeitspanne nützlich eingesetzt ist, die für die – auf das Niveau von Anglistikstudenten zugeschnittene – Durchführung solcher Testformen verwendet wird. Die Anwendung theoretischer Erkenntnisse auf die eigenen Produkte läßt Theorie und Praxis auch hier näher zusammenrücken.

Das geschilderte Verfahren der Mitbeteiligung der Studenten an der Lernerfolgskontrolle läßt sich schließlich erweitern auf das Resümee der Beschäftigung mit den anderen Themenbereichen in den Seminarsitzungen eines Semesters. Zu diesem Zweck sind Kurzprotokolle anzufertigen. In diesen sind die in den jeweiligen Sitzungen vorkommenden Grundbegriffe der Fremdsprachendidaktik zu unterstreichen oder hervorzuheben. Werden anschließend wiederum gemeinsam – z.B. nach einer vorbereitenden Hausaufgabe – Kontrollfragen formuliert, die auf den richtigen Gebrauch der erwähnten Grundbegriffe zielen, so ist ein durchsichtiger Kanon möglicher Testfragen für eine Abschlußklausur gewonnen. Der Vorteil gegenüber einem bloßen Verweis auf fachdidaktische Lexika, in denen solche Grundbegriffe ebenfalls erklärt werden, liegt in der Beteiligung der Studenten an der Bildung von Fragen und Definitionen, deren Sinn sie jetzt besser verstehen.

Es liegt auf der Hand, daß die Mitbeteiligung der Studenten an der Zusammenstellung eines Kanons von Kontrollfragen zu den im Semester erarbeiteten Grundbegriffen auch in fachwissenschaftlichen Kursen praktiziert werden kann, ohne daß diese ihre eigentlichen Aufgaben vernachlässigen müssen.

4. Fließende Übergänge zwischen Fachwissenschaft und Fachdidaktik

Inge Christine Schwerdtfeger stellt als Ziel der wissenschaftlichen Ausbildung des Fremdsprachenlehrers heraus, ihn „wahrnehmungsbereit zu machen für die Vorgänge und Anforderungen der Schulpraxis. Wahrnehmungsbereitschaft ist hier nicht in einem negativen Sinn gemeint, rein auf die Praxis bezogen, sondern ihm sollen Kriterien für eine Bewältigung und Strukturierung seiner von ihm zu erwartenden Lernaufgaben geboten werden [...]."[17] Wahrnehmungsbereitschaft ist nicht zu verwechseln mit bloß guter Intention, aber auch nicht mit bedingungsloser Einübung in die schulische Praxis, so wie sie jeweils schon gehandhabt wird.[18] Sie meint Verfügung über didaktische Prinzipien und Kriterien, die kritisches didaktisches Handeln erst ermöglichen.

Mit didaktischen Prinzipien und Kriterien ist es wie mit guten Vorsätzen: "The proof of the pudding lies in the eating." Erst wenn die Prinzipien auf Gegenstände treffen, angewendet werden, können sie sich aus der Intention in ein Handeln umsetzen und unterliegen der Bewährungsprobe. Die Abstraktheit didaktischer Prinzipien und Auswahlkriterien bedarf des Zusammenspiels mit soliden fachwissenschaftlichen Kenntnissen. Das erklärt, warum die Anwendung fremdsprachendidaktischer Theorien immer die Verwendung fachwissenschaftlicher Erkenntnisse impliziert. Als „über Fremdsprachenunterricht reflektierende Instanz unterscheidet sich Fremdsprachendidaktik notwendigerweise vom Gegenstand ihrer Reflexion."[19] Das ist richtig. Das heißt aber nicht, daß sie sich erschöpft in abstrakten Reflexionen über Praxis oder daß schulischer Unterricht der einzige Gegenstand ist, über den sie reflektierend etwas auszusagen vermag. Hochschuldidaktische Probleme z.B. unterscheiden sich von „schuldidaktischen" nicht prinzipiell, sondern im Niveau und der Auswahl der

Lerninhalte. Wahrnehmungsbereitschaft für die Lehr-Lernprobleme läßt sich deshalb, betrachten wir sie als ein Strukturmoment von Verhalten, unabhängig vom sprachlichen oder literarischen Lernniveau fördern. Das erklärt auch, warum frühzeitig auf die Affinität von fremdsprachendidaktischer Lehre und sprachpraktischer Ausbildung an den Hochschulen verwiesen wurde;[20] es erklärt, warum die Rezeptionstheorie und Rezeptionsforschung enge verwandtschaftliche Beziehungen mit der Literaturdidaktik hat, warum die Pragmalinguistik zur theoretischen Klärung der Probleme beitragen kann, vor denen der Sprachunterricht steht – und warum umgekehrt die Unterrichtsforschung der Linguistik wichtige Impulse gibt (*Discourse Analysis*, Spracherwerbsforschung).

Mit den hochschuldidaktischen Aspekten der fremdsprachendidaktischen Lehre hat das zu tun, weil es verdeutlicht, daß eine strikte Trennung zwischen den Disziplinen unmöglich ist. Die Übergänge sind fließend. Das heißt nicht, daß zwischen typisch fachwissenschaftlichen und typisch fachdidaktischen Veranstaltungen keine Unterschiede bestehen. Die nötige Reflexion auf Steuerungsmomente in Lerngesprächen zeigt nur das besondere Interesse der Fachdidaktik an den Lernprozessen, während die fachwissenschaftlichen Veranstaltungen viel stärker sach- bzw. ergebnisorientiert sind. Unsere Bezeichnung „Literaturwissenschaft" z.B. verführt zu einem objektivistischen Mißverständnis von Fachwissenschaft, das Studenten erst einmal zu nehmen ist. Gemeinsame Probleme zeigen sich darin, daß es literaturwissenschaftlich ausgebildete Lehrer sind, die jenen didaktisch fragwürdigen Gebrauch von „Modell-Analysen" machen, über die Schüler sich danach fragen lernen, „was der Lehrer hören will", statt sich selber zu fragen, was ihnen der Text sagt. Ein Blick auf diese Zusammenhänge erklärt auch, warum heute an die Grundlagen der Hermeneutik gemahnende Publikationen unter der Rubrik „Literaturdidaktik" firmieren.[21]

Das Studium der Bedingungen und Stadien von Verstehensprozessen ist eine genuine Aufgabe wissenschaftlicher Studien. Es kommt ohne den Rückgriff auf unterrichtspraktische Erfahrungen aus. Der rationale Nachvollzug der grundsätzlichen Überlegungen, die zu einer Umsetzung hermeneutischer Theorie in literaturdidaktische Modelle führen, paßt ebenfalls in ein wissenschaftliches Curriculum. Zusätzliche Aufgaben der Fachdidaktik beginnen an anderer Stelle. Es muß uns z.B. zu denken geben, daß Studenten in der Lage sind, die Konzepte neuerer literaturdidaktischer Modelle, die auf der Grundlage hermeneutischer Theorien von der nötigen Offenheit der Lern- bzw. Rezeptionsgespräche reden[22], korrekt und überzeugt zu beschreiben, um dennoch wenig später, als eingesetzte Diskussionsleiter eines Gesprächs über ein Drama oder eine Short Story, in dirigistische Lehrverhaltensweisen zu verfallen, die diesen Modellen in keiner Weise gerecht werden. Nachfragen enthüllen, daß der heimliche Lehrplan, das Vorbild alter und neuer Lehrer stärker ist als die theoretische Aufklärung.

Praktisch heißt dies, daß, solange das Monologisieren, das Abfassen wissenschaftlicher Hausarbeiten und das Verlesen von Referaten, der wissenschaftliche Vortrag also, das alleinige Kriterium für den Studienerfolg ist, auch der rigorose Frontalunterricht immer neue Nahrung erhält. Wo Referatthemen vorgegeben werden, die im Takt der Semesterwochen abgearbeitet werden, reduzieren sich die Möglichkeiten fairer Kritik an den Referenten auf die Kommentierung der immanenten Stringenz des gewählten Interpretationsverfahrens. Vorgegebene Themen zeichnen den Gang der Interpretation weitgehend vor. Sie sind die etwas anspruchsvollere Variante der Leitfragen, die Oberstufenschülern zur Textanalyse vorgegeben werden. Erst die Hilflosigkeit mancher Studenten, die sich offenbart, wenn sie vor die Aufgabe gestellt werden, selber Themen vorzuschlagen, enthüllt die heimliche Entmündigung, der sie darüber unterworfen werden. Diese rächt sich, sobald sie selber Lehrer werden und dann ohne die Hilfe annotierter Textausgaben nicht auskommen.

Ein anderes betrifft die Kunst der Gesprächsführung. Wenn die Kunst der disziplinierten Diskussion zu wünschen übrig läßt, so helfen Klagen allein nicht. Die Wahrnehmungsbereitschaft für die Probleme der Praxis muß deshalb außer durch den Ausweis theoretischer Lösungswege durch zugängliche Erfahrungen gefördert werden. Die Delegation von Verantwortung für den Verlauf (eines Teils) eines Seminars – jetzt nicht in Gestalt von Referaten – öffnet den Zugriff auf Praxis. Wo z. B. die spontanen – oder eben die ausbleibenden – Reaktionen von Lesern auf einen Text zum Ausgangspunkt des weiteren Geschehens gemacht werden, wo in *Anwendung* der erwähnten didaktischen Modelle die Verantwortung für ihre Durchführung auf die Studenten verlagert wird, verschmelzen wissenschaftliche und didaktische Arbeit am Text. Man braucht also nicht die Konfrontation mit einer Schulklasse oder vorgängige schulpraktische Erfahrung, um Vermittlungsprobleme als Probleme des Verstehens und der Förderung von Verstehensprozessen zu begreifen. Ein fremdsprachlich geführtes Interpretationsgespräch trainiert zudem didaktisch wichtige Fertigkeiten für den Literaturunterricht im Fremdsprachenunterricht.

5. Paradoxe Entwicklungen

Die Forderung nach einer an den Universitäten zu etablierenden Fremdsprachendidaktik entstand zu einer Zeit, in der über 90% der Sprachstudenten ein staatliches Lehramt anstrebten und ein Lehrermangel herrschte. Erst nach langjährigen Reformdiskussionen erschienen etwa um 1980 staatliche Prüfungsordnungen, die fachdidaktische Prüfungsanteile verbindlich machten. Das also paradoxerweise zu einer Zeit, in der sich erstmals seit Menschengedenken eine Lehrerarbeitslosigkeit ausbreitete und ein wachsender Prozentsatz der Sprachstudenten für die neu geschaffenen Magisterexamen optierte. Obwohl keine bundesweiten statistischen Angaben vorliegen, darf man annehmen, daß inzwischen die Hälfte oder mehr aller Sprachstudenten einen Magisterabschluß wählt. Es bleibt zwar im Dunkel, wie sich dadurch ihre Chancen am Arbeitsmarkt verbessern sollen, doch steht eines fest, wenn es vielleicht jungen Studenten auch noch nicht bewußt ist: daß nämlich ein Magisterabschluß nicht zum Eintritt in die Referendarausbildung berechtigt und für sie der Weg in den Schuldienst damit verschlossen bleibt.

Ein anderes Paradox ist darin zu sehen, daß zu einer Zeit, in der noch gegen Überlastquoten protestiert wurde und die Zahl der Studierenden wuchs, während die Zahl der Lehrenden eher abnahm, die Zahl der Studiengänge durch die neuen Magisterabschlüsse erheblich vermehrt wurde. Ein genaueres Hinsehen ergibt dann jedoch, daß der Vermehrung der Studiengänge keineswegs eine Vermehrung oder eine thematische Veränderung der Lehrveranstaltungen gegenübersteht. Magister- und Lehramtsstudenten besuchen die gleichen Vorlesungen, Seminare und Übungen. Eine Binnendifferenzierung findet nicht statt. Die wünschenswerte Durchlässigkeit der Studiengänge steht ihr auch entgegen. Hinzu kommt das wissenschaftliche Selbstverständnis der Disziplinen, die ihre Autonomie und ihre Forschungsinteressen nicht tagespolitischen Forderungen an neue Inhalte der Lehre opfern wollen. So bleiben die Abschlußprüfungen als Ort für die differenzierende Behandlung der Magister- und Lehramtskandidaten. Nach den vorliegenden Anzeichen läuft sie in der Regel hinaus auf eine stärkere Spezialisierung der Magisterabschlüsse gegenüber den Lehramtsabschlüssen. Wegen dieser Spezialisierung erscheinen vielen Magisterstudenten u.a. fachdidaktische Studienanteile als ein Anachronismus. Warum sollte jemand, der nicht Lehrer werden will – bzw. nicht werden darf – zu fremdsprachendidaktischen Studien gezwungen werden? Spricht dies nicht dafür, Fachdidaktik aus einem gemeinsamen Grundstudium herauszunehmen? Dieser vielleicht ebenfalls unzeitgemäßen Betrachtung dienen die abschließenden Bemerkungen.

Falls es arbeitsmarktpolitische Gründe sind, die für die Einrichtung von Magisterstudiengängen sprechen, und wenn die fachliche Spezialisierung ihr Kennzeichen ist, so sind angesichts eines weiterhin anonymen und wenig durchsichtigen Arbeitsmarktes solche Spezialausbildungen riskant. Polemisch wäre es, die Einrichtung von Magisterstudien mit einem blinden Aktionismus zu vergleichen. Aber erst neue, merklich – und nicht nur quantitativ – über die bisher in Lehramtsstudiengängen möglichen Fachkombinationen hinausgehende Kombinationen von Fächern und *inhaltlich darauf zugeschnittene Lehrveranstaltungen* könnten wirklich überzeugende Ausbildungsalternativen zum Staatsexamen abgeben. Das wird kaum ohne die Erforschung von Abnehmermärkten gehen. Vorerst jedoch bestehen begründete Vermutungen, daß von den Studenten, die kein staatliches Lehramt erhalten oder angestrebt haben, später sehr viele dennoch in Bereichen tätig werden, in denen sie mit Sprachlehraufgaben oder adressatenorientierten Vermittlungsaufgaben konfrontiert werden. Das allerdings spräche dann dafür, diesen Studenten, weil ihnen die Referendarausbildung fehlt, bereits in der Universität wichtige Grundinformationen über Kommunikations- und Steuerungsprozesse in Lehr-Lernsituationen anzubieten. Für die fremdsprachendidaktische Lehre heißt das, daß eine einseitige Ausrichtung auf die allgemeinbildenden Schulen und eine Nichtbeachtung z.B. der Erwachsenenbildung wenig sinnvoll ist.

Anmerkungen

1 Nietzsche, F.: *Vom Nutzen und Nachteil der Historie für das Leben*, Stuttgart, 1970, S. 3.

2 Vgl. u.a. die kritischen Anmerkungen bei P. Classen: „Zur Entwicklungscharakteristik von Fremdsprachendidaktik und Sprachwissenschaft". - In *anglistik & englischunterricht. 6. Linguistik in der Anwendung*. Trier, 1978, S. 10; Bludau, M.: „Hatte Dr. Johnson recht? oder, Kommentar zum Verhältnis zwischen progressiven Theorien und der Wirklichkeit des Fremdsprachenunterrichts". *Neusprachliche Mitteilungen* 32, 1979, 65-66.

3 Z.B. Meltzer, H. M.: „Sieben Thesen zur Didaktik des Fremdsprachenunterrichts". *Praxis des neusprachlichen Unterrichts* 30, 1980, 89f.

4 Müller, R. M.: „Dreizehn Thesen zur Fremdsprachendidaktik (Englisch) als Wissenschaft und ein Studienplan für Fremdsprachenlehrer". *Die Neueren Sprachen* 71, 1972, 207-211; ders.: „Fremdsprachendidaktik als Wissenschaft und Studienfach". *Praxis des neusprachlichen Unterrichts* 25, 1975, 141-147; ders.: „Das Wissenschaftsverständnis der Fremdsprachendidaktik". - In Heuer, H., et al. (Eds.): *Dortmunder Diskussionen zur Fremdsprachendidaktik*. Dortmund, 1979, S. 132-148; Jungblut, G.: „Fachdidaktik als Wissenschaft". - In: Reisener, H. (Ed.): *Fremdsprachen in Unterricht und Studium*. München, 1974, S. 13-30; Schröder, K.: „Fremdsprachendidaktische Studiengänge in der Universität. Legitimationen, Ziele, Gewichtungen". - In: Schröder, K., Walter, G. (Eds.): *Fremdsprachendidaktisches Studium in der Universität*. München, 1973, S. 9-25.

5 Iser, W.: „Überlegungen zu einem literaturwissenschaftlichen Studienmodell". *Linguistische Berichte* H. 2, 1969, 77-87, hier: 80.

6 Derbolav, J.: „Die pädagogische Ausbildung der Gymnasiallehrer als Aufgabe und Problem". *Zeitschrift für Pädagogik* 1958, 372-397, hier: 390.

7 Sondervotum G. Roellecke, in: Sekretariat der KMK (Ed.): *Grundsätze für Studium und Prüfungen 13*. Bonn, 1983, Anhang S. 6.

8 Hüllen, W., et al.: „Tätigkeitsmerkmale des Fremdsprachenlehrers". *Neusprachliche Mitteilungen* 26, 1973, 194-198.

9 Bludau, M., et al.: „Zur Ausbildung und Fortbildung von Fremdsprachenlehrern", *Neusprachliche Mitteilungen* 31, 1978, 142–165.

10 Otten, K.: „Im Grunde ist alles tot. Der moderne Fremdsprachenlehrer und die Misere des Englischunterrichts". *Die Zeit*, 19. April 1974.

11 Bludau, M., et al.: „Zur Ausbildung und Fortbildung von Fremdsprachenlehrern", 164f.

12 Vgl. Meyer, H.: „Theoreme einer aktualisierten Textpropädeutik". *Neusprachliche Mitteilungen* 28, 1975, 10–16, hier: 12; Schneider, W.: „Anglistikstudium und Fremdsprachenunterricht". *Praxis des neusprachlichen Unterrichts* 30, 1980, 316 (Replik von Ch. Perkins in: *Praxis* 31, 1981, 429–431).

13 Nehm, U.: *Microteaching als Ausbildungs- und Forschungsverfahren in der Fremdsprachendidaktik*. Kronberg/Ts., 1976; Löffler, R.: „Training für zukünftige Englischlehrer". *Neusprachliche Mitteilungen* 30, 1977, 85–91; Buttjes, D.: „Microteaching im Fachpraktikum Englisch". *Neusprachliche Mitteilungen* 30, 1977, 91–96; Krumm, H.-J.: „Lehrertraining in der Ausbildung und Fortbildung von Fremdsprachenlehrern". *Neusprachliche Mitteilungen* 32, 1979, 66–70; Kalb, G.: „Aspekte der Unterrichtsanalyse für Schulpraktika im Fach Englisch". *Praxis des neusprachlichen Unterrichts* 34, 1984, 171–176.

14 Krumm, H.-J.: „Lehrertraining in der Ausbildung und Fortbildung von Fremdsprachenlehrern", 69.

15 Kalb, G.: „Aspekte der Unterrichtsanalyse für Schulpraktika im Fach Englisch", 171.

16 Piepho, H.-E.: *Einführung in die Didaktik des Englischen*. Heidelberg, 1976; Hüllen, W.: *Linguistik und Englischunterricht*. 2 Bde., Heidelberg, 1971 und 1976; Hunfeld, H., Schröder, K. (Eds.): *Grundkurs Didaktik Englisch*. Königstein/Ts., 1979; Multhaup, U.: *Einführung in die Fachdidaktik Englisch*. Heidelberg, 1979; Heuer, H.: *Grundwissen der englischen Fachdidaktik*. Heidelberg, 1979; Pelz, M.: *Einführung in die Didaktik des Französischen*. Heidelberg, 1975.

17 Schwerdtfeger, I. C.: „Grammatik und Lernpsychologie im Englischunterricht. Ein Problem der Lehrerausbildung". *anglistik & englischunterricht. 6. Linguistik in der Anwendung*. Trier, 1978, S. 25–44, hier: S. 38.

18 Schwartz, H.: „Literaturstudium und Schule". *Neusprachliche Mitteilungen* 29, 1976, 25.

19 Classen, P.: „Zur Entwicklungscharakteristik von Fremdsprachendidaktik und Sprachwissenschaft", S. 12.

20 Vgl. Perkins, Ch.: „Noch einmal: Anglistikstudium und Fremdsprachenunterricht", *Praxis des neusprachlichen Unterrichts* 31, 1981, 429–431; Monaghan, J.: "The Study of Language and the English Teacher". *anglistik & englischunterricht. 1. Sprachdidaktik*. Trier, 1977, S. 151–163.

21 Vgl. L. Bredella: *Einführung in die Literaturdidaktik*. Stuttgart, 1976; ders.: *Das Verstehen literarischer Texte*. Stuttgart, 1980; Heuermann, H., Hühn, P., Röttger, B.: *Literarische Rezeption. Beiträge zur Theorie des Text-Leser-Verhältnisses und seiner empirischen Erforschung*. Paderborn, 1975.

22 Vgl. R. Nissen: „Phasen und Formen des textverarbeitenden Lerngesprächs im Englischunterricht". *Neusprachliche Mitteilungen* 35, 1982, 114–125; Weber, H.: „Literaturunterricht als Fremdsprachenunterricht". – In ders. (Ed.): *Aufforderungen zum literaturdidaktischen Dialog*. Paderborn, 1979, S. 112–128.

Lebende Sprachen

Foreign Languages in Theory and Practice
Journal of the German Translators' and Interpreters' Association (BDÜ)

"Lebende Sprachen" is a quarterly journal. Each issue contains 48 pages. Size: 21 x 29,7 cm.

Now in its 33rd year of publication, **"Lebende Sprachen"** is a professional journal designed to serve interpreters, translators and all those concerned with the theoretical and practical aspects of language. Its primary aim is to offer comprehensive and scholarly treatment of the many problems involved in using foreign languages.

The material offered comprises multilingual glossaries of specialized terminology from all areas, articles on the theory and practice of translation and the training of interpreters and translators, critical analyses of translations and sample translations of documents, supplemented by an up-to-date translation service. In addition there are contributions on regional studies, the media and adult education, as well as bibliographies and reviews of relevant literature.

The emphasis in "Lebende Sprachen" is on English, French, Spanish and Italian. The journal is tailored to the needs of as wide a readership as possible, offering invaluable information to both specialists and non-specialists, teachers, technologists, businessmen, lawyers and administrative employees, in short, to all those involved in foreign languages, professionally or otherwise.

Editors: Friedrich Krollmann and Prof. Dr. Günther Haensch.
Advisers: J. A. Bachrach – Prof. Dr. D. Götz – F. Schneider – H.-J. Schuck – H. Th. Schwarz – E. Tanke – Dr. R. Werner.
Publishers: Langenscheidt KG, Berlin

Annual subscription (incl. postage): DM 66,–

Subscription orders should be placed with the publishers at the following address:
Langenscheidt KG, Crellestraße 28 – 30, D-1000 Berlin 62

Specimen copies are available from the publishers.

Langenscheidt Verlag
BERLIN · MUNICH · ZURICH · NEW YORK

Publications Received

Bourgeois, Susan: *Nervous Juyces and the Feeling Heart: The Growth of Sensibility in the Novels of Tobias Smollett.* Frankfurt/M., Bern, New York, Verlag Peter Lang, 1986, 188 S.

Smollett increasingly used medical and philosophic concepts of sensibility in his development of characters. His concept of sensibility is based on the writings of the leading medical researchers on physiological nervous sensibility and on the writings of those contemporary philosophers concerned with benevolence and imaginative sympathy – Thomas Willis, Albrecht von Haller, Francis Hutcheson, David Hume, and Adam Smith. This concept may be defined as altruistic benevolence inspired by imaginative sympathy and practiced only by those of physiological sensitivity. Sensibility has become sufficiently important in Smollett's last two novels, *Sir Launcelot Greaves* and *Humphry Clinker,* that it should be regarded as the major element in their critical analysis.

Coulthard, Malcolm: *An Introduction to Discourse Analysis.* New Edition. London, New York, Longman, 1985, 212 S.

The central concern of this book is the analysis of verbal interaction or discourse. Discourse analysis is a comparatively new discipline still defining its frontiers, problems and methodology and in so doing it draws on a variety of diverse disciplines – anthropology, linguistics, philosophy, psychology and sociology. The first six chapters report and evaluate major theoretical advances in the description of discourse. The final three are concerned to demonstrate how the findings of discourse analysis can be used to investigate second-language teaching and first-language acquisition and to analyse literary texts. This new edition has been extended to incorporate recent work and to take account of suggestions and criticisms by those who have used the first edition.

Cruse, D. A.: *Lexical Semantics.* Cambridge, London, New York, Cambridge University Press, 1986, 310 S.

Lexical Semantics is about the meaning of words. Although obviously a central concern of linguistics, the semantic behaviour of words has been unduly neglected in the current literature, which has tended to emphasize sentential semantics and its relation to formal systems of logic. In this textbook D. A. Cruse establishes the descriptive and generalizable facts about lexical relations that any formal theory of semantics will have to encompass. Among the topics covered in depth are idiomaticity, lexical ambiguity, synonymy, hierarchical relations such as hyponymy and metonymy, and various types of oppositeness. Syntagmatic relations are also treated in some detail. The discussions are richly illustrated by examples drawn almost entirely from English. Although a familiarity with traditional grammar is assumed, readers with no technical linguistic background will find the exposition always accessible. All readers with an interest in semantics will find in this original text not only essential background but a stimulating new perspective on the field.

Fiedler, Leslie A.: *Die Rückkehr des verschwundenen Amerikaners.* Die Wieder-geburt des Indianers im Bewußtsein des Neuen Westens. Reinbek, Rowohlt Taschenbuch Verlag, 1986, 218 S.

Fiedler beschreibt in seinem Buch, wie er in vielen Werken der Neuen Modernen Ameri-kas den verschwundenen Amerikaner, nämlich den Indianer, im Bewußtsein der Nach-kommen der jüdischen und europäischen Einwanderer wiederkehren sieht. Sie halten sich für Amerikaner und fühlen in sich eine zweite Seele, die Seele des Indianers. Es ist wiedererwachende Romantik, eine „höhere Sentimentalität". John Barth, Thomas Ber-ger, Leonard Cohen, Truman Capote, Norman Mailer und William Burroughs befassen sich produktiv mit dem, was der Kritiker Fiedler den „Dämon des Kontinents" nennt. Darüber hinaus geht er den Mythen nach, dem Bild des Indianers, wie es sich z.B. bei Shakespeare und in zahlreichen Romanen findet, und er zählt die charakteristischen Züge des Amerikaners auf, wie er im Norden als Yankee, im Süden als Whitey und im Osten als Tourist erscheint. In seinem literarisch-anthropologischen Ausblick stellt Fied-ler eine Verbindung von den mythologischen Figuren des Waldläufers oder Pioniers zu den Beatniks oder Hippies her, deren Lebens- und Verhaltensweisen auf das archaische Uramerika zurückverweisen.

Foster, David: *The Adventures of Christian Rosy Cross.* Ringwood/Victoria, Penguin Books Australia, 1986, 161 S.

The Adventures of Christian Rosy Cross, Foster's comic retelling of the Rosicrucian myth, draws its inspiration chiefly from the occult epigrams of Michael Maier, the seventeenth-century alchemist and chief apologist for the Rosicrucian movement. Foster's iconoclas-tic account of his youthful hero's travels in the East is at once a picaresque fiction, a scholarly contribution to the history of spiritual alchemy, an ethic for the drug user and a lament for the now-departed spirit of the 1960s.

Geisen, Herbert, Poziemski, John: *Deutsch-Englische Übersetzungsaufgaben.* Aspects of Contemporary British Life. Frankfurt/M., Berlin, München, Verlag Moritz Diesterweg, 1986, 85 S. (mit *Key,* 54 S.).

Translating provides the student with an opportunity to apply acquired language skills; translating is also a language exercise of some vocational relevance. This particular collec-tion also sets out to give an insight into present-day Britain through its wide choice of topical texts.

Gilmour, Robin: *The Novel in the Victorian Age.* A Modern Introduction. Lon-don, Edward Arnold, 1986, 221 S.

The Victorian period is the golden age of the English novel. In this wide-ranging study Gilmour provides a critical introduction to the work of the major and some minor Victo-rian novelists, relating their work to the changing form of the novel and to the wider social context of the period. There is a detailed consideration of Dickens, Thackeray, Eli-zabeth Gaskell, Charlotte and Emily Brontë, Trollope, George Eliot, Meredith, Henry

James, Stevenson, and Hardy, as well as discussion of novels by Disraeli, Kingsley, Wilkie Collins, Gissing, George Moore, Samuel Butler, and Mrs Humphrey Ward. Special attention is paid to the more important sub-genres, such as the 'industrial' novels of the 1840s and the 'sensation' novels of the 1860s, and to the publishing conditions of the day and their influence on the novelists. *The Novel in the Victorian Age* is a contextual as well as critical introduction. Continual reference is made to the world that helped to shape the great Victorian novels, and the findings of recent scholarship are brought to bear on discussion of the novelists' response to such topical issues as class, religion, politics, and social change.

Göring, Michael: *Melodrama heute: Die Adaption melodramatischer Elemente und Strukturen im Werk von John Arden und Arden/D'Arcy*. Amsterdam, Verlag B. R. Grüner, 1986, 439 S.

Im *New English Drama* nach 1956 kam es auch zur Wiederbelebung melodramatischer Strukturen. John Arden und Margaretta D'Arcy bezeichnen sogar vier ihrer Dramen im Untertitel explizit als Melodramen. Die Untersuchung beginnt mit dem Versuch einer präzisen Definition der Begriffe Melodrama und melodramatisch, die sich im heutigen Sprachgebrauch weit von der Bezeichnung für ein Dramengenre gelöst haben und höchst diffus verwendet werden. Nach einer eingehenden Analyse der zugrundeliegenden Struktur viktorianischer Melodramen werden die umfangreichen dramentheoretischen Stellungnahmen von Arden auf die Frage hin gesichtet, welchen Stellenwert das Melodrama für einen zeitgenössischen Dramatiker einnehmen kann. Neben ausführlichen Interpretationen der "melodramas" von Arden und D'Arcy werden auch als Melodramen gekennzeichnete Gegenwartsstücke von David Edgar (*Rent*), John B. Keane (*Sive*) und Sam Shepard (*Melodrama Play*) auf die melodramatische Gattungszugehörigkeit hin untersucht. Die neuen "melodramas" nach 1956 zeigen, daß sich die alte, ehemals so populäre Dramenform als offen für eine Vielzahl thematischer wie auch formaler Innovationen erweist, daß sie sowohl eine Symbiose mit epischen Elementen einzugehen vermag als sich auch zu sozialistischem Agitprop-Theater umgestalten läßt.

Grimm, Bettina: *Das Georgian Country House. 1714–1811*. Essen, Verlag Die Blaue Eule, 1986, 117 S.

England erlebte im 18. Jahrhundert eine Blütezeit des Landhausbaus. Gesellschaftliche, politische und wirtschaftliche Gegebenheiten und Veränderungen der georgianischen Epoche förderten diese enorme Bautätigkeit und nahmen Einfluß auf Stilentwicklung und Geschmackswandel in der Landhausarchitektur, mittels derer die oberen Schichten ihre gesellschaftliche Stellung und ihren Lebensstil, ihren Bildungsanspruch und Kunstsinn dokumentierten.

Gröger, Erika: *Wörterbuch Deutsch-Englisch*. Leipzig, VEB Verlag Enzyklopädie, 1986, 556 S.

Dieses Wörterbuch bietet etwa 42 000 Wortstellen: Einzelwörter, Komposita, Wortbildungselemente sowie eine Fülle von Wortverbindungen und Wendungen, die das Stichwort in einem bestimmten kontextualen Zusammenhang veranschaulichen. Das Werk umfaßt typische und weitverbreitete Stichwörter aus dem Wortschatz der Allgemeinsprache unter Einbeziehung eines großen Anteils an Neubildungen sowie repräsentative Wortprägungen der Fachlexik. Außerdem wurden die wichtigsten geographischen Namen in den alphabetischen Wortbestand eingefügt. Angaben zur Bedeutungsdifferenzierung und zur stilistischen Wertung sowie die Verzeichnung syntaktischer Verknüpfungsmöglichkeiten unterstützen die richtige Anwendung des zielsprachigen Wortguts. Die Äquivalente sind – soweit erforderlich – mit grammatischen Hilfsangaben versehen. Die unregelmäßigen englischen Verben sind mit einem Sternchen (*) gekennzeichnet und können in einer alphabetischen Übersicht nachgeschlagen werden.

Guralnick, Peter: *Sweet Soul Music*. Rhythm and Blues and the Southern Dream of Freedom. New York, Cambridge, Philadelphia, Harper and Row, 1986, 438 S.

Sweet Soul Music is the history of one of the most remarkable periods in American popular culture. It is the story of soul, born in the late 1950s, when black rhythm-and-blues singers began to adopt the sound of gospel, working their audiences with the fervid passion of preachers.

Peter Guralnick has written this portrait of a music and its performers. Here is the story of stars like Sam Cooke, Ray Charles, James Brown, Solomon Burke, the King, spiritual head of a church of 40,000 members, and of artists like Aretha Franklin, Otis Redding, and Al Green. The book is also about the business of music; about Jerry Wexler and Atlantic Records; Jim Stewart, Estelle Axton, and Stax Records; and about Muscle Shoals, the famous studio of soul music-productions. The result of five years' research and more than 100 interviews, *Sweet Soul Music* is the chronicle of an era in which, as Curtis Mayfield has put it, "We changed the world ... Barriers broke down for us. And for all black musicians afterwards."

Hampton, Susan, Llewellyn, Kate (Eds.): *The Penguin Book of Australian Women Poets*. Ringwood/Victoria, Penguin Books Australia, 1986, 293 S.

This anthology represents eighty-nine Australian women poets, from tribal Aboriginal singers through to the present. The range of subjects and styles is as wide as the differences in the lives of the poets. There are poems about the selector's wife and daughter, factory work, prostitutes, social conventions, feminism, lovers, Japan, old age, happy marriage, the conflict between love and independence, and the Sydney Harbour Bridge. There are poems that do not exist in official histories, as well as poems that have come to be regarded as classics. *The Penguin Book of Australian Women Poets* presents for the first time an overview of the traditions, the voices and the range of women's poetry in Australia.

Hawthorn, Jeremy (Ed.): *The Nineteenth-Century British Novel.* London, Edward Arnold, 1986, 175 S.

The nineteenth-century British novel is one of the great and enduring achievements of world literature, yet the comprehensiveness of the achievement represents a challenge to criticism. Contributors to this volume choose a variety of critical approaches, some in a traditional vein, some responsive to newer critical ideas and movements, devoting attention to lesser-known writers and works as well as the better-known British novelists of the period. In addition to detailed textual studies there are discussions of the literary and cultural roots of nineteenth-century novelists' achievements, there is analysis of the Victorian reading public in three of the essays, and a number of contributors consider the complexities of different authors' narrative techniques.

Höfele, Andreas: *Parodie und literarischer Wandel.* Studien zur Funktion einer Schreibweise in der englischen Literatur des ausgehenden 19. Jahrhunderts. Heidelberg, Carl Winter Universitätsverlag, 1986, 245 S.

Wenn die Parodie im Unterhaltungsangebot der viktorianischen *periodical literature* als mehr oder weniger harmloser ‚Neben-Gesang' ernster Werke eine enorme Popularität genießt, andererseits aber als prägender Bestandteil in die Werkstruktur einiger Schlüsseltexte der Moderne eingeht, so stellt sich die Frage, wie und unter welchen Bedingungen ein Formen- und Funktionswandel sich vollzieht, der die parodistische Schreibart von ihrer traditionellen Randposition ins Zentrum literarischer Innovation rücken läßt. Die vorliegende Studie geht dieser Frage in den Werken dreier repräsentativer Autoren des englischen *fin de siècle* nach: Algernon Charles Swinburne, Oscar Wilde und Max Beerbohm. Exemplarisch tritt bei ihnen eine Ambivalenz hervor, die letztlich aus Aporien der romantischen Poetik herrührt, aber auch noch der Avantgarde des 20. Jhs. (Joyce, Eliot und ihren Nachfolgern) auferlegt bleibt: Parodie ist stets Symptom der Erschöpfung innovatorischer Möglichkeiten, zugleich aber auch die Möglichkeit, aus der Erschöpfung erneut schöpferischen Spielraum zu gewinnen.

Imhof, Rüdiger: *Contemporary Metafiction.* A Poetological Study of Metafiction in English since 1939. Heidelberg, Carl Winter Universitätsverlag, 1986, 328 S.

Metafiction, broadly speaking, is a kind of fiction that thematises the stipulations for as well as ways and means of writing fiction through what the Russian Formalist Victor Shklovsky has termed "laying bare the literary process". This study seeks to investigate the nature of its poetological constituents. Most prominent among these is the self-conscious narrator who is, almost invariably, engaged in the writing of a fiction within the framework of the fiction he is figuring in. By a host of thematic and compositional means, he flaunts the creative as well as the receptive process. His aim is, first and foremost, to teach the reader that telling stories is telling lies, that novels do not imitate reality, represent life, but create realities *sui generis,* are self-representational. Metafiction is commonly said to be a typically postmodernist phenomenon. By drawing on the works of Cervantes and Sterne, one can show this to be a misguided notion.

Jäger, Andreas: *John McGrath und die 7:84 Company Scotland.* Politik, Popularität und Regionalismus im Theater der siebziger Jahre in Schottland. Amsterdam, Verlag B. R. Grüner, 1986, 262 S.

Ziel dieser Arbeit ist es, das dramatische Werk des bei uns bisher kaum rezipierten John McGrath im Kontext dreier aktueller Entwicklungstendenzen zu untersuchen: der Tendenzen zu einem politischen, populären und regionalen Theater, die McGrath nicht nur praktisch in seinen Dramen zu verquicken versucht, sondern gleichzeitig durch seine Übertragung des von Gramsci entwickelten Konzepts einer „cultura nazionale-popolare" auf britische Unterhaltungtraditionen theoretisch untermauert. An einen historischen Teil, der die Entwicklungslinien von Politik, Popularität und Regionalismus im Theater nachzeichnet, schließt sich ein zweiter Hauptteil an, in dem Theorie und Praxis des Theaters McGraths erstmalig eingehend behandelt werden. Im dritten Teil werden inhaltliche und formale Konstanten in den Dramen McGraths systematisch erfaßt. So wird die Modellhaftigkeit eines Theaters herausgearbeitet, dem die Integration politischer, populärer und regionaler Elemente und die Verschmelzung literarischer und nichtliterarischer Formen einen unverwechselbaren Charakter verleiht und dem so der Brückenschlag zwischen Kunst und Unterhaltung, Theater und Realität, Bühne und Publikum gelingt.

Jäger, Gert, Neubert, Albrecht (Eds.): *Bedeutung und Translation.* Leipzig, VEB Verlag Enzyklopädie, 1986, 127 S.

Das zentrale Anliegen der Studie besteht in einer Erörterung des Problems, inwieweit die Sprachmittlung auf der Grundlage vergleichender Bedeutungsbeschreibung erklärt werden kann. Dabei wird mit der Translation eine spezifische Art von Sprachmittlung vorgestellt und eine Auffassung von Bedeutung entwickelt, die sich zwar an der übersetzungswissenschaftlichen Zielstellung der Studie orientiert, aber versucht, zur Klärung von Fragen beizutragen, die von allgemein-linguistischem Interesse sind. In diesem Sinne werden u.a. das Verhältnis von kommunikativem Wert und sprachlicher Bedeutung eines Textes, die Unterscheidung von signifikanter und denotativer Bedeutung sowie von sprachlicher Bedeutung und systematischem Sachwissen, der Status von Semem und semantischem Merkmal sowie Probleme struktureller und funktioneller Bedeutungsbeschreibung diskutiert. Dabei werden vor allem die Unterscheidung der Arten der Bedeutung sowie die Problematik der ebenmäßigen Repräsentation vom Wort über den Satz zum Text betrachtet.

Keitel, Evelyne: *Psychopathographien.* Die Vermittlung psychotischer Phänomene durch Literatur. Heidelberg, Carl Winter Universitätsverlag, 1986, 179 S.

Psychotische Persönlichkeitsdissoziationen stehen im thematischen Zentrum einer Gruppe von Texten, die (etwa seit Beginn der 70er Jahre) vermehrt publiziert und gelesen werden. Ziel des Buches ist, diese Texte als ein neues literarisches Genre (mit einem theoretischen, einem literarischen und einem trivialen Texttyp) zu klassifizieren und – mittels wirkungsästhetischer Methoden – ihre höchst eigentümlichen Wirkungsdimensionen zu konzeptualisieren. Psychopathographien unterlaufen Verbalisierungsschranken, indem sie menschliche Grenzerfahrungen darstellen, gleichzeitig ermöglichen sie deren ästhetische Vermittlung: Emotionale Anteile von psychotischen Phänomenen – Lust ebenso wie Lähmung, Beklemmung und Angst – werden in den Reaktionsbereich des Lesers übertragen. Somit eröffnen diese Texte dem Leser Erfahrungen, die ihm im Leben verschlossen bleiben.

Krekel, Michael: „*Von* Cowboys *bis* True West": *Sam Shepards Drama.* Dokumente einer amerikanischen Phantasie. Frankfurt/M., Bern, New York, Verlag Peter Lang, 1986, 360 S.

Der Kalifornier Sam Shepard gilt als der seit Jahren einfalls- und einflußreichste zeitgenössische Dramenautor Amerikas. Dies belegt nicht nur der stattliche Gesamtumfang seines bisherigen *œuvres*, sondern auch die große Zahl von Aufführungen auf amerikanischen Bühnen, die mit seinem Namen verknüpft sind. In der Bundesrepublik hingegen ist Shepards Drama noch immer weitgehend unbekannt. Das Multitalent, das Komponist und Musiker, Bühnen- und Filmschauspieler, Regisseur, Dichter, Drehbuch- und Bühnenautor ist, hat sich bei uns erst als Verfasser des Drehbuchs zu Wim Wenders' Film *Paris, Texas* einen Namen gemacht. Auf deutschsprachigen Bühnen wird Shepards Werk, das sich konventionellen Interpretationsmustern weitgehend entzieht, nahezu ignoriert. Die vorliegende Untersuchung geht von der These aus, daß dies u. a. in der typisch amerikanischen Qualität der Dramen begründet liegt.

Kuntze, M., Müller, B., Hölker, H.: *Lerntips English.* Ein Trainingsbuch zum Wiederholen, Üben, Selbstlernen. Frankfurt/M., Berlin, München, Verlag Moritz Diesterweg, 1986, 123 S.

Im vorliegenden Band werden alle Bereiche der englischen Sprache behandelt, die den Schülern erfahrungsgemäß Schwierigkeiten machen: Wortschatzerweiterung, Übersetzen, Arbeit mit Texten, Erstellung eigener Texte. Formen- und Satzlehre sind in die dafür relevanten Kapitel eingearbeitet. Die wichtigsten Erscheinungsformen der Grammatik sind schülergerecht beschrieben und tabellarisch zusammengestellt. Am Ende werden zwei Beispiele für erweiterte Textaufgaben gegeben.

Lane, Tony: *Grey Dawn Breaking.* British Merchant Seafarers in the Late Twentieth Century. Manchester, Dover/N. H., Manchester University Press, 1986, 198 S.

In the first comprehensive book on merchant seafarers for more than eighty years the author has produced a fascinating account of the life and times of a traditional community at a time of rapid change. *Grey dawn breaking* combines simplicity with subtlety, and sensitivity to the circumstances and the meanings buried in everyday life. The reader discovers why people go to sea, what sort of work is done in the twenty-four-hour cycle and what are the risks and hazards; where the ships go and what the crews do when they get there; how the men – and the occasional woman – get on with each other in this miniature society. At the same time, drawing upon the same interviews with captains and cooks, chief engineers and able seamen, the voices of seafarers are arranged and intercut to provide a historical and sociological analysis which echoes and amplifies issues of class and status, ideology and power. The analysis is unobtrusive and informal, qualities which will recommend the book to teachers and students at all levels.

Langenscheidts Schulwörterbuch Englisch. Englisch-Deutsch. Deutsch-Englisch. Völlig neubearbeitet von Holger Freese und Brigitte Wolters. Berlin, München, Wien, Langenscheidt, 1986, 640 S.

Das *Schulwörterbuch Englisch* enthält in seiner völlig neubearbeiteten Ausgabe 48000 Stichwörter und Wendungen. Der Wortschatz, zugeschnitten auf den Schulalltag und die Unterrichtsbedürfnisse, insbesondere der Sek. I, wurde durch viele neue Wörter aus den Bereichen Schule, Sport, Spiel, Technik und Umwelt sorgfältig ergänzt: *word processor, disk drive, debug, acid rain;* Raumfähre, Katalysator, Gentechnologie und Waldsterben sind nur einige Beispiele. Wichtige Neuerungen sind auch die leichtverständlichen Benutzerhinweise und die Symbole, die vor häufig gemachten Fehlern warnen. Bei den englischen Stichwörtern wurden die Angaben zur Grammatik erheblich erweitert. Bewährt ist die Markierung der Trennungsmöglichkeit im englischen Stichwort. Die englische Lautschrift wurde von A. C. Gimson eingearbeitet.

Leitner, Gerhard (Ed.): *The English Reference Grammar.* Language and Linguistics, Writers and Readers. Tübingen, Max Niemeyer Verlag, 1986, 450 S.

This volume collects the papers of the 1985 Berlin conference on English grammars. English grammars, like the grammars of most modern languages, were firmly rooted in the traditional paradigm until the revolutionary developments in postwar linguistic theorizing and the exploding demands on English language teaching all over the world initiated a slow but decisive change. As a result, there are now grammars of English based on a variety of different and often conflicting models and approaches. They address themselves to an albeit inexplorable number of types of target users whose real needs have hardly been studied. The recent emergence and willing acceptance of the 'new (standard) Englishes' as well as the new computer technologies have presented novel challenges to the writing of English grammars for a world (or national) market.

Lutz, Hartmut: *„Indianer" und "Native Americans".* Zur sozial- und literarhistorischen Vermittlung eines Stereotyps. Hildesheim, Zürich, New York, Georg Olms Verlag, 1985, 538 S.

Die Studie fragt nach den Ursprüngen, ideologischen Wandlungen, medialen Vermittlungsformen und möglichen Funktionen stereotyper Indianervorstellungen in Nordamerika und Deutschland. Von allerersten Kontakten zwischen Nordeuropäern und "native americans" bis in unsere Tage wurde die Urbevölkerung Nordamerikas den jeweiligen Bedürfnissen der Europäer und Euroamerikaner entsprechend wahrgenommen und innerhalb einer polarisierten Wahrnehmungsstruktur gleichzeitig verteufelt (*red devil*) und verherrlicht (*noble savage*). Diese Widersprüchlichkeit reflektiert sich in Texten der englischen Kolonialzeit bis zur amerikanischen Literatur der Gegenwart. Deutsche Indianervorstellungen sind überwiegend epigonal. Sie wurden von der französischen Aufklärung und Romantik und nachhaltig von den Werken Coopers u.a. geprägt. Zur Mitte des letzten Jhs. war der „deutsche Indianer" etabliert, den Karl May für kolonialimperialistische Fluchtphantasien und die NS-Autoren zur Verherrlichung des Führerprinzips und nationalistischer Rassegedanken funktionalisieren konnten. Heute dienen „Indianer" der Unterhaltung, werden in Produkt- und Imagewerbung eingesetzt oder als stereotype Technologiekritiker propagiert. Deutsche „Indianertümelei" bleibt Ausdruck unserer Verhältnisse, nicht der der "native americans".

Mengel, Ewald: *Geschichtsbild und Romankonzeption*. Drei Typen des Geschichtsverstehens im Reflex der Form des englischen historischen Romans. Heidelberg, Carl Winter Universitätsverlag, 1986, 317 S.

Das Hauptaugenmerk dieser Arbeit gilt den Darstellungskonventionen bzw. der Form des englischen historischen Romans, die in der Forschung bisher weniger Beachtung gefunden hat. Die zentrale These ist, daß jeder Geschichtsdarstellung im historischen Roman ein Geschichtsbild zugrundeliegt und daß das Geschichtsverständnis eines Autors auch in die poetische Konzeption eingeht, sich hier sozusagen ‚kristallisiert'. In Anlehnung an die aktuelle Diskussion in der Geschichtswissenschaft werden die ein Geschichtsbild konstituierenden Faktoren zu drei Modellen der Geschichtsdeutung – das fortschrittliche, das zyklische und das kontingente – zusammengefaßt und im Hauptteil der Arbeit anhand Scotts *Waverley* und *Heart of Midlothian*, Dickens' *A Tale of Two Cities* und Hardys *Tess of the D'Urbervilles* sowie Conrads *Nostromo* illustriert.

Pfeffer, J. Alan: *Deutsches Sprachgut im Wortschatz der Amerikaner und Engländer*. Vergleichendes Lexikon mit analytischer Einführung und historischem Überblick. Tübingen, Max Niemeyer Verlag, 1987, 347 S.

Das deutsche Lehngut im Wortschatz der Amerikaner und Engländer ist weit größer und reichhaltiger, als es bisherige Untersuchungen haben vermuten lassen. Schon die Zahl der unmittelbaren Entlehnungen deutscher Prägung, welche die neuesten großen und größeren amerikanischen Lexika und das *OED* mit Ergänzungsbänden auch als solche bezeichnen, übersteigt 3000 um ein Bedeutendes. Das vorliegende Werk bietet zum erstenmal eine umfassende Bestandsaufnahme dieses deutschen Sprachguts im amerikanischen und englischen Wortschatz. Das dargebotene Material beschränkt sich nicht nur auf solche Lexeme, die schon durch ihre Lautgestalt ihre Herkunft aus dem Deutschen zu erkennen geben, sondern erfaßt ebenso Entlehnungen innerhalb der Sonderterminologie von Wissenschaftssprachen, wie z.B. der Chemie, der Mineralogie, der Psychiatrie u.a., die aufgrund ihrer Bildung aus z.T. lateinischem oder griechischem Sprachmaterial weit schwieriger als Entlehnungen aus dem Deutschen ermittelt werden können. Die übersichtliche systematische Anordnung nach Zeiträumen (von der Zeit vor 1500 bis zur Gegenwart), nach Sachgebieten (von der Archäologie bis zum Weinbau) und in alphabetischer Reihenfolge erleichtert den Benutzer den Zugriff auf das sehr umfangreiche Material. Neben einer Bedeutungserklärung jeder aus dem Deutschen ins Amerikanische und/oder Englische eingegangenen Entlehnung und ihrer Herleitung aus dem Deutschen gibt dieses Werk zahlreiche historische Auskünfte, so daß aus dem lexikalischen Material auch kulturhistorische Vorgänge sichtbar werden.

Schmidt, Hartmut: *Wörterbuchprobleme*. Untersuchungen zu konzeptionellen Fragen der historischen Lexikographie. Tübingen, Max Niemeyer Verlag, 1986, 180 S.

Die Arbeit behandelt aus der Sicht der historischen Lexikographie Probleme, die für das Verhältnis von Sprachtheorie und Lexikographie heute von allgemeinerer Bedeutung sind. Der Verfasser nutzt seine Erfahrungen als Artikelautor am Deutschen Wörterbuch von Jacob und Wilhelm Grimm, um die Diskussion zwischen Lexikographen und Sprachtheoretikern über die Funktionen von Bedeutungsangaben in Wörterbüchern und über Probleme lexikographischer Definitionen weiterzuführen. Im Anschluß daran werden Fragen der inneren Gleichmäßigkeit der lexikographischen Darstellung, der Planung von Wörterbucharbeit und des Bezugs der Wörterbuchplanung auf die alphabetischen Relationen lexikographischer Stichwortlisten verschiedener Größenordnungen besprochen. Aus der Kritik an der deutschen historisch-etymologischen Lexikographie, an ihren Traditionen und aus Annahmen über Nutzerwartungen werden Beispielartikel eines kurzgefaßten historisch-etymologischen Wörterbuchs entwickelt und vorgestellt.

Schulz, Hans-Joachim: *Science Fiction*. Stuttgart, J. B. Metzlersche Verlagsbuchhandlung, 1986, 166 S.

Der Autor entwickelt im vorliegenden Band den Gattungsbegriff der SF-Literatur aus den spezifischen Produktions- und Rezeptionsbedingungen, die für diese Texte gelten. Der SF-Literatur entspricht ein Erwartungskomplex aus Unterhaltung, Information und Realitätsbezügen, der sich nicht restlos in hochliterarische formale und inhaltliche Schemata übersetzen läßt. Ausgehend sowohl von der angelsächsischen wie von der deutschen Rezeption der SF-Literatur seit ihren Anfängen im 19. Jh. diskutiert Schulz eine literaturgeschichtlich orientierte Einordnung und Periodisierung dieser kommerziell geprägten Literaturgattung. Dabei soll keine neue Apologie der SF geliefert werden. Vielmehr soll versucht werden, die Eigengesetzlichkeit eines paraliterarischen Systems zu erhellen, dessen Dynamik, Multifunktionalität und geschichtlicher Werdegang sich weder mit hochliterarischen noch mit trivialliterarischen Vorstellungen voll erfassen lassen.

Sommerfeldt, Karl-Ernst, Spiewok, Wolfgang (Eds.): *Beiträge zu einer funktional-semantischen Sprachbetrachtung*. Leipzig, VEB Verlag Enzyklopädie, 1986, 146 S.

Das Ziel der Arbeit besteht darin, in Ansätzen zu zeigen, wie das Sprachsystem unter Berücksichtigung der Funktion und der Semantik sprachlicher Einheiten beschrieben werden kann. Berücksichtigung der Funktion bedeutet, in Realisierung des Tätigkeitsaspektes beizutragen zur Bewältigung unterschiedlicher kommunikativer Aufgaben in der Weise, daß polyvalent einsetzbare sprachliche Mittel angeboten werden. Semantisches Herangehen heißt, den Ausgang bei sprachlichen Bedeutungsträgern zu suchen. Daher spielen theoretische Probleme wie Wesen und Struktur der Bedeutung, Grundsätze semantischer Analyse, Möglichkeiten einer semantisch orientierten Wortschatzbeschreibung, funktional-semantische Felder usw. eine Rolle. So will das Werk Wege zu einer funktional-semantischen Sprachbeschreibung zeigen, deren Ergebnisse im Muttersprach- wie im Fremdsprachenbereich gleichermaßen zu nutzen sind.

Specht, Wolfgang (Ed.): *Unemployment.* Frankfurt/M., Berlin, München, Verlag Moritz Diesterweg, 1985, 51 S. (mit *Key,* 25 S.).

This collection consists of various text forms dealing with the causes of unemployment, its economic and psychological effects in Britain and the U. S., and with ways of coping with this problem now and in the future. The collection introduces the main terminology of economics, thus enabling the student to discuss economic problems in technical language, a learning objective aimed at in the guidelines for the Sekundarstufe II. The study sheets comprising the three aspects *comprehension, structure and style,* and *comment* are meant to help students to practise the text form of a guided analysis.

Strohmidel, Karl-Otto: Tranquil Ecstasy: *Mark Twains pastorale Neigung und ihre literarische Gestaltung.* Amsterdam, Verlag B. R. Grüner, 1986, 302 S.

Die literaturgeschichtliche Einschätzung Mark Twains als Humorist und Realist stellt eine kaum vermeidbare, teilweise sogar berechtigte Vereinfachung dar. In der Twain-Forschung wird jedoch zusehends häufiger festgestellt, wie wenig diese Klassifizierungen geeignet sind, das umfangreiche und uneinheitliche Werk des Autors angemessen zu erfassen. Diese Arbeit stellt sich zum einen diesem Problem der Mark-Twain-Forschung, indem sie Twains vielschichtigen und widersprüchlichen Umgang mit seinem Material untersucht. Zum anderen leistet sie einen Beitrag zur Erforschung der Idylle, die im 19. Jh. in unterschiedlichen Erscheinungsformen weiterlebt. Vorrangiges Ziel ist es, die im Gesamtwerk als geschlossene Szenen und „Bildchen" wiederkehrenden Texteinheiten als geeigneten Schlüssel für ein umfassenderes Verständnis des Autors zu nutzen. So wird u. a. deutlich, daß gegenüber der Figur des "pilot", auf die sich die Forschung bei der Beurteilung von Twains Realismus stützt, die Figur des "passenger" mit ihrer Neigung zur impressionistischen Bewunderung des Schönen in der Welt eine nahezu gleichberechtigte Stellung im Werk des Autors einnimmt. In seinem Spätwerk findet er wiederholt literartheoretische Rechtfertigungen für diese pastorale Neigung und legt somit nahe, sie als eigenständige Aussageweise in seinem Werk zu begreifen.

Tanner, Tony: *Jane Austen.* London, Basingstoke, Macmillan, 1986, 291 S.

The first in a new series for students, this book looks at the context and texts of Jane Austen. In the first part on context Tony Tanner provides a different sense of the late eighteenth century than the one usually offered.
In the second part he discusses and explains Austen's novels. The problems of authority, power and the position of women are considered together with the relationship between ethics, language and behaviour in Jane Austen's lifetime in general and her work in particular.

Theis, Rolf, Werkmann, Robert: *America and the Americans.* Frankfurt/M., Berlin, München, Verlag Moritz Diesterweg, 1986, 97 S. (mit *Key*, 46 S.).

There seems to be a need for basic information on major characteristics of American thought and American society. This textbook wants to make students acquainted with some of the constitutive traits underlying American social reality: success; religion; patriotism and democracy; the individual and society.

Wagner, Georg: *Zur Semantik der kopulativen Verben des Englischen.* Heidelberg, Julius Groos Verlag, 1986, 300 S.

Die korpusgestützte Untersuchung gilt einer Auswahl von kopulativen Verben des Englischen, auch Verknüpfungsverben genannt, mit dem Ziel, deren Gebrauch und Bedeutung näher zu erfassen. Neben der erweiterten Form der Kopula *be* werden auch die Verknüpfungsverben *grow, turn* und seltenere Verben mit inchoativer Bedeutung und die Unterscheidung zwischen den Verbformen *seem/appear* und *seem to be/appear to be* vor prädikativem Komplement untersucht. Die Untersuchung basiert auf einem umfangreichen, am Englischen Seminar der Universität des Saarlandes erstellten Korpus, das bestimmte syntaktische, semantische und pragmatische Fragestellungen aufwirft. Die Aussagen über die kopulativen Konstruktionen, die aus einer Verbform sowie Subjekt und Komplement bestehen, ergeben sich aus der Analyse der Satzbedeutung. Überdies werden die lexikalischen Merkmale des Subjekts und des Komplements herausgearbeitet, wobei die Bedeutung der untersuchten Formen immer aus einer eingehenden Kontextanalyse hergeleitet wird.

Werner, Heinz, Bennett, Roger, König, Ingeborg: *Glossar zur Arbeitsmarkt-und Berufsforschung.* Englisch-Deutsch/Deutsch-Englisch. Nürnberg, Institut für Arbeitsmarkt- und Berufsforschung der Bundesanstalt für Arbeit, [4]1986, 287 S.

Das vorliegende Glossar soll es ermöglichen, die arbeitsmarktbezogenen englischen Fachveröffentlichungen zu lesen und zu verstehen. Der einbezogene Wortschatz erstreckt sich von aus der Wirtschaftstheorie (Arbeitsmarkttheorie) stammenden Begriffen über Worte des allgemeinen Sprachgebrauchs – hier meist mit Sonderbedeutung – bis zu sozial- und gesellschaftspolitisch orientierten Begriffen. Zum besseren Verständnis werden Erklärungen beziehungsweise Beispielsätze gegeben, die die Wortverwendung demonstrieren. Die Zusammenstellung entstand vor allem aus dem Umgang mit englisch- bzw. deutschsprachigen Fachpublikationen, wobei oft genug erst Übersetzungen bzw. Übersetzungshilfen durch die Autoren entwickelt werden mußten. Generell wurde versucht, nur solche Worte aufzunehmen, deren inhaltliche Bedeutung weitgehend anerkannt und ausdiskutiert war. Die Sammlung enthält die Terminologie, wie sie in den Fachveröffentlichungen Großbritanniens, der USA und der Bundesrepublik verwendet wird. Da jedes Land in den arbeitsmarktstatistischen Termini inhaltliche Besonderheiten aufweist, wurde ein Anhang „Landesspezifische Begriffe" mit nur in dem jeweiligen Land gebräuchlichen statistischen Begriffen beigefügt und diese, soweit erforderlich, kurz erklärt. Aus dem gleichen Grund wird auch eine Übersicht über das Schulwesen Englands und der USA gegeben. Ebenso wird eine Übersetzung der internationalen Berufs- und Wirtschaftszweigsystematik beigefügt.

Anschriften der Autoren

Dr. Richard J. Alexander. Universität Trier. FB II: Sprach- und Literaturwissenschaften – Anglistik –. Postfach 3825, 5500 Trier.

Dr. Jens Bahns. Pädagogische Hochschule Kiel. Sprachlabor und Audiothek. Olshausenstr. 75, 2300 Kiel 1.

Professor Dr. Werner Beile. Bergische Universität-Gesamthochschule Wuppertal. Sprach- und Literaturwissenschaften – Anglistik –. Gaußstraße 20, 5600 Wuppertal 1.

Professor Dr. Albert-Reiner Glaap. Universität Düsseldorf. Anglistisches Institut. Universitätsstr. 1, 4000 Düsseldorf.

Heinz-Otto Hohmann, StDir. Am Kornacker 54, 3550 Marburg-Wehrda.

Dr. Helmut Meyer, Ak.Dir. Universität Osnabrück – Abt. Vechta. FB Sprachen, Kunst, Musik. Driverstr. 22/26, 2848 Vechta.

Dr. Uwe Multhaup, Ak.ORat. Bergische Universität-Gesamthochschule Wuppertal. Sprach- und Literaturwissenschaften – Anglistik –. Gaußstr. 20, 5600 Wuppertal 1.

Dr. Gisela Schmid-Schönbein. Universität-Gesamthochschule Duisburg. FB 3: Sprach- und Literaturwissenschaften, Angew. Linguistik. Lotharstraße 65, 4100 Duisburg.

Wilfried Schoon, M.A. Universität Osnabrück – Abt. Vechta. FB Sprachen, Kunst, Musik. Driverstr. 22/26, 2848 Vechta.

GRIECHENLANDKUNDE
EIN FÜHRER ZU KLASSISCHEN STÄTTEN
von Ernst Kirsten und Wilhelm Kraiker

Fünfte, überarbeitete und durch Nachträge ergänzte Auflage.
XXIV, 935 Seiten mit 193 Abb. im Text u. auf 24 Tafeln sowie 1 mehrfarbige Faltkarte.
In zwei handlichen Halbbänden in abwaschbarem Kunststoffeinband zusammen DM 78,–

Tausenden von Griechenland-Reisenden hat dieses Buch seit seiner ersten Auflage im Jahre 1955 zur gründlichen Vorbereitung eines Hellas-Aufenthaltes, zur zuverlässigen Führung auf klassischem Boden und zum Wachhalten der Erinnerungen an große Eindrücke gedient. Die Verfasser stellen die archäologischen Stätten in den kulturgeschichtlichen Rahmen der griechischen Landschaften und führen den Leser vom minoischen Kreta über die Bauten des klassischen Athen, Delphi und Olympia, die hellenistischen Stadtanlagen, die Römerstädte Korinth und Thessalonike bis zur Faustburg Mistra und zu den Klöstern des Mittelalters durch alle Sehenswürdigkeiten eines Landes, in dem der Betrachter wie nirgendwo anders vor ungewohnten und großartigen Landschaftsbildern und vor geschichtlich bedeutsamen Schöpfungen aller Zeiten mit Ehrfurcht erfüllt wird, aber auch sachkundiger Erklärung der Einzelheiten bedarf.

SÜDITALIENKUNDE
von Ernst Kirsten

1. Band: Campanien und seine Nachbarlandschaften.
Mit Beiträgen von Fritz Hamm (†) und Hans Riemann.

1975. XII, 659 Seiten. Mit insges. 111 Abb. im Text u. auf 12 Kunstdrucktafeln. Kart. DM 76,–

Nicht nur der Fachmann sollte es begrüßen, daß Ernst KIRSTEN in einer Zeit, die vom Tourismus entscheidend mitgeprägt wird, einen zuverlässigen Begleiter für Studien in Süditalien geschaffen hat. Die inhaltl. und drucktechn. Gestaltung entspricht der der bewährten *„Griechenlandkunde"* (5. Aufl. 1967). Der klare geschichtl. Überblick reicht vom Beginn der Metallzeit bis zum Ende der Staufer. Zu Recht stehen die Ausgrabungen antiker Stätten und die Beschreibung archäolg. Befunde der Magna Graecia im Mittelpunkt, jedoch auch die mittelalterlichen Befestigungen und die byzant.-christl. Bauten kommen nicht zu kurz. Die Kap. I/II behandeln Landschaft und Geschichte des gesamten Mezzogiorno, – die naturkundl. Einleitung auf den S. 12–33 stammt von Dr. F. HAMM (†), Direktor am Geolog. Landesamt Hannover –, die Einzeldarstellung klammert Apulien, die Küste der Basilicata und einen Großteil Calabriens für Bd. 2 aus: aus gutem Grund, da sonst der Führer zu unhandlich geworden wäre. Verfasser der zentralen Kap. VIII–X (Herculaneum, Pompei, Poseidonia-Paestum) ist Prof. Dr. H. RIEMANN, der sich vielen von uns bei den Pompei-Kursen des Dtsch. Archäol. Inst.'s in Rom als Kenner der Materie empfohlen hat. 111 Abb. im Text (Grundrisse, Schnitte, Grabungspläne) und auf 12 Kunstdrucktafeln ergänzen den Text. Mit einem Wort: es ist ein Führer entstanden, dem in unserem Sprachraum nichts Vergleichbares an die Seite gestellt werden kann.

(Wolfgang Königer in DAV-Mitteilungsblatt 1/1977)

CARL WINTER · UNIVERSITÄTSVERLAG · HEIDELBERG